Singe, bis deine Seele tanzt

Die Nacht der spirituellen Lieder

Alwine Deege

Alwine Deege, geb.1956, lebt mit ihren beiden Töchtern in Ostbelgien, nahe bei Aachen.

Seit 2004 lädt sie gemeinsam mit Ilka Abhiti Kunz und der Citykirche St. Nikolaus in Aachen zu den **Nächten der spirituellen Lieder** ein. Immer mehr Menschen kommen und singen gemeinsam Lieder dieser Erde.

„Schon immer war das Singen meine Leidenschaft, Kraftquelle und Freude. Lieder begleiten mich mein ganzes Leben lang: in meinen Kindheits- und Jugendjahren, als Erzieherin im Kinderheim, in meiner sozialen Brennpunktarbeit, bei meinem Engagement für die Obdachlosen und in meiner Hospizarbeit; am Sterbebett, bei Abschiedsgestaltungen, in der Trauerbegleitung und in meinen Seminaren. Ausserdem singe ich seit Jahren regelmässig in offenen Singgruppen, auf meinen Singreisen in die Bretagne und bei den Nächten der spirituellen Lieder.

Ermutigt durch die Resonanz auf mein erstes Buch, **"Lasst uns END–LICH LEBEN"**, eine Sammlung unterschiedlicher Texte, Geschichten, Erfahrungen und Gedichte, die an die Endlichkeit des Lebens erinnern, gebe ich nun dieses Buch über das Singen heraus."

Ein schöne Auswahl von Liedern dieser Erde und einen Eindruck von der Atmosphäre einer Singnacht vermitteln die beiden **Begleit-CDs** zu diesem Buch **SINGE, BIS DEINE SEELE TANZT** - **Die Nacht der spirituellen Lieder**, ebenfalls aus dem Santiago Verlag. Weiteres dazu auf den letzten Seiten in diesem Buch

Singe
bis deine Seele tanzt

Die Nacht der spirituellen Lieder

Inspirierendes, Wissenswertes, Berührendes
über die heilsame Kraft des Singens
und eine neue Spiritualität

Alwine Deege (Hg.)

SANTIAGO VERLAG

Asperheide 88 47574 Goch
Tel.: 02827 5843
Fax: 02827 5842
Email: mail@santiagoverlag.de
www.santiagoverlag.de

Umschlaggestaltung: Sarah Böckenhüser /Hintergrund: Mechthild Seck
Layout und Gestaltung: Alwine und Julia Deege
Gesamtherstellung: Völcker Druck GmbH, Goch
Printed in Germany EEC

2. Auflage 2009

ISBN 978-3-937212-30-2

Mitvertrieb: Canto Verlag Dr. Karl Adamek
Südstraße 17 57632 Eichen
www.cantoverlag.de

pantheramusic
Martina vom Hövel
www.pantheramusic.de

Inhaltsverzeichnis

Über die Nacht der Spirituellen Lieder

15 Alwine Deege - Meine Geschichte mit dem Singen
24 Abhiti Kunz - Erinnerungen an Gesang in meinem Leben
29 Stimmungen & Meinungen zum Spirituellen Singen
36 Maria Pirch – Singen ist doppeltes Gebet
38 Patrick Wirges - Die Citykirche + die Nacht der spir. Lieder
41 Empfehlungen zu Organisation und Finanzen
43 Peter Martin Strauch – Mein Weg zum Singen
45 Hartmunt Haubich - Das Lied
48 Lothar Klinges - Pressestimmen
54 Dagmar Hellriegel – Die Kölner Nacht der Spir. Lieder
55 Raaja Fischer –Die Hamburger Nacht der Spir. Lieder
57 Martina Weiler – Die Ulmer Nacht der Spir. Lieder
61 Karin Jana Beck & Matthias Gerber– Eine runde Nacht

Über das Singen spiritueller Lieder

69 Lord Yehudi Menuhin – Zur Bedeutung des Singens
72 Karl Adamek – Singen als Lebenselexier
86 O. M. Aivanhov - Musik und Gesang im spirituellen Leben
90 Das Seelenlied des Kindes
93 Hagara Feinbier – Singen und Gemeinschaft - Come together songs
96 Hagara Feinbier – Hinweise zum Singen in Gruppen
99 Karin Jana Beck – Cant'alma – Singen als Seelennahrung
105 Brigitte Schmitz – Über das Chanting
109 Raimund Mauch – Die Kraft der Stimme
114 Iria - Gedanken über das Singen
111 Joachim Sevenich - Gesang der Freude
118 Ali Schmidt & Michaele Hustedt -Von den Engeln lernen heisst singen
122 Dorothea Heckelsmüller – Ich singe einen Weg
123 Gila Antara – Singen – Tönen – Sein
129 Barbara Swetina – Wie spir. Singen zu meinem Beruf wurde
133 Carien Wijnen – Heilsames Singen
138 Ya Beppo & Gisela - Es kann uns verzaubern
146 Angelika Thomé – Singen macht lebendig

147 Mark Fox – Zurück zum Urklang
150 Dieter Wienand – Wie finde ich Zugang zu meiner Stimme?
153 RaKuna & Anomatey – Heilelied - Die Kräfte der Klänge
156 Brigitte Snoeck – Arandu – der Klang der Weisheit
158 Wolfgang Bossinger - Wie Gesang unsere Herzen…
171 Miroslav Großer - Singen macht die Seele satt
176 Raaja Fischer – Der Geist der Unicorn Camps
179 Der Eremit und sein Mantra
183 Alwine Deege - Singen in der Trauer
184 Linde Keyserling - Der Gesang
195 Gabriele Thönnessen - Das verlorene Lied
200 Peter Martin Strauch – Vielfalt ist Schönheit

Über das Verbindende der Religionen

207 Der Messias ist einer von Euch
210 Oriah Mountain Dreamer – Ich will wissen
212 Peter M. Strauch – Die Suche nach dem Sinn des Lebens
215 Alwine Deege & Peter M. Strauch – Die Feier des Lebens
218 Die Kirche der Liebe
220 Nelson Mandela - Du bist ein Kind Gottes
223 Alwine Deege – Gedanken nach der 17. Nacht
226 Xin Zhou - Die kleine Welle
227 Richard Stiegler - Liebe ist nichts für Feiglinge
229 Wie im Himmel – Gabriela's song
236 Clemens Konermann - Wohlan, Du Pilgerseele
238 Hopi Indianer - Findet Euch zusammen
241 Alwine Deege - Gedanken zum Schluss

Hinweise und Infos

243 Organisatoren der Singnächte in Deutschland – 4/ 2009
245 Informationen zu den Autoren
251 Quellennachweise
252 Infos zum Patenprojekt von P. Pierre Simons

Die Doppel-CD zum Buch „Singe, bis deine Seele tanzt"

254 CD -1 Liveaufnahmen einer Aachener Singnacht
255 CD -2 Sampler - Lieder dieser Erde

All diese Gesänge aller möglichen Religionen sind EIN Lied.
Die Unterschiede sind Illusion und Eitelkeit.
Die Sonne scheint etwas anders auf dieser Wand als auf jener,
Und noch ganz anders auf einer anderen.
Aber es ist immer noch EIN Licht.
Wir haben alles geliehen von EINEM Licht,
Und wenn wir singen, gießen wir es zurück.“

Rumi, persischer Mystiker

VORWORT

Auch für mich sind alle Religionen nur unterschiedliche Erscheinungsformen von diesem EINEN Licht.

Das Singen spiritueller Lieder ist eine wunderbare Möglichkeit, das Verbindende, diese Essenz aller Glaubensrichtungen und religiösen Traditionen, zu erfahren und auszudrücken. Immer mehr Menschen suchen und sehnen sich nach einer weiten, freien und offenen Spiritualität.

In den Nächten der spirituellen Lieder, die sich mittlerweile von Aachen ausgehend in vielen Städten Deutschlands verbreiten, kommen jedes mal mehrere hundert Menschen zusammen, um im miteinander Singen die verbindende, heilsame und bewegende Kraft des Singens zu erleben und dabei den alles vereinenden Geist zu erfahren. Hier ist ein Ort zwischen den Gräben der bestehenden Religionen entstanden, an dem sich Menschen treffen und verbindende, menschliche Erfahrungen machen.

Das Singen beseelter Lieder kann Gebet, Kraftquelle, Seelennahrung und Brücke sein. Es vermag unsere Herzen zu öffnen, unsere Seelen zu berühren und uns lebendiger und glücklicher zu machen. Das Singen verbindet uns miteinander und mit dem, den wir Christen „Gott" nennen, den die Juden aus Ehrfurcht nicht aussprechen oder Adonai, „den Herrn" nennen, die Moslems Allah, die Buddhisten Buddha und die Hindus Brahma nennen.

Alle eint das Bewusstsein einer höheren Macht über uns, eines „Schöpfers" oder „Urgrunds allen Seins", einer Kraft, die größer ist als wir selbst. Im Folgenden wähle ich daher den Begriff „der oder das EINE", um hoffentlich verschiedensten Glaubensrichtungen und Kulturen gerecht zu werden.

Um diese EINE große, segnende und liebende Kraft geht es in den ,Nächten der spirituellen Lieder'!

Wir singen, um dieses EINE zu suchen, zu erfahren und zu preisen!

Singe, bis deine Seele tanzt

Singen verleiht unserer Seele Flügel und lässt sie tanzen.

Lasst uns einfach singen, aus Freude am Leben und zur Feier der Schöpferkraft. Es geht uns vor allem darum, ganz ohne Leistungsanspruch selbst zu singen. Wir lassen unsere Stimme erklingen aus Freude am Singen oder als Gebet, wir singen, um uns zu zentrieren oder um Kraft zu tanken. Wir singen, um uns berühren zu lassen, uns verbunden zu fühlen, uns zu begegnen. All das und noch viel mehr geschieht beim gemeinsamen Gesang. Die Herzens- und Kraftlieder tun gut, weil sie unsere Seele ansprechen und unsere Gefühle anrühren.

Wir spüren unser Menschsein, mit all unseren Fragen, unserer Freude und unserem Schmerz. Wir teilen unsere Sehnsucht nach einer unbegrenzten Liebe, nach einer Kraft, die größer ist als wir, nach einem Sinn, der unserem Leben innewohnt. Singen schafft Verbindung, zu unserem eigenen Kern, zu den Menschen, die mit uns singen und auch zu der geistigen Welt, zu dem Göttlichen, zu der Essenz, dem EINEN.

Wir leben in einer Zeit, in der viele Menschen ihre eigene Spiritualität entwickeln und leben. Sie möchten nicht nur darüber hören, lesen und reden, sondern sie wollen ihre eigenen Erfahrungen machen.

Das Singen spiritueller Lieder ist eine wunderbare Möglichkeit, sich wieder „ rück zu binden" (religare, religio), Religion meint ja „Rückbindung, Anknüpfung an Gott".

Gesang ist eine Brücke zwischen Himmel und Erde, zwischen unserer irdischen und der geistigen Welt. Mir geht es aber auch immer wieder darum, dass Spiritualität nicht irgendwo in geistigen Sphären schwebt sondern auf die Erde kommt. „Gott hat keine Hände, nur unsere Hände, um seine Arbeit auf der Erde zu tun". Für mich hat Spiritualität zu tun mit Verantwortung, mit Wirken auf dieser Erde, in dieser Welt.

Es hat zu tun damit, dass wir immer wieder den Weg zu uns selbst, zu unseren Mitmenschen wahrhaftig und mit Liebe gehen. Heimo Sölter beschreibt diesen Weg wie folgt: „Im Einklang mit unserer Seele finden wir zu einer Art natürlicher Religion, deren Maß das Menschliche ist. Dabei mutet sie uns zwar die Verantwortung für unser Handeln mit allen Folgen zu, gibt uns jedoch auch die Kraft, unsere Lebensaufgaben zu finden und zu erfüllen und dadurch zu wachsen."

Mit diesem Buch möchte ich versuchen, diese „neue" Bewegung, die überall entsteht, aufzuzeigen und zu beschreiben.
Ich habe viele wunderbare Beiträge erhalten oder gefunden. Es ist ein Schatz an Erfahrungen, Erkenntnissen, Weisheiten und Inspiration geworden. Ich danke ALLEN aus vollem Herzen, die dazu beigetragen haben!

Über die Nacht der spirituellen Lieder

Im ersten Teil des Buches wird die Vision, die Idee und die Geschichte der Nächte der spirituellen Lieder beschrieben. Bewegende und persönliche Erfahrungen von TeilnehmerInnen und OrganisatorInnen sowie Beiträge von Vertretern der Kirche und der Öffentlichkeit geben einen Einblick in diese „neue" und zugleich „alte" Form des gemeinsamen Singens

Über das Singen spiritueller Lieder

SängerInnen, SingkreisleiterInnen sowie bekannte und unbekannte Denker, Dichter, Musiker und Weisheitslehrer aus vielen Bereichen beschreiben im zweiten Teil, welche Bedeutung diese Art des Singens für uns Menschen haben kann und welche Kraft im Gesang liegt.

Über eine neue Spiritualität

Wir singen in Aachen nicht irgendwo, sondern in einer Kirche. Sie ist Gastgeberin und sie gibt Herberge. Sie öffnet die Türen für Andersdenkende und Gläubige. Patrick Wirges, Mitarbeiter der Citykirche schreibt:

„Im gemeinsamen Hören und Singen von Mantras und religiösen Liedern aus allen Kulturen und Traditionen greift die Nacht der spirituellen Lieder weit über die christliche Tradition hinaus und zeigt im Erleben der Musik die allen Religionen innewohnende Essenz und die Suche nach der Transzendenz, dem Urgrund, Ausgangspunkt und Ziel menschlichen Lebens."

Darum geht es im dritten Teil des Buches – Im Singen erleben wir eine Spiritualität, die das Verbindende und nicht das Trennende sucht, über alle Gräben und Grenzen der Religionen und Glaubensrichtungen hinweg.

„God has no religion" (Mahatma Gandhi)

Begleit-CDs zum Buch

Zum Buch gehören auch zwei CDs, die einen Eindruck von den Liedernächten geben. Das Tonstudio Huppermans aus Ostbelgien brachte einen Livemitschnitt der 18. Nacht der spirituellen Lieder auf eine CD. In dieser Nacht wirkten u.a. Mark Fox, Barbara Swetina und Iria mit. Sie sind gemeinsam mit meinen Singkreisen und dem Chor der ca 500 teilnehmenden SängerInnen auf der CD zu hören. Die besondere Stimmung einer Singnacht wird für den Zuhörer erlebbar. Es ist ergreifend, wenn 500 Menschen mit viel Kraft und Freude miteinander singen!

Für die zweite CD stellten SängerInnen und LiedermacherInnen spirituelle Lieder von ihren eigenen CDs zur Verfügung. So entstand ein Sampler mit Liedern, die wir in Aachen gerne bei spirituellen Singnächten singen. Ich danke von Herzen Gila Antara, Mark Fox, Brigitte Schmitz, Barbara Swetina, Karin Jana Beck, Ya Beppo & Gisela, Michaele Hustedt & Ali Schmidt für ihre Großzügigkeit! Mit einem Teil des Erlöses wird mein Patenprojekt in Ruanda unterstützt.

Möge das Buch und die dazugehörigen CDs ermutigen, selbst wieder zu singen und mit einzustimmen in den großen Gesang! Möge die heilende und wunderbare Kraft des Singens viele Menschen erreichen, anstecken und ihre Herzen öffnen!

Und mögen wir noch viele Feste des Friedens, der Toleranz und gegenseitigen Verbundenheit feiern, in Aachen und anderswo, um zum Heil der Erde beizutragen.

Mögen wir erfahren, was der berühmte Musiker Yehudi Menuhin schreibt:

„Wenn einer aus seiner Seele singt,
Heilt er zugleich seine innere Welt.
Wenn viele aus ihrer Seele singen
Und eins sind in der Musik,
Heilen sie zugleich auch die äussere Welt."

DANKE

Gracias a la vida -
- Ich danke dem Leben, das mir so viel gegeben!

Ich danke den Menschen, durch die ich das Singen und so viele wunderbare Lieder gelernt habe. Ich danke all denen, die immer wieder mit mir singen; bei meinen wöchentlichen Singabenden, in den Nächten der spirituellen Lieder, in Workshops oder auf Singreisen…

Besonderer Dank gilt meiner Mutter, die mich die Freude am Singen und viele Lieder lehrte, meiner Schwester Josefa; unsere gemeinsamen Jugendjahre waren voller Gesang.

Meinen SinglehrerInnen Gila Antara, Barbara Swetina, Marc Fox, Iria und Ya Beppo, Brigitte Schmitz und vielen anderen.

Ilka Abhiti Kunz aus vollem Herzen Dank für 19 Singnächte in den letzten fünf Jahren, die wir gemeinsam initiierten und gestalteten; es hat viel Freude gemacht und ihr großes Engagement waren dafür unentbehrlich. Ohne ihre Mithilfe wäre das Projekt nicht denkbar gewesen. Den Vertretern der Cityseelsorge, Maria Pirch, Klaus Kaiser, Patrick Wirges und Armin Drack danke ich für Ihre Offenheit, ihre Unterstützung und den Mut, neue Wege in der Kirche mit uns zu gehen. Peter für seine Unterstützung und Begleitung bei all meinen Aktivitäten, auch jetzt noch, in der Zeit unserer Trennung …

Durch eine Nacht der spirituellen Lieder und meine Singtreffen lernte ich Peter Martin kennen und lieben. Seine Begleitung, sein interessiertes Mitdenken, sein Rat und offenes Ohr bei der Entstehung des Buches waren mir eine wertvolle Hilfe. Monika Wesch und meiner Freundin Christiane danke ich für das einfühlsame Korrigieren.

Das Buch wäre ohne meinen Freund und Verleger Joachim Duderstadt mit seinem Santiago Verlag nicht entstanden. Er ermutigte mich, ein neues Buch herauszugeben und machte die verlegerische Arbeit.

Meiner Tochter Julia und meinem Patenkind Sarah Böckenhuiser danke ich für die schöne graphische Gestaltung des Buches!

Mein ganz besonderer Dank gilt all denen, die für dieses Buch etwas geschrieben haben. Ohne Euch wäre diese Fülle und Vielfalt an Erfahrungen, Weisheiten, Erkenntnissen und Geschichten nicht zustande gekommen! Ein großes Danke all den Weisheitslehrern, Denkern und unbekannten Autoren vieler Texte hier im Buch!

Mein Dank schließt auch all die vielen Helfer und Mitarbeiter ein, die eher im Hintergrund arbeiten, aber doch ganz wichtig für das Ganze sind: Beate, Carmen, Olga, Finja, Noah, Simon und Julie, Caroline, Barbara, Jolanda und Gela, die immer da sind und mit anpacken bei der Durchführung der Singnächte, sowie alle nicht einzeln genannten Helfern und Mitwirkenden! Jeder einzelne ist so wichtig für das große Ganze!

In den letzten Wochen meiner Arbeit an diesem Buch lernte ich Karl Adamek kennen. Durch seine jahrelange Erfahrung, seine großen Visionen und sein vielfältiges Engagement in Sachen Singen war er mir in der Endphase eine große Hilfe und ein kompetenter Ratgeber. DANKE!

Das Leben schenkt mir täglich neue Aufgaben, Herausforderungen, Lehrer, Lieder, Menschen, Engel,... durch die ich wachsen, lernen und reifen kann. Ich danke dem Leben, das mir soviel gegeben!

„Viele kleine Menschen, an vielen Orten, die viele kleine Dinge tun,
können das Angesicht der Erde verwandeln“ Aus Afrika

Mein Wunsch für Euch von Herzen:

Möge dann und wann deine Seele aufleuchten
Im Festkleid der Freude.
Möge dann und wann ein Lied aufsteigen
Vom Grunde deines Herzens,
um das Leben zu grüssen wie die Amsel den Morgen.
Möge dann und wann der Himmel
Über deine Schwelle treten.

Irischer Segensspruch

Meine Geschichte mit dem Singen

Wie alles anfing...

Hier, auf einer Reise in die Dolomiten, mit Blick auf überwältigende Berggipfel in der warmen Septembersonne, erinnere ich mich an meinen Weg mit dem Singen. Ich denke daran, welchen Platz das Singen in meiner Lebensgeschichte hat, wie dieser sich verändert und entwickelt hat.

Meine erste Erinnerung an Gesang in meiner Kindheit ist eine singende Mutter. Bei ihrer Arbeit als Bäuerin auf unserem Hof, im Garten, auf dem Feld oder im Haus beim Putzen oder Kochen; oft hörte ich sie Lieder singen. Wenn wir nachts von einem Besuch bei Verwandten im Auto nach Hause fuhren, stimmte sie Abend- und Schlaflieder an und wir Kinder fühlten uns geborgen, in der Dunkelheit der Nacht singend unterwegs zu sein.

Später, mit 14 Jahren, lernte ich die ersten Gitarrengriffe von einem älteren Lehrer im Jugendheim, gemeinsam mit 20 Jugendlichen, die auf verstimmten Gitarren den C-Dur Griff spielten und eifrig den einzigen Wechsel im Lied nach G-Dur versuchten.

Meine Schwester Josefa und ich begannen uns das Gitarrenspiel selbst anzueignen und waren danach oft mit unseren Gitarren singend unterwegs. Wir sangen in der Jugendgruppe im Dorf, gestalteten Jugendgottesdienste mit neuen religiösen Liedern, sangen auf Ferienfreizeiten, am Lagerfeuer oder auf Partys. Immer entstand ein Gemeinschaftsgefühl, egal ob wir „House of the rising sun", „Laudato si" oder „ Hohe Tannen" spielten. Das Singen verband und begeisterte. Später, bei meiner Arbeit als Erzieherin im Kinderheim und danach als Leiterin einer Begegnungsstätte im sozialen Brennpunkt, mit Obdachlosen auf der Kölner Domplatte oder bei den Reisen mit meiner Schwester in südliche Länder: überall knüpften wir durch das Singen schnell Kontakt, es brachte Menschen zusammen und erfreute sie. Es war eine wunderbare Möglichkeit, etwas von uns selbst auszudrücken und eine gute Stimmung entstehen zu lassen.

Taizé

In meinen jungen Jahren fuhr ich jedes Jahr nach Taizé, einem ökumenischen Kloster in Frankreich. Hier singen 1000 oder 2000 junge Menschen aus der ganzen Welt drei Mal täglich in einer Kirche einfache christliche Lieder, die eine wunderbare Stimmung und eine intensive, meditative Atmosphäre schaffen. Dieses Singen ließ mich oft glücklich sein und berührte mich in meinem Innersten. Ich spürte dabei etwas von diesem Gott, den ich in meinem jungen Leben so sehr suchte. Damals überlegte ich ernsthaft, Nonne zu werden, um mich mit dem Göttlichen noch mehr zu verbinden und Ihm /Ihr zu dienen. Doch dann traf ich meinen Mann Peter, und meine Pläne änderten sich.

Auch uns verband das Singen. Ich bin bis heute nicht über meine 11 Grundgriffe auf der Gitarre hinausgekommen, während Peter, von der Folkszene inspiriert, mit perfektem Gitarrenspiel unser Singen in und mit der Familie begleitete: ob abends am Bett die Schlaflieder für unsere Kinder, Weihnachtslieder unterm Tannenbaum oder alljährlich die Lagerfeuerlieder mit Freunden in der Bretagne – immer hatte das Singen eine Bedeutung in unserem Familienleben.

Gila Antara

Durch meine damaligen Freunde Hille und Bruno erfuhr ich etwas über Gila Antaras Singworkshops. Sie erzählten begeistert von ihrer Arbeit und so lud ich Gila nach Aachen zu einem Seminar ein. Durch sie lernte ich ganz neue Lieder kennen; Lieder, die meine Seele sehr berührten, weil sie von dem Weg des Herzens und der Seele handelten.

Ich erlebte, dass diese Lieder meinem eigenen Ausdruck von Spiritualität entgegen kamen.

Ich bin sehr durch meine christlichen Wurzeln und kirchliche Zugehörigkeit geprägt worden, doch suchte ich mittlerweile nach einem Weg, freier von festen kirchlichen Regeln und alt gewohnten und gelernten Normen, Riten und Glaubenssätzen meine eigene Spiritualität zu entwickeln und zu finden. Dabei half mir diese Art des Singens sehr.

Peter und ich verspürten den Wunsch, diese Lieder weiterzugeben und wir luden zu offenen Singtreffen ein. Wir fanden Kirchen, die sich dafür öffneten und uns willkommen hießen - und es kamen Menschen, die mit uns sangen.

Wie alles begann...
Immer mehr SängerInnen
kamen zu unseren
offenen Singtreffen

Peter & Alwine

So begannen vor ca. 14 Jahren die spirituellen Singtreffen, in denen sich regelmäßig Menschen zum Singen neuer spiritueller Lieder treffen, die ich bis heute anleite.

Hospiz

Daneben erlebte ich in meiner Hospizarbeit, dass auch dort das Singen wertvoll und wichtig wurde. Wenn ich einen sterbenden Menschen begleitete und Gespräche manchmal nicht mehr möglich waren, konnte ich durch das Summen einer Melodie, das Anstimmen eines alten Kirchenlieds, eines Volks- oder Kinderlieds eine Brücke schaffen – zu ihrem Glauben oder zu ihren Lebenserinnerungen. Lieder konnten trösten, entspannen, verbinden, Vertrauen stärken oder ein Gebet sein.

Singen in der Trauer

war dann auch das Thema meiner Abschlussarbeit der Trauerausbildung bei Dr. Ruth Marijke Smeding. Ich befasste mich besonders mit dem Singen in Zeiten des Umbruchs, der Krise, bei Abschied und in der Trauer. Ich erlebte, wie Lieder die Trauernden zum Fühlen brachten, dass z.B. durch Gesang bei einer Beerdigung Tränen endlich fließen konnten. In einer eigenen Trauer- und Krisenzeit während der Trennung von meinem Mann erlebte ich, wie sehr Lieder mich trugen, mir Wegbegleiter durch eine schwierige Zeit wurden, mir halfen zu vertrauen und Kraft zu finden. Jedes Singen, das ich anleitete, war auch Heilung und Trost für meine verletzte und traurige Seele.

In meiner jahrelangen Hospizarbeit habe ich viele sterbende und trauernde Menschen begleitet und, wie erwähnt, gibt es auch in meinem, wie in jedem anderen Leben, Krisen, Abschiede und Dunkelheit. In meinem Leben, sowie auch in meiner Hospizarbeit, ist immer wieder ein wichtiges Ziel, die Dunkelheit, das Leid, die Trauer wahrzunehmen, Sterben und Tod in unserem Leben anzunehmen, aber gleichzeitig und trotz alledem auch das Licht, die Liebe und die Freude zu sehen und zu spüren.

Durch das Singen habe ich eine Möglichkeit gefunden, das Dunkel zu erhellen, zu transformieren, aushalten zu lernen und mich dabei immer wieder an das Helle, an die Liebe und das Licht zu erinnern, das da ist; in dieser Welt und in jedem von uns!

Die Zeilen von Anne Steinwart begleiten mich seit vielen Jahren und drücken für mich aus, was mir in meinem Leben wichtig ist und was für mich die Bedeutung des Singens ausmacht:

„Ich will nicht leugnen die Dunkelheit,
aber auch nicht das Sonnenlicht.
Singen will ich in die Dunkelheit, von der Sonne ein Lied!“

Immer mehr wuchs in mir der Wunsch, mit vielen Menschen zu singen, so wie ich es in Taizé erlebt habe. Dieser Wunsch wurde zu einer Vision. In Aachen gab es inzwischen mehrere spirituelle Singkreise. Ingrid Werner, die regelmässig mit Menschen in Le-

miers sang, Taizèsingkreise in Aachen usw. Diese wollte ich zusammenbringen, um uns gegenseitig zu inspirieren und unsere Lieder miteinander zu teilen. Als ich von dieser Idee in meinen Singkreisen erzählte, fühlte sich Abhiti Kunz davon sehr angesprochen und bot mir spontan ihre Hilfe an. Wir fanden die Citykirche St. Nikolaus, eine große Kirche im Zentrum Aachens, die neue ökumenische Wege geht, um Menschen in der Großstadt anzusprechen und auf neue Weise für den christlichen Glauben zu interessieren. Hierhin luden wir alle schon bestehenden Singkreise ein, um miteinander zu singen.
Zu dieser

Ersten Nacht der spirituellen Lieder

im Juli 2004 kamen viele weitere Sänger und sangen mit uns.
Es war ein wunderbares Erlebnis, mit mehr als 300 Menschen vier Stunden lang Lieder zu singen. Es entstand eine Atmosphäre der Verbundenheit und Gemeinschaft, es war eine Kraft und Tiefe zu spüren, die uns auch als fremde Menschen verbunden und nahe sein ließ. Mal zentriert und meditativ durch Mantren und Taizégesänge, dann wieder kraftvoll und erdig mit indianischen Liedern oder freudig bewegt und lebendig durch Lieder aus Afrika. Die Mantren und Chants aus verschiedenen Kulturen und Religionen beflügelten uns - sie weiteten, entspannten, berührten, begeisterten - oder ließen uns still und andächtig werden.
Nach dieser ersten Nacht der spirituellen Lieder folgten bis heute(2009)19 weitere und brachten mehr als 7.000 Menschen zum Singen in die Citykirche.

Die erste Nacht der spirituellen Lieder im Juli 2004 in Aachen

Abhiti und ich fanden immer wieder neue Sänger und Sängerinnen, Singkreisleiter, Chöre und Musiker, die mit uns die Nächte der spirituellen Lieder gestalteten; Gila Antara aus Südengland, Brigitte Schmitz aus Düsseldorf, Mark Fox aus Kalifornien mit Angelika Thomé, Ingrid Werner aus Lemiers, Geeta Ghandava aus Amsterdam, Iria aus dem Allgäu, Barbara Swetina aus der Findhorngemeinschaft in Schottland, Anke Conrads, Manyala Milam aus Ostbelgien, Volker Kaczinski , Ali Schmidt und Michaele Hustedt aus Berlin, Ya Beppo und Gisela aus Bremen, Brigitte Snoeck aus Ostbelgien, Carola und Roland aus Braunschweig, dem Lovely Mr. Singing Club, dem Joyful Spirit Chor, Johannes Janssen aus Wuppertal, Dieter Wienand aus Köln, Ulrike Schulz aus Bielefeld und viele andere.

Und in jeder Singnacht entstand immer wieder dieser Raum, in dem der ‚Spirit', diese Verbundenheit und Liebe erfahrbar werden konnten. Und unsere Aachener Singnächte zogen Kreise.
Brigitte Schmitz initiierte als Erste eine Singnacht nach dem Aachener Vorbild in Düsseldorf. Und es folgten Wolfgang Bossinger in München und Stuttgart, Dieter Wienand und Dagmar Hellriegel in Köln, Michaele und Ali in Berlin, Iria im Allgäu ... Weitere Singnächte in anderen Städten sind geplant.
Ich denke an einen Spruch von Martin Luther King, der mich schon in meiner Jugend inspirierte

„Wenn einer alleine träumt, ist das nur ein Traum,
Wenn viele gemeinsam träumen,
Ist das der Beginn einer neuen Wirklichkeit!"

Traum und Vision

Ich hatte eine Vision, einen Traum und es ist ein wunderschönes Gefühl zu erleben, dass diese gleiche Sehnsucht in so vielen Menschen anzutreffen ist und dass nun so viele mit mir aufbrechen, ihrer Sehnsucht folgen und diese neue Wirklichkeit erfahrbar werden lassen! Wenn Tausende singen ist das der Beginn einer neuen Wirklichkeit! Und es werden immer mehr!

Viele Menschen sind auf der Suche nach neuen Wegen, um ihre Spiritualität zu leben und zu teilen, unabhängig von traditionellen Religionen, Kirchen, Riten und Gesetzen. Sie wollen nicht so sehr über ihre Spiritualität, ihre Suche und ihre Sehnsucht nach dem Göttlichen reden, nicht nur davon hören und lesen. Sie möchten Gott nicht mehr außerhalb ihrer selbst suchen. Menschen möchten ein Teil des göttlichen Ganzen sein und diese liebende, große, heilsame, göttliche Kraft wirklich in sich und miteinander spüren.

Im gemeinsamen Singen spiritueller Lieder in einem schönen, geschützten Raum kann genau das geschehen: Wir erleben, dass da etwas ist, das größer ist als wir selbst, wie auch immer wir dieses ‚ES' auch nennen. Vielleicht haben wir mit unseren Singnächten einfach den Zeitgeist getroffen und das Singen kommt den Bedürfnissen vieler Menschen entgegen, wieder mehr zu fühlen, zu erfahren, berührt zu werden. Bei diesen Singnächten kann jeder so sein, wie ihm/ihr gerade zumute ist, mit dem ganz eigenen Glauben und der eigenen Gottesvorstellung, mit dem, was gerade in ihm/ihr lebt, was er/sie denkt und fühlt und ist.

Vielleicht ist es das, was uns so sehr verbindet, dass wir alle Menschen sind mit der gleichen Sehnsucht, Menschen, die sich nach der Liebe und dem Licht sehnen und vielleicht manchmal im Singen etwas davon in unserer eigenen Seele erfahren.

Vielleicht besuchen so viele Menschen die Singnächte, weil sie dabei etwas erfahren, was sie brauchen: Nahrung für die Seele, Verbindung zu ihren Gefühlen, Gemeinschaft mit anderen Menschen, Ausdruck und Gebet ihres Herzens, Erfahrung des Göttlichen. Ich habe den Traum, dass wir immer mehr werden, die singend eine neue Wirklichkeit schaffen und etwas in diese Welt bringen, was die Welt so dringend braucht.

Ich bin den Vertretern und Mitarbeitern der Citykirche in Aachen sehr dankbar, dass solche Veranstaltungen in dieser Kirche möglich sind. Und es ist hoffnungsvoll, dass die Kirche ihre Räume öffnet auch für Menschen, die vielleicht der Kirche nicht mehr so nahe stehen. Ich erlebe, dass wir durch das Singen der Lieder aus unterschiedlichen Religionen und spirituellen Traditionen nicht das Trennende, sondern das Verbindende aller Religionen erfahren können.

Wenn sich unsere Stimmen zu einem großen Gesang vereinigen, erfahren wir etwas von dieser Schönheit, dieser Vielfalt und erleben, wie jeder mit seinem einzigartigen Ausdruck zu dem großen Ganzen beiträgt und dabei etwas Neues, Wunderbares entsteht!

So wie es in der Natur unzählige Ausdrucksformen gibt und alles sein darf, dürfen auch wir Menschen unsere eigene Stimme erheben und unseren Glauben, unsere Liebe, unser Menschsein auf unsere jeweils eigene Weise ausdrücken.

Frei (willig) er Eintritt – Spende für Waisenkinder

Mit unseren Singnächten wollten wir von Anfang an nicht einen eigenen finanziellen Gewinn erwirtschaften, sondern einen Beitrag für Menschen in dieser Welt leisten, die nicht so gute Bedingungen zum Leben haben wie wir. Alle Sänger und Sängerinnen, Musiker, Helfer und Organisatoren waren bereit, auf Honorare zu verzichten. Statt Eintrittsgelder zu verlangen, bitten wir um eine freiwillige Spende, die nach Abzug aller Ausgaben und Kosten für ein Kinderheim in Ruanda bestimmt sein soll. Dieses Heim wird seit 40 Jahren von dem Priester Pierre Simons geleitet, der aus dem Dorf Kelmis in Ostbelgien kommt, in dem ich zurzeit lebe.

„Singen macht menschlich", sagt Pater Simons, der täglich mit seinen Waisenkinder in Ruanda singt

Mit viel Liebe und Engagement lebt er mit 140 Kindern und Jugendlichen zusammen und versucht, ihnen ein Zuhause zu geben und eine Ausbildung zu ermöglichen. Im April 2007 besuchte ich die Kinder in Ruanda und durfte einen Monat mit ihnen leben. Auch hier war das Singen wieder eine universelle Sprache.

Täglich sangen die Kinder zu Beginn und am Ende des Tages. Sie trafen sich vor der Schule und am Abend im Hof und bewegten sich, tanzten, klatschten und freuten sich, während sie ihre rhythmischen, kraftvollen Lieder sangen. Da ich ihre Sprache nicht verstand, war das Singen unsere Möglichkeit, Kontakt miteinander zu haben und einander zu begegnen. Wenn es dunkel wurde, trafen wir uns oft im Garten unterm Sternenzelt (Strom, Fernseher, Musikanlage gibt es nicht) und teilten unsere Lieder miteinander. In einem kongolesischen Flüchtlingslager umringten mich Hunderte von Kindern, mit denen ich nicht sprechen konnte. Wieder war der Gesang unsere universelle Sprache.

Es wuchs in mir der Wunsch, Pierre Simons dauerhaft bei seiner Arbeit finanziell zu unterstützen. Da er oft das Schulgeld für alle Kinder nicht bezahlen kann, initiierte ich ein Patenprojekt und suchte Paten, um den Kindern den kontinuierlichen Schulbesuch zu ermöglichen. Dieses neu entstandene Projekt wird auch durch die Spendenerlöse der Singnächte unterstützt. (Näheres zu diesem Projekt finden Sie im letzten Teil des Buches.) So singen wir nicht nur für uns, sondern auch für diese Kinder in Afrika.

Das Singen ist für mich ein Teil meines Lebens geworden und ich könnte mir ein Leben ohne Gesang nicht mehr vorstellen. Ich bin glücklich und dankbar für meine wunderbare Arbeit und werde beim Vermitteln und Anstimmen dieser Lieder auch immer selbst bereichert und beschenkt.

Ein Lied von Gila Antara drückt aus, was ich gerne allen sagen möchte, mit denen ich seit vielen Jahren singe, all den Menschen in den spirituellen Singnächten und den Sängern und Sängerinnen in meinen wöchentlichen Singkreisen, in meinen Seminaren und Gruppen:

Danke für all die Lieder mit Euch,
danke für das Singen.
Jedes Mal wächst die Kraft in mir

Abhiti Kunz

Erinnerungen an Gesang und Musik in meinem Leben

Meine frühesten Erinnerungen an Gesang und Musik finde ich, wie wahrscheinlich die meisten anderen Menschen auch, in meiner Kindheit. Ich erinnere mich gerne an meine Mutter, wie sie während der Hausarbeit gesungen hat und auch mit mir und meinen beiden Brüdern regelmäßig Kinder- und Volkslieder gemeinsam sang. Sie hatte eine sehr schöne und klare Gesangsstimme, die mich und meine Brüder abends oft auch in den Schlaf begleitete.

Während meiner Schulzeit sang ich einige Zeit im Kirchenchor, obwohl meine Erziehung zu Hause eher antichristlich war. Die Chorleiterin unterrichtete bei uns am Gymnasium und ermunterte mich dazu, in ihrem Chor mitzusingen. Ich bekam dann auch erstaunlicherweise von meiner Mutter die Erlaubnis dazu. Weder meine beiden Brüder noch ich sind getauft. In der Schule nahm ich jedoch recht interessiert bis zur Oberstufe am Religionsunterricht teil.

In der Oberstufe wurde ich dann Schulsprecherin. Es ergab sich dann so, dass sich bei allen Festen und Partys einige Schüler zusammenfanden und gemeinsam Musik machten. Damals nannte man dies noch nicht Schulband – wir machten einfach aus Freude für uns und alle anderen zusammen Musik. Wir hatten ein Banjo, eine Gitarre, Tamburin, Flöte, manchmal ein Klavier und immer meinen Gesang.

Dann, nach dem Abitur, bekam ich nicht sofort einen Studienplatz an der Katholischen Fachhochschule in Aachen. Ich hatte mich für den Studiengang Sozialarbeit entschieden und arbeitete nun ein Jahr lang in einem Kinderheim.

Während dieser Zeit sang ich auch regelmäßig mit den Kindern. Sie kamen ausnahmslos aus sehr schwierigen sozialen Verhältnissen, waren z. T. recht aggressiv und fanden dann beim gemeinsamen Singen eine Zeit der Gemeinsamkeit, die entspannt, begeisternd, mitreißend und vor allen Dingen konfliktfrei war. Während meines Studiums trat für mich zumindest die aktive Musik für eine Weile in den Hintergrund. Erst als ich einige Zeit in der Suchtkrankenhilfe gearbeitet hatte, traten bei mir wieder musische Bedürfnisse in den Vordergrund. Während meiner intensiven Arbeit mit den Drogen-, Medikamenten- und Alkoholabhängigen sowie deren Eltern und Kindern begann mein spiritueller Weg.

In dieser Zeit wurde ich mit sehr vielen und sehr unterschiedlichen Schicksalen konfrontiert; erlebte, wie sich junge, eigentlich intelligente junge Menschen den „Goldenen Schuss" setzten oder auf Grund ihrer kriminellen Karriere, die Drogenkonsum mit sich bringt, inhaftiert wurden. Ich musste miterleben, wie eine sehr hübsche junge Klientin inhaftiert wurde und sich anschließend in der Untersuchungshaft durch Erhängen ihr Leben nahm. Parallel dazu arbeitete ich mit Medikamenten- und Alkoholabhängigen, erlebte, wie sie Beruf, Familie, Haus und Hof durch ihre Abhängigkeit verloren oder an Leberzirrhose oder anderen Folgeschäden starben. In der Gruppenarbeit mit den Angehörigen war ich mit den Konsequenzen konfrontiert.

Dies alles bewirkte bei mir das Aufkommen der Frage nach dem Sinn des Lebens, woher wir kommen und wohin wir gehen. Ich begann in dieser Zeit eine vierjährige Ausbildung als Einzel- und Gruppentherapeutin in einer therapeutischen Community in Nordholland. Dort lebten zu der Zeit ca. 130 Menschen fest und jeweils zwischen zwanzig und achtzig Menschen, die gerade an einer Gruppe teilnahmen. Fest im Alltag integriert waren regelmäßige Meditationen. Diese Erfahrung wiederum inspirierte mich, die östlichen Lebensweisen zu erkunden.

Ich fuhr nach Indien, um dort das Ashramleben kennen zu lernen.

Die indische Mentalität unterscheidet sich sehr von unserer westlichen, materiell ausgerichteten. Ich bin bettelarmen Menschen begegnet, deren Augen trotzdem glücklich und lebendig strahlten, obwohl alles, was sie besaßen, eine aus Zeitungen und Baumzweigen gebaute Hütte war. Manche saßen dann im Morgengrauen auf dem Gehweg, vor sich in einer Konservendose ein kleines Feuerchen, das sie aus gesammelten brennbaren Teilchen entzündet hatten, um die kalten Finger daran zu wärmen. Die Mutter hockte auf ihren nackten Fußsohlen auf dem Boden, ein trinkendes Baby an der Brust. Alle grüßen freundlich mit einem „ Namaste".

Ebenfalls beeindruckten mich die Abschiedsfeiern von den Verstorbenen sehr. Der Leichnam wird auf eine Holzbahre gelegt, auf Blumen gebettet und geschmückt. So wird er von seiner Familie und seinen Freunden in einem Zug zur Feuerstelle gebracht. Und alle singen, tanzen und machen mit vielen unterschiedlichen Instrumenten Musik. Dann wird Rosenholz rund um den Leichnam geschichtet und angezündet. Es ist ein freudiges Fest, der Übergang in ein anderes Leben. In Indien ist Gesang ein wichtiges Element des Lebens. Ich lernte dort den Mantra-Gesang kennen und singe inzwischen auch hier seit vielen Jahren in einem Mantren-Chor, zum Teil auch die Mantren, die ich schon damals, bei meinem ersten Besuch in Indien, zu singen lernte.

Inzwischen habe ich auch beruflich in sehr unterschiedlichen Bereichen gearbeitet und viele Erfahrungen gesammelt.

Manchmal konnte ich auch dort Musik integrieren, wie z. B. in einem Altenheim, in dem ich eine Zeit lang arbeitete. Jeden Dienstag und Donnerstag machte ich ein offenes Gesangsangebot für die Senioren. Es war mir eine Freude, mit zu erleben, wie manche, die sonst sehr ruhig und in sich gekehrt waren, beim Singen aufblühten und ein derartig reichhaltiges Repertoire an Volksliedern in- und auswendig kannten. Das ‚Highlight' war häufig, wenn ein damals 93jähriger Bewohner, früherer Berufspianist, für uns alle spielte. Die gemeinsame Musik und der Gesang verbanden und belebten die alten Menschen, weckten Erinnerungen und machte sie glücklich.

Seit einigen Jahren arbeite ich nun in einer Schule für Lernbehinderte. Dort betreue ich zurzeit die Kinder zwischen zehn und dreizehn Jahren. Sie haben alle einen sozial oder kulturell schwierigen Hintergrund. Auch mit ihnen singe und trommle ich.

Wie ich zur Spirituellen Nacht der Lieder kam

Vor ca. 10 Jahren lernte ich Alwine am Lagerfeuer bei Freunden kennen. Es wurde gesungen und ihr Mann Peter spielte Gitarre. An unterschiedlichen Orten und bei verschiedenen Gelegenheiten trafen wir uns immer mal wieder. Ich erfuhr von einem Singkreis, den sie leitet. Neugierig geworden, ging ich hin und es gefiel mir sehr, wieder regelmäßig mit Menschen zusammen zu singen.

Einige Zeit später saßen wir beisammen und hatten die Idee, noch mehr Menschen zum gemeinsamen Singen zusammen zu bringen. Wir fanden heraus, dass wir etliche Chöre und Singkreise in unserer Region kannten. Wir inspirierten uns gegenseitig und bekamen immer mehr Lust, unseren Traum gemeinsam zu realisieren. Durch die Vermittlung der Gemeindereferentin Maria Pirch bekamen wir Kontakt zu Pastor Klaus Kaiser in der Citykirche St. Nikolaus in Aachen, der es uns erfreulicherweise ermöglichte, zu der ersten ‚spirituellen Nacht der Lieder' einzuladen. Alwine und ich suchten gemeinsam mehrere Singkreise aus, nahmen Kontakt auf und erzählten von unserer Idee des gemeinsamen Singens.

Unsere Begeisterung war ansteckend. Es war einfach überwältigend; unserer ersten Einladung im Juli 2004 folgten mehr als dreihundert Menschen. Eigentlich hatten wir gedacht, es sei eine einmalige Veranstaltung. Als wir jedoch von allen Seiten gefragt wurden, wann denn die nächste ‚Nacht der spirituellen Lieder' stattfinden würde, begannen wir Weitere zu planen und realisieren. Bei der nächsten Nacht im Dezember 2004 folgten schon über 500 Menschen unserer Einladung. Wir hatten zum ersten Mal nicht nur unsere regionalen Singkreise, sondern auch einen bekannten Sänger, den aus Kalifornien stammenden Operntenor Mark Fox mit seiner Partnerin Angelika Thome eingeladen, sowie Volker Kaczinski, der an diesem Abend das Sopransaxophon spielte.

Es war ein ergreifendes, tief berührendes Erlebnis, mit so vielen Menschen an diesem Abend zusammenzukommen, um gemeinsam zu singen und eins zu werden in diesem Gesang.

Seitdem organisieren und veranstalten Alwine und ich regelmäßig alle drei Monate, nämlich im März, Juni, September und Dezember eine weitere ‚Nacht der spirituellen Lieder'. Wir haben inzwischen schon sehr viele Sänger und Künstler nach Aachen eingeladen und einige tausend Menschen zum gemeinsamen Singen begrüßen dürfen. Seitdem ist einiges in Bewegung gekommen. In sehr vielen Städten werden inzwischen auch spirituelle Singabende veranstaltet. Ich möchte an der Stelle nicht alle aufzählen, da ich mir sicher bin, dass viele davon an anderer Stelle des Buches zu Wort kommen werden.

Ich bin sehr dankbar und es macht mich sehr froh und glücklich, daran beteiligt zu sein, dass schon so viele Menschen zum gemeinsamen Singen zusammen gekommen sind und freue mich auch sehr auf alle weiteren Gelegenheiten, die noch folgen werden.

Maria Pirch, Abhiti Kunz, Barbara Swetina, Iria und Alwine Deege

Stimmungen & Meinungen zum Spirituellen Singen

Der Zauber, der in einem Lied liegt...

Im Tönen und im Singen der Lieder aus unterschiedlichen Weltkulturen erfahren wir, wie belebend es sein kann, unsere „Stimme" zu erheben. Es kommt dabei nicht darauf an, perfekt oder richtig zu singen, sondern jenseits der gewohnten Bewertungen mit dem Klang zu schwingen, der uns und unser Leben durchzieht. Der Zauber, der in einem Lied liegen kann, hat mich schon immer fasziniert, eine Melodie gepaart mit einigen Worten kann oftmals mit Leichtigkeit das Unaussprechliche transportieren.

Iria, Liedermacherin & Sängerin/Homepage

Die Saiten der Seele zum Schwingen bringen

Das Singen von Mantren aus verschiedenen Traditionen macht die vielfältigen Dimensionen Gottes erfahrbar. Herz und Seele finden durch das Eintauchen in den Gesang ihren Ausdruck und ihre Zugehörigkeit wieder. Dabei werden die inneren Saiten der Seele zum Schwingen gebracht. In der Zeit der Stille zwischen den Mantren können wir uns fallen lassen und die Botschaften verinnerlichen – sie lassen Musik und Gebet eins werden.

Mark Fox, /Homepage

Singen ist wie ein Jungbrunnen

zur Erfrischung und Reinigung der Sinne, zur Ermutigung des Herzens und zum Aufschwungs der Seele.

Das Arbeiten der Stimme geht in zwei Richtungen: Nach Außen als Kommunikation mit Anderen und nach Innen, um Neues zu entdecken und sich selbst bewusst wahrzunehmen.

Marie Jose' Hermann/ Flyer

Solange wir singen, sind wir auf dem Weg

Solange wir Lieder singen, leben wir und glauben wir.
Lieder wachsen im Herzen, nicht im Kopf.
Sie wachsen auf dem Grund der Seele.

Ya Beppo / Homepage

Wer mitsingt, kann die Kraft spüren

Wir singen einstimmig und mehrstimmig, von einfach bis anspruchsvoll, im Kreis tanzend oder in freier Bewegung.
Wir können durch diese Lieder lernen, die geistigen Wurzeln der verschiedenen Traditionen der Erde zu achten und die Quelle spiritueller Gemeinschaft wieder zu entdecken. In der Gemeinschaft erfahren wir Nähe und Akzeptanz.
Das Singen kann eine Brücke von unserer irdischen zur unsichtbaren, geistigen Welt sein. Die Lieder inspirieren uns, sie sind einfühlsam, einfach, kraftvoll, sanft, heilsam, neugierig, wild und frei. Manche Lieder machen beim Singen vor allem Spaß, heben die Stimmung und berühren das Herz.
Wir lernen unsere Stimme zu entfalten als Ausdruck unseres Selbst.
Ich arbeite seit 20 Jahren mit Mantras und Liedern verschiedener Kulturen und bringe verschiedenste Gruppen zu kraftvollem Gesang zusammen.
Meine Absicht ist es, über die Stimme Erfahrungsräume aufzubauen, in denen Liebe und Frieden im Inneren und Äußeren erfahrbar werden. Solche Erlebnisse wirken wie ein Sog, der in die Zukunft wirkt und eine Vision aufbaut, in der Liebe und Frieden möglich sind. Sie nähren die Hoffnung, bauen einen gesunden Optimismus auf und lassen uns die Realitäten auch aus anderen Blickwinkeln betrachten.
Gesang, Heilung und Mystik gehören in allen großen Kulturen zusammen. In allen Kulturen wird gemeinsam gesungen, oft gechantet: Kurze, einfache Lieder werden immer wiederholt, eine zweite, eine dritte Stimme dazu improvisiert.
Durch Tönen und vielstimmigen Gesang verschiedener Kulturen beginnt die spannende Reise zu den Wurzeln, zum freien Ausdruck der Stimme, zum gemeinsamen Klang.
Wer mitsingt, kann die Kraft spüren, die frei wird wenn viele, vielleicht über hundert Stimmen einen einzigen Klangkörper bilden,

untermalt und getragen von einfühlsamen Musikern. Der Gesang entwickelt sich zu einem weiten Klangraum, der dann zum Ende der Reise in die Stille führt; körperlich, seelisch und geistig.
Einfache Atem- und Stimmübungen verbinden die Stimme mit dem Körper. Die inneren Klangräume werden spürbar und das Tönen verschmilzt zu einem gemeinsamen Gesamtklang. So können Mantras ihre tiefere Wirkung erst richtig entfalten; mal laut, mal leise, sehr kraftvoll, dann wieder ganz fein.
Bald wird daraus mehr als bloßes Singen: Der Kopf wird frei, der Verstand kommt zur Ruhe. Die Stimmen erreichen eine Schwingungsebene, die direkt mit dem Herzen verbindet. Die Sinne werden aufmerksamer und der Geist weitet sich, die innere Stimme wird wieder hörbar. Diese Reise führt nach innen, in die Stille zur Quelle von Kraft, Freude und innerem Frieden. Getragen wird der Gesang durch Gitarre und Perkussion.
In den Kulturen des fernen Ostens klingen diese Gesänge seit Jahrtausenden durch die Dörfer, Städte und Landschaften und werden von Generation zu Generation weitergegeben. Jetzt scheint sich auch der Westen wieder an solch magische Gesänge der Kraft zu erinnern.
Mantras sind immer wiederkehrende traditionelle oder eigene Melodiefolgen mit gleichen Jahrtausende alten Texten. Jedes Mantra dient einem spezifischen Zweck und hat transformierende Eigenschaften. Sie entspannen den Geist, helfen die Emotionen zu besänftigen und öffnen das Herz.
Wer einmal die harmonisierende, befreiende Wirkung der Mantras kennengelernt hat, möchte sie meist nicht mehr missen.
Diese Singtreffen eignen sich vor allem auch für Menschen, die denken, nicht singen zu können. Und für alle, die das Erleben ihres Singens erweitern möchten.

Raimund Mauch /Homepage

Meditation, Gebet und Kommunikation mit der Schöpfung

Wir singen traditionelle, z. T. mehrstimmige Lieder aus verschiedenen Kulturen. Eingeladen sind alle die, die Kraft und Schönheit der Lieder kennenlernen wollen. Ich möchte die heilende Kraft und die Lebensfreude, die im Singen liegt, wecken und teilen.
Gemeinsames Singen ist Meditation, Gebet und Kommunikation mit der Schöpfung. Wir singen spirituelle Lieder und Mantras aus ver-

schiedenen Kulturen - buddhistisch und hinduistische Mantras, christliche Lieder aus Taizé, Lieder der Sufis, jüdische Niguns... die in den Liedern angesprochenen Qualitäten sind jedoch so universell, wie das Göttliche selbst.

Die meist kurzen Texte sind Lobgesänge und wirken wie Affirmationen: Sie bringen in uns eine spezielle Qualität zum Klingen. Ihre Kraft entsteht in der Wiederholung. Nichts Neues: Das Gleiche immer vollkommener: Achtsames Lauschen und Klingenlassen, keine Konzepte, keine Bewertungen. Wenn wir nichts mehr produzieren wollen, sondern geschehen lassen - es von selbst singen lassen - öffnet sich unser Herz und der Klang wächst und teilt sich mit.

Unsere Absicht ist es, die heilende Kraft der Stimme und der Mantras für jeden erfahrbar zu machen.

In afrikanischen Kulturen ist Musik innig verbunden mit dem täglichen Leben der Gemeinschaft. Es gibt Lieder für spezielle Zeremonien, religiöse Feste und um besondere Ereignisse im Leben zu feiern wie Geburt, Pubertät, Hochzeit, Tod...

Die Lieder werden ständig den Bedürfnissen angepasst, verändert und weiterentwickelt. In Afrika singt jeder, was und wie er gerade fühlt. Wichtig ist nicht, wie du singst, sondern ob du aus ganzem Herzen ausdrückst, was du sagen willst. Man kann keine Fehler machen, außer dem, nicht mitzumachen. Wir nutzen die Lieder als eine Quelle von Ideen und Inspirationen und haben Spaß beim Singen, Weiterentwickeln und Tanzschritte erfinden!

Hagara Feinbier /Homepage

Über die Vielfalt und Beseeltheit der Lieder

In allen ursprünglichen Kulturen und in den meisten Religionen und spirituellen Praktiken spielen Lieder eine zentrale Rolle. Oft sind sie gewissermaßen gesungene Gebete. Sie dienen als Brücken zum Kontakt mit der unsichtbaren Welt, mit der Schöpfungskraft, mit Göttinnen und Göttern, guten Geistern, AhnInnen, Krafttieren oder den Kräften der Natur. In den meisten Kulturen sind sie wesentlicher Bestandteil von Festen, Feiern und Ritualen. Das gemeinsame Singen verbindet die Menschen miteinander und stärkt die Gemeinschaft.

Häufiges Wiederholen erlaubt dem Lied, seine Seele mehr und mehr zu entfalten, so dass die Singenden seine Kraft spüren. Im Anschluss an den Gesang ist es sinnvoll, der Stille des Liedes zu lauschen. Oft wird in dieser Stille die Kraft, der Geist des Liedes auf vertiefte Art erlebbar.

Mit jedem Lied, seiner Melodie, seinen Klängen lade ich Seelenfreunde ein, die mich unterstützen, begleiten und mich verschiedene Seiten von mir bewusster erleben lassen. Ich stelle fest, dass jedes Lied beim Singen und in der Stille danach eine einzigartige Medizinkraft mit sich bringt. Die einen umgeben das Herz mit Weite und Leichtigkeit, andere zentrieren, bringen Ruhe und Vertrauen oder geben warme Hände und ein Gefühl der Gemeinschaft.
„Siyabonga" heißt „Danke" in der Zulu-Sprache. Wir danken allen Kulturen dieser Welt, die unser Leben mit der Vielfalt und Beseeltheit ihrer Lieder bereichern.

Aus dem Booklet der Doppel-CD „SiyaBonga" von Karin Jana Beck (Traumzeit Verlag)

Singen wie im Himmel

Singen wie im Himmel bedeutet für mich: Ich finde Freude in und an der Entfaltung meiner eigenen Stimme.
Ich finde die Gewissheit, dass ich im geschützten Raum der Gruppe frei singen darf und kann. Ich erfahre, dass es hier kein richtig und kein falsch gibt. So kann ich mich und meine Stimme öffnen und mich in Sang und Klang (per-sonare) ausdrücken. Aus dieser Sicherheit heraus schaffen wir ein Feld tragender, gemeinsamer Klangenergie und Geborgenheit, an das ich mich zu Hause gerne erinnere. Die Töne und Lieder, die ich dann in mir trage, machen mich im Alltag ruhig, froh und klar.

Dieter Wienand, Nacht der spirituellen Lieder Köln

The Song inside us

Music is more than entertainment, more than background, with a healing power beyond anything we imagine.
The Song inside us can inspire wonder, wisdom and compassion. When we listen, we harmonize with our purpose. When we give it a voice, we help others remember theirs.

Aus der Homepage von Michael Stillwater

Einblick in fremde Welten

Wir singen ohne Leistungszwang. Eingeladen sind auch und gerade Menschen die denken, sie können nicht singen. Mit dem Singen der Lieder aus allen Weltreligionen können wir Einblick in fremde Welten gewinnen und erkennen, dass das Fremde und Unbekannte eine große Bereicherung für das eigene Leben sein kann.

Theomobil

Singen als Lebenselixier

Wenn Sie auf spielerische, freudvolle und besinnliche Weise das Singen in Bewegung als Lebenselixier und die schöpferische und heilsame Kraft des eigenen Gesangs im schwingenden Körper entdecken und entfalten möchten, selbst wenn Sie vielleicht glauben, dass Sie nicht singen können, dürfen Sie sich herzlich eingeladen fühlen. Dieses Potenzial ist jedem Menschen gegeben, aber oft verschüttet. Wer teilnehmen möchte, braucht nur ein offenes Ohr sowie die Bereitschaft zur Selbsterfahrung und Selbstverantwortung und ein offenes Herz. Natur ist heute in jeglicher Form bedroht, so auch das Singen als unsere natürliche Seelensprache. Die Rückbesinnung auf unsere natürlichen Lebensgrundlagen, auf Lebensformen in Resonanz mit der Natur ist die Herausforderung unserer Zeit.

Durch Singen in Bewegung können wir unsere seelische und körperliche Resonanzfähigkeit gestalten, unsere Fähigkeit zu liebendem Verbundensein mit uns selbst und anderen.

Unser Körper ist ein Musikinstrument. Wenn wir singen und uns dabei bewegen, können wir das Einmalige des Singens erleben, nämlich zugleich Spieler, Instrument und Zuhörer zu sein. Es ist für die Qualität unseres Lebens nicht gleichgültig, ob wir dieses Instrument spielen oder nicht. Singen ist nicht ersetzbar. Singen entfaltet die Persönlichkeit und fördert die körperliche und seelische Gesundheit. Hier ist nicht von den wunderbaren Blüten des Kunstgesanges die Rede. Hier ist das Singen als unsere „Sprache der Seele" gemeint, auch das Singen „so, wie uns der Schnabel gewachsen ist", das Singen, mit dem wir zum Beispiel unsere gute Laune verbreiten, unser Aufgehobensein unter Menschen erleben, uns „den Schmerz von der Seele singen" oder Erbauung durch Selbstversenkung finden können.

Aus: Seminarflyer von Karl Adamek, Carina Eckes & Heike Kersting

Die Nacht der spirituellen Lieder

Maria Pirch

Singen ist doppeltes Gebet

„Das wäre doch wunderbar! Eine ganze Nacht in der Kirche singen!"

Ich erinnere mich noch gut daran, als Alwine Deege mir von diesem Wunsch, von diesem Traum berichtete. Ob sie damals schon geahnt hat, was daraus wohl werden würde?

Es war ein Sonntagabend und ich war dabei, die Kirche St. Marien abzuschließen. Der regelmäßig stattfindende Singabend war beendet, wie so oft erst weit nach der geplanten Zeit. Die Menschen konnten, ebenfalls wie so oft, beim Singen der spirituellen Lieder kein Ende finden und konnten sich anschließend nicht von der Begegnung miteinander und von der besonderen Atmosphäre der Kirche trennen. Was liegt da näher, als der Wunsch, eine ganze Nacht in dieser einmaligen Kirchenatmosphäre zu singen, zu tönen, zu sein?

Auch ich war sehr schnell Feuer und Flamme für diese Idee.

Die Kirchentüre weit zu öffnen für die Menschen und ihre Stimmen! Singen hat soviel Positives für die einzelne Person, aber auch für eine Gemeinschaft. Immer wieder bin ich neu fasziniert von der Kraft der Musik, des Singens und der Töne. Es ist eine ganz besondere Erfahrung zu erleben, wie die Menschen mit dem gemeinsamen Singen sowohl den Raum - den Kirchenraum - füllen und lebendig machen als auch selbst kraftvoller und lebendiger werden.

„Singen ist doppeltes Gebet!" so heißt ein Sprichwort. Davon kann sich jeder überzeugen, der einmal kommt, zur „Nacht der spirituellen Lieder". Es ist ein wunderbares Bewusstsein, über das Singen spiritueller Lieder miteinander verbunden zu sein, als gläubige Menschen, über die Konfessionen und Religionen hinaus.

Es ist mir ein wichtiges Anliegen, die Menschen in unsere christliche Kirche einzuladen, sie mit Gott und untereinander in Beziehung zu bringen.

Deshalb hat sich über die Jahre rund um das Singen der spirituellen Lieder ein wunderbares Ritual entwickelt: Wir, von der ökumenischen Cityseelsorge, begrüßen die Initiatorinnen und die geladenen Sängerinnen, Sänger und Chöre und schlagen den Bogen des jeweiligen Themas der „Nacht der spirituellen Lieder" zu unseren christlichen Wurzeln. Eine jede Nacht endet mit dem Segen zur Nacht. Wir möchten damit zeigen, dass wir Einladende sind. Wir öffnen unsere Türen weit für Menschen, die auf einem spirituellen Weg sind, auf der Suche. Es ist einmalig zu spüren, wie dieser jahrhundertealte christliche Ort die Menschen verzaubert und sie weiterbringen kann auf ihrem religiösen Weg.

Wie froh und dankbar bin ich, dass Alwine, Abithi und ich uns auf das wagemutige Erlebnis der „Nacht der spirituellen Lieder" eingelassen haben, auch wenn es anfänglich einiges an Überzeugungsarbeit zu leisten galt!

Es lohnt sich! „Singen ist doppeltes Gebet!"

Maria Pirch ist Gemeindereferentin Aachen-Mitte

Eine Singnacht in der Citykirche St. Nikolaus in Aachen

Patrick Wirges

Die Citykirche St. Nikolaus in Aachen & die Nacht der spirituellen Lieder

Im Sommer 2004 fand zum ersten Mal eine „Nacht der spirituellen Lieder" in der Aachener Citykirche St. Nikolaus statt. Alwine Deege, Abhiti Kunz und Maria Pirch kamen mit dem Vorschlag zu uns, die Weite dieses besonderen Ortes für eine spirituelle Singnacht zu nutzen. In kurzer Zeit ist aus der Idee eine Institution geworden. Die ‚Nacht der spirituellen Lieder' gehört heute zur Citykirche und auch umgekehrt stimmt wohl, dass die Citykirche zum Erfolg der Singnacht beigetragen hat. Das Projekt hat sich sehr gut entwickelt und seinen Charakter gefunden, wir haben von- und miteinander gelernt und sind aneinander gewachsen.

Weite eines besonderen Ortes: Die Citykirche

Mitten in Aachen, zentral in der Fußgängerzone, liegt die Kirche St. Nikolaus. Seit 2002 ist dieses katholische Gotteshaus mit langer Geschichte die ökumenisch getragene Aachener Citykirche. Wo sich seit 1327 Klosterbrüder der Seelsorge für Handlungsreisende und Kaufleute widmeten, gestalten und verantworten heute die evangelische und die katholische Kirche gemeinsam Cityseelsorge. Es handelt sich dabei um ein offenes und gastfreundliches Angebot im Herzen der Stadt, das sich gerade auch an Passanten und Stadtmenschen wendet, die keinen oder wenig Kontakt zu einer christlichen Gemeinde oder solchen Gemeinschaften haben. In der Citykirche machen Christen also „Fremden" ein Kontakt-, Gesprächs- und Kennenlern-Angebot und gestalten – pointiert gesagt – „Öffentlichkeitsarbeit für das Evangelium". Biblisch ist der Auftrag darin umschrieben, all denen Rede und Antwort zu stehen, die nach der Hoffnung fragen, die die Christen erfüllt (vgl. 1 Petr 3,15).

Um einen Raum mit Ausstrahlung zu schaffen, der Begegnung und Kommunikation ermöglicht, wurde deshalb im Jahre 2002 mit einer Umgestaltung der Nikolauskirche begonnen. Seitdem ist das gotische Kirchenschiff frei von Kirchenbänken. Zwischen acht tragenden Säulen öffnet sich heute ein freies Forum, das vielfältige Möglichkeiten schafft. Die Weite des Raumes versinnbildlicht gleichsam die Weite des kirchlichen Ansatzes an diesem Ort: Die Kirchen begegnen im Herzen der City und außerhalb gemeindlicher Strukturen Menschen und wollen sich mit ihnen gemeinsam auf die Suche nach den geistlichen Gründen des Lebens machen. Ein Wort des verstorbenen Aachener Bischofs Klaus Hemmerle trifft die offene und lernende Grundhaltung dieser Ansätze:

„Lass mich dich lernen, dein Denken und Sprechen,
dein Fragen und Dasein,
damit ich daran die Botschaft neu lernen kann,
die ich dir zu überliefern habe."

Miteinander verbunden

Im Dezember 2008 hat die „Nacht der spirituellen Lieder" zum 18. Mal in der Citykirche stattgefunden. Vier Mal im Jahr, im Frühling, Sommer, Herbst und Winter, versammeln sich mehrere hundert Menschen für vier Stunden in einem Gotteshaus, das seit Generationen ein Ort des Gebetes und der Gottsuche ist. Es ist mehr als ein Detail, dass der Ort des Geschehens eine Kirche ist. Wie die Nacht der Lieder kein Konzert sein will, ist sie auch nicht einfach ein Stelldichein sangesfreudiger Menschen. Das gemeinsame Singen wird vielmehr als spirituelles Tun verstanden, hat also einen geistlichen Anspruch. Das verbindet vorab Akteure wie Teilnehmende, die ansonsten mit unterschiedlichen Bekenntnissen und Glaubensvorstellungen in der Citykirche zusammenkommen. Im gemeinsamen Hören und Singen von Mantras und religiösen Liedern aus allen Kulturen und Traditionen greift die Nacht der Lieder weit über die christliche Tradition hinaus und zeigt im Erleben der Musik die allen Religionen innewohnende Essenz: die Suche nach der Transzendenz, dem Urgrund, Ausgangspunkt und Ziel menschlichen Lebens. Die Citykirche ist hier in gutem Sinne Gastgeberin und bereitet eine Herberge für einige Zeit. Sie lädt Menschen guten Willens zu diesem Ereignis ein, wird von den Gästen reich beschenkt und bringt gleichzeitig viel von sich ein.

Voneinander lernen und aneinander wachsen

Zu Beginn der Geschichte gab es Unsicherheiten und Vorsicht. Passen christliche Kirche und offene Spiritualität zusammen? Wer kommt da auf uns zu? Werden wir vereinnahmt oder ausgenutzt? Werden wir in unserer Weise, das Leben zu deuten, respektiert und akzeptiert? Dabei war diese Skepsis wechselseitig und wuchs anfangs gar mit dem sich einstellenden großen Erfolg der Singnacht. Wir – die Citykirche als Gastgeberin und Alwine Deege und Abhiti Kunz als Organisatorinnen – mussten erst miteinander vertraut werden und einander kennen lernen. Wir hatten durch das gemeinsame Projekt die Chance, unsere Gemeinsamkeiten zu entdecken und in wechselseitigem Respekt zu entwickeln.

Kirchlicherseits legten wir Berührungsängste ab und konnten umgekehrt hoffentlich Vorurteile abbauen. Im fortwährenden Gespräch fanden wir Standards, die heute die überkonfessionelle und interreligiöse Singnacht prägen und sie in Beziehung setzen zum Raum der christlichen Kirche. Zentrale Eckpunkte sind die Begrüßung und Einführung von Seiten der Kirche und ein abschließendes Segensgebet, womit wir ausdrücklich eine Verbindung zum Kirchenraum herstellen. Dabei gestalten und formulieren wir offen und respektvoll, um die Nichtchristen unter den Gästen anzusprechen und einzubeziehen als herzlich willkommene, gern gesehene Gäste in der Kirche. Es ist unsere Chance, Fremden und Andersgläubigen die christliche Glaubenstradition des Abendlandes glaubwürdig näher zu bringen. Gleichzeitig nehmen wir das tiefe und ernsthafte religiöse Suchen moderner Menschen außerhalb der Kirchen dankbar wahr und an. Ich bin überzeugt, dass der kirchliche Ort den Charakter der „Nacht der spirituellen Lieder" maßgeblich mitprägt und kann umgekehrt sagen, dass das gemeinsame spirituelle Erleben mit Menschen anderer Praxis und Vorstellungen das Auftreten und Handeln der City-Seelsorge positiv beeinflusst. Wie das Projekt mit der Zeit gewachsen ist, so sind wir aneinander und miteinander gewachsen, haben gelernt und uns entwickelt.

PATRICK WIRGES ist Pastoralreferent und Vertreter der Citykirche

Empfehlungen zu Organisation & Finanzen

Die Idee der spirituellen Singnächte, die wir in Aachen nun schon zum 20. Mal umsetzen, zieht in den letzten Jahren weite Kreise durch ganz Deutschland - und das ist wunderbar! In allen Städten übernehmen die OrganisatorInnen unser inhaltliches Konzept und damit werden die Singnächte für viele Menschen zu einem wiedererkennbaren Ereignis mit einer einzigartigen Identität. Ich möchte mich an dieser Stelle auch bei den Organisatoren dieser Singnächte für ihr wunderbares Engagement bedanken!

Das Konzept habe ich in allen Details ganz aus meinem Herzen geboren und mit Abhiti Kunz weiterentwickelt und umgesetzt. Es freut mich, wenn der Samen dieser Idee an vielen Orten gedeiht und neue Früchte trägt.

Deshalb möchte ich hier für alle Interessierten einige wenige Kriterien nennen, die für mich als Urheberin und auch für Abhiti Kunz und die Citykirche, die diese Idee mittragen, mit einer Nacht der spirituellen Lieder verbunden sein sollten.

Zu unserem Konzept in Aachen gehört u.a. dass wir keine Eintrittsgelder verlangen, sondern lediglich um eine Spende bitten. Mit den Einnahmen decken wir die Kosten (Ausgaben für Werbung, Fahrtkosten, Aufwandsentschädigungen, etc.) Mit dem Erlös unterstützen wir ein soziales Projekt.

Unser Wunsch war von Anfang an, das gemeinsame Erleben und das Singen der „Lieder dieser Erde" als Geschenk zu teilen und allen Menschen die Teilnahme an den Nächten zu ermöglichen. Wir haben die meisten Lieder, die wir hier singen, von den Kulturen und Religionen dieser Erde geschenkt bekommen und dürfen sie weitergeben!

Aus unserer Sicht erschweren hohe Eintrittsgelder für viele, insbesondere ärmere Menschen, die Teilnahme oder verhindern, dass Menschen „von der Straße" einfach hereinschauen und bleiben. Die beteiligten SingleiterInnen/SängerInnen bekommen in Aachen ihre Ausgaben erstattet und damit abgedeckt und haben neben dem wunderbaren Erlebnis des gemeinsamen Singens die Möglichkeit, ihre CDs zu verkaufen, ihre Flyer auszulegen, sich bekannt zu machen und danach eigene Workshops in der Region anzubieten.

Ich möchte hiermit allerdings keine festen Regeln für die Organisation der Nacht der spirituellen Lieder in anderen Städten festschreiben.

Ich habe in diesem Buch immer wieder von der ‚Schönheit der Vielfalt' geschrieben und das Prinzip der Vielfalt möchte ich gerne auch mit der Verbreitung der Singnächte verbinden. Jeder sollte eine ‚Nacht der spirituellen Lieder' initiieren, der den Geist dieser Idee teilt und eine ähnliche Vision hat, die hier im Buch vielfältig beschrieben ist. Dabei ist mir **als einziges Grundprinzip wichtig: Die Singnächte sollen keine elitäre und auch keine kommerzielle Veranstaltung sein, sie sollen nicht vorwiegend auf Profit ausgerichtet sein!**

Von unserem Aachener Konzept möchte ich daher einige wenige Empfehlungen ableiten, die allgemein für die „Nächte der spirituellen Lieder" gelten sollen:

Geringe Kosten

Die Kosten für eine Singnacht sollten möglichst gering gehalten werden, z.B. durch: Einbeziehung von ehrenamtlicher Helfern bei der Organisationsarbeit, keine oder nicht so hohe Honorare für die Singleiter und Musiker, Übernachtung der weitgereisten Akteure eher privat statt im Hotel ...

Frei (willig)er Eintritt oder Eintritt mit Ermäßigung
Wenn Eintrittsgelder erhoben werden, sollte Menschen mit wenig Einkommen eine Ermäßigung (am besten nach Selbsteinschätzung) ermöglicht werden.

Unterstützung eines Sozialen Projekts
Um den Gedanken des *miteinander Teilens* konkret umzusetzen, sollte zumindest mit einem größeren Teil des Erlöses einer Singnacht ein selbstbestimmtes soziales Projekt unterstützt werden. Damit teilen wir unseren Reichtum und setzen mit der Singnacht ein Zeichen der Hoffnung auch über den Moment hinaus.

Es wäre schön, wenn alle InitiatorInnen diese Aspekte bei der Organisation einer Nacht der spirituellen Lieder mittragen würden, so dass dieser Name durch die bestmögliche Umsetzung der Kriterien geehrt und geschützt wird und auf diese Weise beseelend durch das Land klingt. Jeder, der in diesem Sinne eine Singnacht organisiert, kann auf der gemeinsamen Homepage
www.nacht-der-spirituellen-lieder.de bzw
www.nachtderspirituellenlieder.de
aufgenommen werden.

Nehmen Sie gerne mit uns Aachener OrganisatorInnen oder mit Ansprechpartnern aus einer naheliegenden Stadt Kontakt auf (Liste der Städte ab S. 52), wenn sie in ihrer Region eine „Nacht der spirituellen Lieder“ auf den Weg bringen möchten. Gerne geben wir Anregungen oder unterstützen Sie dabei.

Peter Martin Strauch

Mein Weg zum Singen

16. Dezember 2006 – Freitagabend – 20.15 Uhr – nasskaltes Herbstwetter – ich schlendere ohne Ziel durch Aachens Fußgängerzone – bleibe an diesem und jenem Schaufenster stehen, ohne wirkliches Interesse. An der Nikolauskirche drängt sich eine Menschengruppe durch die Eingangstür – ich bemerke

einen Veranstaltungshinweis für die ‚Nacht der spirituellen Lieder' und stelle fest, dass die Singnacht vor 15 Minuten hier in der Nikolauskirche begonnen hat. Da ich nichts Besseres zu tun habe, beschließe ich, einen Blick in die Kirche zu werfen. Ich trete ein und finde den Innenraum voller Menschen, die im Kreis sitzen, liegen, stehen und singen – gemeinsam singen: eine einfache Melodie und einen Text, der sich immer wiederholt. Ich bin angesprochen von der Atmosphäre in der Kirche, beschließe ein paar Minuten zu bleiben und die Stimmung auf mich wirken zu lassen. Dabei packt mich das Bedürfnis, teilzuhaben an dem gemeinsamen Erleben, der Wunsch, mitzuschwingen und zu singen – ich hole mir ein Textblatt und finde einen Stehplatz an einer Kirchensäule. Ich lasse mich ein, singe mit und werde ein Teil der singenden Menschen in dieser Kirche. Plötzlich fließt alles zusammen: die tief anrührenden Texte, die authentischen VorsängerInnen, die bewegten Gesichter der Menschen, das Gefühl der Gemeinschaft und der Verbundenheit – ich gehöre dazu und fühle mich zutiefst aufgehoben.

Nach der Pause finde ich einen Sitzplatz – ich habe beschlossen zu bleiben, zu genießen und diese Verbundenheit mit mir völlig unbekannten Menschen bis zu Ende auszukosten! Darüber hinaus steht mein Entschluss fest, diese Möglichkeit der Verbundenheit im Singen zu vertiefen und spirituelle Singkreise aufzusuchen! Heute, nach zwei Jahren Erfahrung mit dem Singen, wird mir immer klarer, welche enorme Wirkung das Singen hat, wie tiefes Zusammengehörigkeitsgefühl zwischen Menschen entsteht, wie unkompliziert Gemeinschaft erlebt werden kann und wie tief bewegend das wiederholende Singen spiritueller Wahrheiten ist – es führt letztlich in die Verbundenheit mit allem, was ist !!

Hartmut Haubich

Was macht für mich „Die Nacht der spirituellen Lieder“ aus?

Es ist immer wieder schön zu erleben, wie ich aus dem Alltag kommend in eine ruhige Atmosphäre eintauchen kann. Alwine steht vorne und leuchtet, spricht unaufgeregt, stimmt ein Lied an.

Zuerst müssen sich alle einhören, nur wenige singen mit.

Bei der Wiederholung erkennt man die Melodie und den Text wieder, singt mit, atmet. Das tun die anderen auch. Das Lied, das eben noch ungewohnt war, fängt an, vertraut zu werden. Ich spüre die Botschaft, fühle mich den mitsingenden Menschen und denen, an die ich dann denke, verbunden. Der Gesang wird stärker, es ist wie ein Rausch. Der Raum, die Menschen, die Luft sind ausgefüllt vom Lied.

Dann die gleiche Melodie leise singen, summen. Die Gefühle werden stärker. Zum Schluss noch einmal aus vollem Herzen und tiefem Atem. Dann – Stille. Winkende Hände statt Applaus. Das Lied ausklingen lassen. Freude.

So geht es, wie Wellen, die auf den Strand zulaufen, dabei größer werden und schließlich auslaufen. Welle um Welle verwischt die Spuren im Sand, glättet, was sich aufgetürmt hat, füllt auf, wo Löcher sind.

Beim Zubettgehen erzähle ich meiner Tochter Sarah hin und wieder erfundene Geschichten. Manchmal haben sie einen Bezug zum Tag. Gestern ging sie so:

Das Lied

Es war einmal ein Lied, das wohnte in einem Baum. Es war Nacht, der Wind schlief und das Lied schlief. Am Morgen ging die Sonne auf, der Baum erwachte, das Lied erwachte, der Wind erwachte und trug das Lied mit sich in ein Dorf.

Erst achtete niemand auf das Lied, das noch sehr leise war. Aber ein Kind, das für sich alleine spielte, hörte das Lied und fing an, mitzusingen. Das hörten andere Leute und sangen auch mit, bis zum Schluss das ganze Dorf das Lied sang.

Der Wind trug das Lied weiter in die Stadt. Dort hörten nicht alle das Lied, aber an manchen Orten war es ruhig genug und dann fingen auch die Menschen in der Stadt an, das Lied zu singen. Der Wind trug das Lied über das ganze Land.

Dann wurde es Nacht, der Wind wurde schwächer, das Lied wurde leiser, bis es nur noch ganz leise zu hören war. Dann war es still - aber die Menschen erinnerten sich an das Lied.

Und wenn Du ganz genau hinhörst, kannst Du hören, wie die Luft das Lied leise vor sich hin summt.

Maria Beaumart

Was wäre die Welt ohne Musik?

Beim ersten Klassikkonzert als Jugendliche bekam ich eine Gänsehaut - ich verstand es gar nicht.
Wie ich öfters sage: ich kann gut ohne Mann leben, doch ohne Musik wollte ich nicht leben.
Musik berührt mich sehr tief, meine Gefühle; Trauer, Schmerz, Intensität, Tiefe, Liebe, glücklich SEIN!
Ich kann alles vergessen, mein Kopf ist leer, Stille!
Wenn ich alleine singe oder mit Mensche, ist meine Lebensfreude so groß, dass die Energie ins Fließen kommt.
Ich fühle mich dann wie im Himmel. Wenn ich tanze zur Musik und singe, werde ich zu einem Instrument - mein Körper spricht, und ich brauche nichts mehr zu tun.
Was wäre die Welt ohne Musik, ohne das Rauschen des Meeres, ohne Vogelgezwitscher und vieles mehr?
Darum liebe ich die ‚Nacht der spirituellen Lieder' so.

Singen berührt die Seele

Das Singen der Lieder
verbindet uns mit unserer Sehnsucht,
miteinander
und mit dem, was größer ist als wir selbst.

Durch das miteinander Singen erfahren wir eine Kraft,
eine Liebe,
eine Freude, eine Stille,
die uns spüren lässt,
dass wir göttliche Wesen sind,
auf dieser Erde das Licht ersehnend,
das wir manchmal in uns ahnen,
und für Momente auch erfahren.

Es gibt dann keine Trennung.
Für Momente bin ich eins
mit Allem,
mit Mir,
mit Euch,
mit Gott.

Solche Momente sind von so unschätzbarem Wert,
sie nehmen mir die Angst,
die Einsamkeit,
das Getrennt sein.

Solche Momente lassen mein Vertrauen wieder wachsen.
Sie lassen meine Liebe wieder fließen
und geben mir die Kraft,
meinen Weg weiterzugehen.

Alwine Deege

Lothar Klinges

Die wunderbare Kraft spiritueller Lieder erfahren – Pressestimmen

Ein Artikel in der belgischen Tageszeitung GRENZECHO über die zweite St. Vither Nacht der spirituellen Lieder von Lothar Klinges. Er ist Priester und freier Mitarbeiter des Grenzechos.

St. Vith Manchmal sagt ein Kirchenlied mehr als fünfzig Predigten. Und singen kann manchmal eine sehr schöne Form des Betens sein, sagte Alwine Deege, die musikalische Leiterin der zweiten ‚Nacht der spirituellen Lieder', bei der die Teilnehmer „Lieder des Herzens" aus unterschiedlichen Traditionen sangen.

Ermutigt durch die großartige Resonanz der ersten Singnacht im vorigen Jahr fand am Freitag in der St. Vither Pfarrkirche die zweite ‚Nacht der spirituellen Lieder' statt. Etwa 300 singfreudige Menschen nutzten die Gelegenheit, tiefer in die heilende Kraft der Spiritualität, die aus den Liedern hervorquillt, einzutauchen, um die wunderbare Kraft der Lieder und der heilsamen Stille zu erfahren.

Dass Singen Spaß macht, für gute Stimmung sorgt und Lebensfreude vermittelt, ist allseits bekannt. Doch Singen ist viel mehr: Dass es Tore in spirituelle Dimensionen zu öffnen vermag, war wohl die einzigartige Erfahrung der Singnacht.

Leider wird Musik und Gesang in unseren Kulturen oft mit Leistung und Perfektionismus verknüpft, wobei sich nicht wenige Menschen einem ungesunden Druck aussetzen. Dabei sind Musik und Gesang über Jahrtausende Teil des Lebens in vielen Kulturen der Menschheit, bei der jeder mitwirken kann.

Über das gemeinsame Singen spiritueller Lieder mit African Gospels, Mantras, indischen und indianischen Liedern, Taizé-Gesängen und anderen spirituellen Liedern der Welt wurde am Freitag ein Raum für Verbundenheit, Gemeinschaft und Andacht zwischen Menschen geschaffen, in dem Spiritualität mit Körper, Geist und Seele erlebt werden konnte.

Im Mittelpunkt der zweiten ‚Nacht der spirituellen Lieder' stand das Erleben von Gemeinschaft und Verbundenheit mit den verschiedenen spirituellen Traditionen der Menschheit. Eingeladen waren gerade auch Gesangsamateure, die mit einstimmen und an einem interaktiven Erlebnis teilhaben konnten. Dabei kreiste vieles um eine Mitte. Kerzen und Blumen prägten die Mitte der Kirche, Zeichen der Sehnsucht nach Geborgenheit und Wärme. Die Lieder drückten die Sehnsucht aus, die Mitte wiederzufinden und zur Ruhe zu kommen.

Die Spirituelle Liedernacht, zu der der Frauenausschuss der Stadt St. Vith, der für die Organisation verantwortlich zeichnete, eingeladen hatte, war kein Konzert, sondern ein Treffen, um miteinander Lieder des Herzens verschiedener spiritueller Traditionen zu singen.

In all diesen Liedern feierten die Teilnehmer das Verbindende aller Traditionen und schafften für sich und füreinander einen Raum für Frieden und Mitgefühl, für Achtung und Lebensfreude und für eine Öffnung auf das Göttliche hin.

Für die Leitung des Abends konnte wieder Alwine Deege zusammen mit ihrem Singkreis aus Hergenrath, Eupen und Umgebung gewonnen werden. Des Weiteren bereicherte die Gruppe des Offenen Singens der Frauenliga St.Vith und Susanne Biel eindrucksvoll mit Gitarre und Hang (Ein Schlaginstrument besonderer Art) den Abend. Sandra Kringels aus Grüfflingen hatte es geschafft, innerhalb von zwei Wochen junge Menschen zu begeistern und eine Band zusammenzustellen. Sie brachten christliche Popsongs mit einfühlsamer Stimmkraft zu Gehör.

Alle Künstler traten ohne Gage auf. Statt eines festgelegten Eintrittspreises war jeder eingeladen, sich mit einer Spende für ein Frauenprojekt im Kongo zu beteiligen, dem diese Nacht gewidmet war und das sich im Laufe der Jahre weiterentwickelt hat.

So teilten die Teilnehmer(innen) nicht nur die Freude des gemeinsamen Singens, sondern auch die Sorgen und Hoffnungen der Frauen in Mbunkimi. Die Teilnehmer(innen) bauten so eine Brücke der Verbundenheit mit Afrika.

Den Glauben anders erleben

Das **Grenzecho** befragte am Ende der Singnacht mehrere Teilnehmer nach ihren Eindrücken.

Hedwig Mersch (66) aus Eupen:
„Ich bin sehr dankbar, heute Abend dabei gewesen zu sein. Es war ein Abend voller Hoffnung, auch für die Welt. Ich danke Alwine Deege und allen, die mitgemacht haben."

Barbara Kürstgens nach einer Aachener Liedernacht:
„Es war eine wunderbare Liedernacht, voll wundersamer Stimmen! Eine Liedernacht, die mir das Gefühl gab, das Leben doch verstehen zu können – und spüren zu dürfen, dass wir in der Tiefe alle miteinander und mit ‚Gott' verbunden sind, wer und wie auch immer Er ist – unserer Urkraft."

Christine Baumann (50), Schöffin aus Neidingen:
„Als Mitorganisatorin ist man am Anfang immer etwas angespannt, ob auch die Technik und alles andere wirklich klappen. Allmählich wurde ich immer ruhiger und entspannter und konnte mich richtig hineinbegeben. Im Vergleich zur ersten ‚Nacht der spirituellen Lieder' war dieser Abend noch besser besucht. Viele Leute sind in den Kreis gekommen und haben von Anfang an mitgemacht. Die Begeisterung ist auf die anderen übergesprungen."

Heinz Kringels (57) aus Grüfflingen:
„Zunächst hat mich die Atmosphäre, die Ruhe und der Kerzenschein sehr angesprochen. Das gemeinsame Singen baut wirklich Brücken und zieht Kreise. Der Abend hat mich sehr bewegt und meinen Glauben anders erleben lassen. Eine Stimmung wie in Taizé."

Dorothea Schwall-Peters (49) aus St. Vith
Ich finde es phantastisch, wie die Teilnehmer in das Geschehen integriert wurden. Jeder hat von Herzen mitgemacht, und niemand stand abseits. Die Vielfalt der Lieder, von der indianischen und indischen Spiritualität bis zu Pop-Songs habe ich sehr geschätzt.

Gedanken vor einer Nacht der spirituellen Lieder

Mit all meinem Nichtwissen
und all meinem Suchen und Zweifeln,
Sehnen und Vertrauen-üben
bin ich hier.
Und mit mir seid ihr, einige hundert Menschen,
vielleicht weil auch ihr Euch sehnt,
weil auch ihr Sinn sucht
und Vertrauen lernen wollt.
Vielleicht können wir gemeinsam ein wenig davon spüren,
davon schaffen,
durch unsere Lieder, unser Singen, unser Zusammensein.
Immer wenn ich beim Singen berührt werde
ahne ich, dass es etwas Größeres gibt.
Es sind wunderbare, kostbare Augenblicke,
wenn das geschieht.
Vielleicht sind das die kostbarsten Momente überhaupt,
wenn mich etwas berührt,
ein Ton, ein Lied, Musik, ein Mensch, ein Augenblick...
Vielleicht haben wir alle diese Sehnsucht danach,
dass uns etwas tief in unserer Seele berührt.
Vielleicht sind wir darum hier,
weil wir uns alle danach sehnen, dass wir angerührt werden,
von einer Liebe, einem Licht,
einer Kraft, größer als wir selbst.

Wir möchten glauben können,
dass da ein Gott ist, oder wie immer wir ES auch nennen,
das unserem Leben einen Sinn gibt, eine Richtung,
das für uns das Ziel, die Erfüllung, die Herkunft und die Zukunft ist.
Wir möchten wissen, dass wir geliebt sind
und wir möchten sicher sein, wohin wir gehen,

wissen, dass da ein Sinn liegt in Allem, was uns widerfährt.
Ist das nicht unser aller Wunsch, der uns verbindet?!
Mit all unseren Verletzungen und Unvollkommenheiten,
mit unserer Bedürftigkeit und unserem Vertrauen-wollen,
mit unserer Liebe und dem Unvermögen zu lieben,
sind wir hier.
Und das ist gut so,
es fühlt sich gut an, dass ich nicht alleine bin mit alledem,
und ich bin glücklich, wenn ich mit Euch singen kann,
um all dem einen Ausdruck zu geben
und mich verbunden zu fühlen mit Euch.
Ich weiß auch nicht, wie alles zusammenhängt.
Erst wenn ich sterbe, werde ich's wissen.
Doch jetzt, hier, ahne ich,
dass es einen Sinn macht, einfach weiterzugehen
im Vertrauen und mit der Sehnsucht
und manchmal für Momente auch mit dem Wissen.
Wenn es Dich gibt, du unerklärliche Kraft und Liebe,
dann bist Du HIER!!!
Alwine Deege

Wenn ich dort stehe, in die Gesichter blicke und wir beginnen zu singen, dann fühle ich, was diese kleine Geschichte ausdrückt:

Ich liebe mich

Eine Indianerin pflegte meiner Mutter stets ein paar Rebhuhneier oder eine Handvoll Waldbeeren zu bringen. Meine Mutter sprach kein Araukanisch, mit Ausnahme des begrüßenden „Mai-mai", und die Indianerin konnte kein Spanisch, doch sie genoss Tee und Kuchen mit anerkennendem Lächeln.

Wir Mädchen bestaunten die farbigen, handgewebten Umhänge, von denen sie mehrere übereinander trug. Wir wetteiferten bei dem Versuch, den melodischen Satz zu behalten, den sie jedes Mal zum Abschied sagte. Schließlich konnten wir ihn auswendig, ein Missionar hat ihn uns übersetzt:

„Ich werde wiederkommen; denn ich liebe mich,
wenn ich bei euch bin."

Singen schafft Verbindung

Eindrücke von der Ersten Allgäuer Nacht der spirituellen Lieder

Iria hat mich zur ersten Allgäuer Singnacht eingeladen. Ich fahre ins tief verschneite Bayern. Im Schlosssaal von Immenstadt treffe ich Iria, Raimund Mauch und Dorothea Heckersmüller, die mit mir die Singnacht gestalten werden.

Ich kenne nur Iria, doch sofort ist zwischen uns allen eine Offenheit und Verbindung, ein herzliches Willkommen. Es tut gut, keine Konkurrenz zu spüren, sondern gemeinsame Freude, etwas Aufregung und echtes Interesse an dem, was der Andere macht. Dann füllt sich der Schlosssaal bis auf den letzten Platz. Die Menschen sitzen um eine liebevoll gestaltete Mitte herum, manche haben Decken und Kissen mitgebracht und sitzen am Boden. Iria's Auftakt öffnet schon von Anfang an die Stimmen und Herzen. Ihre Lieder sind vielen bekannt und alle stimmen ein.

Ich werde als „Mutter der Singnächte", angekündigt und schaue in aufmerksame, offene Gesichter, die mir zulächeln. Meine Aufregung ist weg und ich fühle; wir sind alle Menschen und ich brauche nichts Besonderes zu sein!

Ich stimme meine Lieder an und alle singen mit, immer kraftvoller und intensiver, bei manchen Liedern auch andächtig, sanft, gefühlvoll. Ich schaue immer wieder in liebevolle Gesichter und fühle, dass ich keine Angst mehr habe, nicht gut genug zu sein, Ich beginne mich selbst zu spüren, ich kann die Menschen anlachen und sie strahlen zurück. Ich fühle meine Liebe, ähnlich wie in dem Texte der Indianerin „Wenn ich bei Euch bin, liebe ich mich selbst" (siehe Vorseite)

Nach mir begeistert Dorothea mit ihren Circle Songs und mit Bodypercussion. Die Stimmung ist fröhlich und das Singen der Laute und Worte macht Spaß. Raimund steckt die Menschen mit seiner Begeisterung an, lebendig und kraftvoll, warm und liebevoll berührt und bewegt er die Menschen.

„Schaut Euch an mit liebevollem Mitgefühl, und wenn ihr den Anderen in die Augen seht, nehmt wahr und bedenkt, dass jeder seine ganz eigene Geschichte hat", fordert er uns auf.

Ich schaue in einige Gesichter und spüre Mitgefühl und Achtung und ich denke: all diese Menschen haben die gleiche Sehnsucht wie ich, nach Liebe, nach Licht, nach dem, was wir Gott oder ‚die Essenz' nennen. Sie alle haben ihre Aufgaben und Themen, Freuden und Sorgen. Während ich in die Runde schaue und sie anblicke, denke ich:

Wie schön sind die Menschen, wenn sie singen, wenn sie sich öffnen, wenn sie fühlen und sich von ihrem Herzen her zeigen, mit ihrer Seele Lieder singen...! Ich fühle, dass wir alle eins sind, wie fremd und unterschiedlich auch alle sein mögen. Ich staune. Dass es immer wieder gelingt, einfach nur durch das miteinander Singen diese Verbindung zu schaffen, diese Atmosphäre, wie in einer großen Menschheitsfamilie, in der wir alle Brüder und Schwestern sind. Für Momente bin ich glücklich, bin ich angekommen, bin ich zu Hause.

Und ich danke dem Leben, das mir, das uns diese wunderbare Kraft des Singens geschenkt hat!

Alwine Deege

Dagmar Hellriegel

Die Kölner Nacht der Spirituellen Lieder

„Singen verbindet,
Stille macht aufmerksam,
Gemeinschaft öffnet.
Frei aus dem Herzen singen wir zusammen."

Dies ist der Einladungstext zur Singnacht in Köln.

Die Idee zur Kölner „Nacht der Spirituellen Lieder" erwuchs aus dem Vorbild der Veranstaltung der spirituellen Nächte in Aachen. Es fand sich schnell auch in Köln ein Team zusammen, das diese besonderen Abende mit viel Freude und wachsendem Gruppengeist gestalteten. Im Team sind Dieter Wienand, Elisabeth Klug-Wienand, Marie-Luise Jansen und Dagmar Hellriegel.

Die Kölner „Nacht der Spirituellen Lieder" entwickelte seit 2007 kontinuierlich ihr eigenes Konzept und spricht vor allem Menschen an, die die Verbindung von Singen, Stille, Tanzen und besinnlichen Texten zu schätzen wissen.

Bei jeder Nacht gibt es einen besonderen musikalischen oder tänzerischen Gast. So hatten wir z. B. Alwine Deege, Brigitte Schmitz und Lothar Berger hier in Köln zu Besuch.

Alle Mitwirkenden der Kölner „Nacht der Spirituellen Lieder" geben ihr Wissen und Können unentgeltlich. Die Einnahmen des Abends fließen dem Hospizdienst der ev. Kirche Köln, Thomaskirche zu.

Die Kölner Nacht der spirituellen Lieder findet dreimal im Jahr in der Thomaskirche statt.

Herzlich Willkommen!

„Durch das Singen
können wir uns verbinden
mit der göttlichen Quelle.
Welch ein Segen! "

Raaja Fischer

Die Hamburger Nacht der Spirituellen Lieder –

Von der ‚Nacht der Spirituellen Lieder' erfuhr ich durch Wolfgang Bossinger (Musiktherapeut und Gesangsforscher), der auch selbst bei unseren Voice Camps teilgenommen hatte, und ich war sofort von der Idee inspiriert, an öffentlichen Orten mit vielen Menschen gemeinsam spirituelle Lieder zu singen. Da wir im Jahre 2009 ein Camp-Ausruhjahr machen, begann ich stattdessen, diese ‚Nacht der spirituellen Lieder' in Hamburg zu organisieren, wo sie am 27. Dezember 2008 zum ersten Mal stattfand. Die Resonanz war überwältigend: über 500 Menschen kamen in die Christuskirche Eimsbüttel. Für mich ist es eine Bestätigung für ein großes Bedürfnis der Menschen in der heutigen Zeit, gemeinsam an einem spirituellen Raum teilzuhaben, bei dem jede Religion willkommen ist, und den jeder Mensch mit seiner Stimme und seinem Herzen mitgestalten kann.

Diese Erfahrung bedeutet weit mehr als „nur" gemeinsames Singen. Es ist das Erlebnis, dass wir alle miteinander verbunden sind, egal aus welcher Kultur wir stammen, und dass wir uns alle mit derselben göttlichen Quelle verbinden können. Welch ein Segen!

Die Hamburger Christuskirche hat durch ihren früheren Pastor Wolf Heymann und den jetzigen, Helmut Kirst, für diesen interreligiösen Dialog über viele Jahre eine wunderbare Arbeit geleistet. Und dass wir die schweren Kirchenbänke alle im Kreis aufstellen, diesen mit Teppichen auslegen und am Boden in der Mitte einen großen Kerzenaltar aufbauen durften, bestätigt für mich, dass die Zeit reif ist für eine neue Form. Eine neue Form des öffentlichen Zusammenkommens (in Kreisen) und für eine spirituell-religiöse Praxis, zu der alle willkommen sind. (Fotos siehe www.spirituelle-liedernacht.de)

Kurz darauf eröffnete in Hamburg Altona die „Kirche der Stille" mit Pastorin Irmgard Nauck (www.kirche-der-stille.de), ein Ort, an dem ganz bewusst dieser spirituelle Raum zur tatsächlichen persönlichen Erfahrung werden kann, durch den Weg der Meditation, des Singens und Tanzens, des Gebetes und der Stille. Dort fand dann auch die zweite „Nacht der Spirituellen Lieder" statt, ein sehr inniges und tiefgehendes Erlebnis für viele: Indische Mantren, Sufi-Gesänge mit dem Schwerpunkt des Göttlich-Weiblichen, christliche Lieder aus dem aramäischen Vater-Mutter-Unser und dem ökumenischen Taizé. Ich bin sicher, dass die „Nacht der Spirituellen Lieder" sich immer weiter verbreiten wird.

Vielleicht werden bald auch immer mehr SinganleiterInnen, die auf diese Weise anleiten, an interreligiösen Gottesdiensten teilhaben und mit den Menschen gemeinsam spirituelle Räume öffnen und erleben.

Eine Religiosität (Spiritualität), die uns miteinander verbindet und versöhnt, von Herz zu Herz, bringt uns sicher dem inneren und äußeren Frieden einen großen Schritt näher. Darauf freue ich mich.

„War Menschsein womöglich ursprünglich genau so gemeint?"

Martina Weiler

Singen macht schön!

Die Ulmer Nacht der Spirituellen Lieder

Die erste Nacht der spirituellen Lieder erlebte ich in Stuttgart. Ich war tief berührt und sehr sicher, dass ich diese Veranstaltungsart weiter tragen mag. Zunächst natürlich nach Ulm. Ich machte mich umgehend an die Arbeit und fand in Frau Köger, der Leiterin vom Haus der Begegnung, eine offene Partnerin, die sogar noch vor der ersten Singnacht gleich schon den Termin für die zweite mit mir anvisierte. Am 15. November war es dann soweit: die erste Ulmer Nacht der spirituellen Lieder nahm ihren Lauf: mit

Hagara Feinbier, Karin Jana Beck, Matthias Gerber, Wolfgang Bossinger, Katharina Neubronner, Micha Böhm und mir.

Und auf wundersame Weise strömten fast 300 Menschen herbei von nah und fern: aus Hannover, Berlin, Hamburg, Köln, aus Freiburg, Stuttgart, München, Rosenheim, aus dem Allgäu, vom Bodensee, aus der Schweiz und natürlich aus Ulm und drum herum.

Ei, ich war gleichzeitig aufgeregt und voller Freude. Aufregung, ob wohl alles klappen würde, ob ich wohl nichts Wichtiges vergessen hätte und all so was. Aufregung aber auch, weil am Nachmittag jemand so vehement Grenzen überschritten hatte, dass dies fast die Veranstaltung gekippt hätte. Freude über das Erinnern an das Lied: „In allem, was ist, erkenne ich Dich" und die Entscheidung, nicht in die Falle zu tappen, mich nicht täuschen zu lassen, sondern im Vertrauen zu bleiben.

Freude über das freundliche, selbstverständliche Miteinander mit den anderen Singleitern und Singleiterinnen. Die freie Verbundenheit und liebevolle Offenheit zwischen uns bildeten zusammen mit dem schönen Raum einen guten Boden für die Begegnung all dieser Menschen. Freude über all jene, die mit weitem Herzen geholfen haben, wo es gerade nötig war. Und vor allem: die unbeschreibliche Freude über den schönen Fluss durch den Abend. Die vielen glücklichen Augen, die heilsame Atmosphäre des Miteinanders. Was für eine Gnade!!

Eine Freundin schrieb mir am nächsten Tag: „Ich bin nicht sehr gut, wenn es darum geht, bei so etwas mitzumachen. Da stehe oder sitze ich lieber am Rand und schau´ zu. Und singen tu ich auch nicht gerne, das sagte ich ja bereits. Umso verrückter erschien es mir, dass ich auf einmal in der Mitte saß und mitgemacht habe. Immer noch etwas reserviert, sitzend auch, und sicherlich nicht halb so entspannt wie der Rest um mich herum, aber für mich war das wie das Einreißen einer Wand. Noch heute summe ich den ganzen Tag die Melodie von dem einen Lied. Es hat außerordentlich gut getan und damit habe ich in keinster Weise gerechnet. Überhaupt haben mich diese vielen entspannten Gesichter sehr beeindruckt. Das war tatsächlich eine ganz besondere Art von Schönheit, die ich so noch nicht kennengelernt habe. So eine Veranstaltung hat ein hohes Suchtpotential..."

Und ein Geschäftsmann, der eigentlich nur jemanden abholen wollte schrieb: „Danke, dass Du diesen Abend organisiert hast. Du hast mich sehr reich beschenkt, viele Menschen reich beschenkt, wenn ich diese richtig beobachtet habe. Habe mir überlegt, wie eine friedlichere Welt ausschauen könnte. Eine Welt, in der man sich begegnet. Vielleicht wäre es so einfach – und jeder trägt es in sich." Ja, jeder trägt es in sich. Ja, es *ist* so einfach. Einfacher und schöner als das Auto volltanken. Wie gut, dass es inzwischen so viele Sing-Tankstellen gibt.

Herz-öffnen statt Kopf-Zerbrechen

War Menschsein womöglich ursprünglich genau so gemeint?

Zunächst Fremde begegnen sich achtsam und offen. Teilen die Freude am Singen miteinander, lassen sich ein und die Kraft, die Botschaften der einfachen Lieder auf sich wirken. Tauchen tiefer und tiefer in die Klangwellen und die Begegnung mit sich selbst, in die Begegnung mit den anderen. Unterschiede werden unwesentlich, die gemeinsam erlebte Verbundenheit tritt in den Vordergrund. Ein paar hundert Menschen an einem schönen Ort, in Ver-bindung mit der großen Quelle, in Verbindung mit sich selbst, in Verbindung mit anderen im Raum und durch die Lieder aus den verschiedensten Traditionen auch in Verbindung mit den Menschen aus diesen anderen Kulturen. Toleranz wandelt sich vom Wort zur Erfahrung, Einssein wandelt sich für Augenblicke, für Stunden aus der Theorie zur Praxis. Lebendige Spiritualität ohne Dogmen, ohne Diskussionen, ohne Dispute. Eine anziehende, hochgradig gesundheitserregende und seligkeitsauslösende Mischung aus Tiefe und Leichtigkeit. Aus Kraft und Heiligkeit. Aus Humor und Frieden. Aus Frische und Archaischem. Aus Stille und Fülle. Aus Vielfalt und Einfachheit. Einfachheit!

Und dann am Ende gehen jene ehemals Fremden nach Hause mit ihren neuen, schönen Gesichtern und ihren strahlenden Sternenaugen. Mit ihren vollen, tanzenden Herzen. Genährt und gestillt. Verwurzelt und beflügelt. Be-geistert und gelassen.

Ja, es ist leicht, in diesen Nächten jene Qualität von Liebe zu fühlen, die nichts will. Die nichts beabsichtigt und die nichts verlangt. Die nichts sucht und sich nicht an einem Objekt festmacht. Die einfach da ist und wirkt. Mal still oder mal überschwappend. Im Innern ein Lächeln, ein Danke. Sonst nix. Ah!

Mein Lied

Aus dem Innersten
Meiner Seele, meines Selbst
Bin ich, ist mein Leben
Ist mein Schatz

Barbara Quadflieg

Karin Jana Beck &
Matthias Gerber

Eine runde Nacht

Zwölf Stunden Singen, Tanzen und Ritual zu Lichtmess – eine Singnacht in Zürich/ Schweiz

Schon oft haben wir erlebt, dass Frauen und Männer nach einem zweistündigen gemeinsamen Singen und Chanten einfach noch still dasitzen in dieser familiären Stimmung und Verbundenheit, die das Singen bewirken kann. Und da war auch schon der ausgesprochene Wunsch: „hätte ich jetzt nur meinen Schlafsack dabei – und wir würden weiter singen und weiter singen – und wenn ich müde bin, würde ich mich hinlegen – und einige singen immer noch weiter, hinein in meine Träume."

Bei einem Trauerritual mit Malidoma Somé haben wir einmal über vier Stunden lang das Romalied „Joi Mamo" gesungen, uns von diesen Klängen zum großen Naturschrein tragen lassen und erfahren, wie das sehnsüchtige Klagelied den Ausdruck von Gefühlen unterstützt hat und das gemeinsame Singen den Ritualraum gehalten und genährt hat.

Solche Erlebnisse und das Wissen um die ‚Nächte der spirituellen Lieder' bewegte uns, die erste „Zürcher Sing- und Tanznacht" in der Offenen Kirche St. Jakob zu organisieren, als ganze Nacht, als Benefizveranstaltung für ein Frauen-Unterstützungsprojekt im Kosovo.

Vorbereitung und Planung – die Sterne stehen gut

Als weitere Mitwirkende kamen uns schnell Alexa Candrian und Susanna Maeder in den Sinn. Alexa hatte an unserem Hochzeitsfest auf klare und berührende Weise Volkstänze angeleitet und

Susannas Verbindung von Singen und Musik mit rituellen Formen schien gut zu unserer eigenen Haltung zu passen. Mit beiden hatten wir noch nie zusammen gearbeitet. Unsere Freude war groß, als sie uns zusagten. Auch die Offene Kirche zeigte sich sehr kooperativ, stellte den großen Raum mit dem schönen, freien Holzboden unentgeltlich zur Verfügung und übernahm die Spesen. Zwei Treffen genügten, um den Anlass zu planen - Ablauf, Raumeinrichtung, Werbung. Von sieben Uhr abends bis um sieben morgens sollte sie dauern. Wir entschlossen uns, die Nacht als offenes Angebot, ohne Anmeldung auszuschreiben, nur mit dem Hinweis, dass es uns freuen würde, wenn viele den ganzen Bogen der Nacht dabei wären. Wir planten einen Ablauf ohne Pausen, einen einzigen Bogen durch die Nacht, und wir wünschten uns, dass neue Gäste den Sing-Tanz-Ritualraum achtsam betreten und persönliche Gespräche in Nebenräumen führen, wo wir auch Getränke und Früchte zur Verfügung stellten.

Singen und Tanzen wechseln sich ab

Und nun sind sie da, die Gäste – weit über 300, wie so oft mehr Frauen. Die Nacht beginnt – ein kleines Abenteuer auch für uns. Auf eine Klang- und Stimmimprovisation mit abschliessendem Gongspiel folgen erste Lieder und Tänze – ein Willkommenheissen und erste Begegnungen, in kurzer Zeit alle Anleitenden erleben, im Raum ankommen. Die Begrüssung und das Organisatorische halten wir kurz; alle von uns Anleitenden erzählen kurz ihre Motivation zu dieser Nacht und ihre Wünsche.

Sich abwechselnde einstündige Sing- und Tanzteile folgen. Erste Gäste legen sich bei Liedern auf das mit Tüchern und Fellen schön geschmückte große „Bett", das wir in der Mitte eingerichtet haben und lassen sich beklingen. Susanna singt viele Lieder mit schweizerdeutschen und englischen Texten, begleitet sich auf der Gitarre und arbeitet mit Mikrophon. Einmal „bewegt" sie die Nachtgäste mit erdig-feurigem Trommelspiel. Wir selber leiten das Singen unverstärkt an, Lieder aus verschiedenen Kulturen und spirituelle Lieder verschiedener Traditionen.

Beim Taizé-Lied „O Lord, hear my prayer" entsteht eine besondere Dichte im Kreis, als ob der Kirche, die uns beherbergt, solche Klänge besonders vertraut wären.

Alexa bringt vorwiegend Kreistänze aus dem Balkan ein, mit Schritten und Bewegungen, die vom Alltagsleben und menschlichem Freud und Leid erzählen und Gemeinschaft erlebbar machen. Sie erläutert bei jedem Tanz den Hintergrund, was eine gute Verbindung mit den Gefühlsqualitäten in den Tänzen ermöglicht. Rhythmisch-Belebte Teile wechseln sich ab mit meditativ-ruhigen.

Rituelle Formen schaffen persönlichen Bezug und Dichte

Vor Mitternacht leitet Susanna mit Pfarrer Anselm Burr zusammen ein Segnungsritual zu einem hawaiianischen Lied an. Anselm betont in einer kurzen Rede, dass jeder Mensch Segen geben kann. Ein spontaner Wunsch von Anselm wird aufgenommen, und wir gehen alle singend und trommelnd einmal um die große Kirche, um auch diese zu segnen. Die erfrischende Kälte tut gut, und einige der Menschen im Zürcher Nachtleben verfolgen interessiert und wohlwollend diesen ungewöhnlichen, singenden Menschenzug.

Vor dem Lichtmess-Mitternachtsritual spielen wir eine Zwischenmusik, wo alle nachspüren und entscheiden können, ob sie beim anschliessenden Ritualteil mit eineinhalbstündigem Bogen dabei sein wollen. Es ist uns wichtig, weil damit das Ritual eine konzentrierte Dichte erhält. Wir sind überrascht, dass immer noch weit über hundert Menschen mit uns in der Kirche bleiben.

Zum Einstieg ins Ritual erklärt Susanna Hintergründe zur Zeit von Lichtmess: Frühlingsbeginn bei den Kelten – Leben unter der Erde erwacht neu – Säfte steigen in den Pflanzen aufwärts – die Tage werden spürbar länger – das Licht nimmt zu. Bei diesem Ritual geht es um das Erwachen aus der Winterstarre und das Erspüren der eigenen Visionen für die kommende Zeit. Als erstes schwingen wir uns tönend ein und verbinden uns mit unsern Nachbarn, die linke Hand auf dem eigenen Bauch, die rechte auf dem unteren Rücken des Nachbarn. Mit dem Lied „Yoni yoni akuena" und gegenseitigem Rücken-Abklopfen wecken und rufen wir die göttliche Energie. Zu einem ursprünglichen ungarischen Csango-Frühlingstanz regen wir mit Stampfen und Springen die Fruchtbarkeit der Erde an. Beim Singen des Upik-Liedes „Nadscho" verbinden wir uns mit unseren Ahnen und Ahninnen, bitten sie um Unterstützung auf unseren Wegen und im Umsetzen unserer Träume. In vielen Kulturen sind die Ahnen in der Erde und lassen mit ihrer Wärme die Samen wachsen. Danach geht es um das Wecken der Lebenskräfte und das Aufspüren eigener Visionen; dabei unterstützen uns das Rasseln, das rhythmische Aneinanderschlagen von Steinen und freie Bewegung und Tönen – Zeit für sich, Trancezeit, bevor wir zu Susannas erdig-kräftiger Trommel ins Adlerlied „Hey wichi chayo" einstimmen.

Nun ist es Zeit, ein Licht für die neue Lebenskraft und die eigenen Visionen zu entzünden. In der Mitte ist jetzt ein weisses rundes Tuch, mit einer großen blauen Muschelschale mit Wasser und brennenden Schwimmkerzen. (Das „Bett" haben wir für diesen Teil an den Rand geschoben.) Um das weisse Tuch unzählige kleine Teelichter in Glasbehältern. Zu den folgenden Liedern entzünden nun alle ihr Licht. Der stark abgedunkelte Raum erhellt sich mit jeder auf das Ritualtuch gestellten Kerze mehr. Unsere Visionen erhellen den Raum – das berührt. Beim Abschlusslied und in der Stille danach ist eine fröhliche, feierliche Stimmung spürbar.

Die Kraft der Nacht erfahren

Langsam wirkt auch die Stille der Nacht draußen in unseren Raum hinein und mit jedem Lied und Tanz entsteht noch mehr Vertrautheit in unserer Kirche. Es ist, als hätte sich der Raum mit uns angefreundet und öffne sich uns mehr, auch akustisch.

Alexa macht mit uns noch einen schönen provenzalischen Kerzentanz zu einer keltischen Musik. Danach erhellen die Kerzen den Raum vom Rand her und wir installieren unser „Bett" in der Mitte wieder. Längst haben sich einige in ihre Schlafsäcke zurückgezogen. Doch erstaunlicherweise spüren wir kaum Müdigkeit. Es ist, als würde die Nacht mit all den Erlebnissen wach machen.

Von nun an lassen wir uns vom Geist der Nacht leiten, unser geplanter Ablauf tritt in den Hintergrund. Beim ungefähr einstündigen 108x-Mantrasingen des „Om Tare Tuttare" der nepalesischen Nonne Ani Chöying Drolma bitten wir um Unterstützung von Tara, der Göttin des Mitgefühls, dass sie uns hilft in unseren Nöten. Wir segnen dabei auch Kerzen in der Mitte – für alle eine, die uns Licht schenken und stärken soll in der letzten Winterzeit, wo unsere Kräfte schon recht beansprucht worden sind. Die längere Stille nach dem Mantrasingen wird vom spontanen Sitarspiel eines jungen Mannes wunderbar aufgenommen. Gegen vier Uhr beobachte ich Pfarrer Anselm Burr, wie er sich wohlwollend in der Kirche umschaut, der Kirche, die sich in dieser Nacht in ein Lebens-, Wohn- und Schlafhaus verwandelt hat. Mit einem letzten Tanz- und Liederset und einer Abschlussrunde mit Redestab beschliessen wir die Nacht. Die Abschlussbeiträge der Nachtgäste fallen durchwegs positiv aus. Wer will, nimmt eine der gesegneten Kerzen mit, die während des kommenden Jahres in herausfordernden Situationen Licht und Kraft schenken kann (nach katholischer Tradition), auch in der Erinnerung an unser gemeinsames Erlebnis. Wir staunen: unser Kreis ist immer noch recht groß; gegen sechzig Männer und Frauen sind die ganze Nacht dabei gewesen.

Nachschwingen und positive Feedbacks

Bei uns Anleitenden schwang der gemeinsame Anlass noch lange positiv nach. Wir erlebten einen großen Energiebogen über die ganze Nacht. Sie hatte etwas Zeitloses. Wir empfanden unsere Zusammenarbeit als sehr befriedigend, wie wir alle den geplanten Ablauf loslassen und der Nacht die Führung übergeben konnten. Unsere verschiedenartigen Beiträge und Herangehensweisen wurden zu einem reichen Ganzen. Das Tanzen brachte viel Bewegung, die rituellen Teile boten einen persönlichen und gemeinschaftlichen Erlebnis-Raum für alle; beides bereicherte das Singen auf spürbare Weise. Wir hatten den Eindruck, dass das wechselnde Ansprechen der verschiedenen Sinne und Ausdrucksformen wach machte.

Viele Feedbacks kamen zurück, dass die Nacht sehr kraftvoll war, gut getan und viel Lust und Freude am Leben grundsätzlich geweckt hat. Und hier noch einige Feedbacks von Teilnehmenden: „Ich fand die ganze Nacht geprägt von etwas Einheitlichem, das eine tiefe Konzentration ermöglichte – trotz drei sehr klar wahrgenommener Teile. Zum einen Susanna mit ihrer kraftvollen Führung, die der Erde, dem Archaischen Energien entlockte, in die wir eintauchen konnten und die sich durch die Gemeinschaft der Singenden erhöhte. Dann eure Anleitung, mehr aus dem Vertrauen in das Geschehen-Lassen heraus, mit eurem breiten Spektrum an Liedern, dem langen Atem, den ihr den Liedklängen ermöglicht. Und Alexas Anleitung der Tänze haben mich in ihrer Schlichtheit sehr angesprochen. Die Tänze brachten eine besondere Leichtigkeit, und ich fand leicht in ihren Rhythmus."

„Das Singen mit so vielen Menschen ist für mich etwas vom Beglückendsten, das es gibt. Getragen sein von den Stimmen der andern Menschen, um darin das Eigene zu entfalten. Mich trotz ‚Masse' von Menschen als Individuum nicht zu verlieren, im Gegenteil darin ein Stückchen neue Ich-Erfahrung zu machen."
„Danke für den wunderbaren Abend, für die kraftspendende, traumhafte Nacht, die ich gestern/heute in der Citykirche erleben durfte! So viel Kraft habe ich schon lange nicht mehr in mir gespürt ...und das, obwohl ich nur eine halbe Stunde geschlafen habe."

„Die Singnacht bleibt mir in farbiger, dichter Erinnerung – eine Art Reise durch die Nacht: fröhliches Eintauchen, besinnliches Abtauchen, genährtes-bereichertes Wieder-Auftauchen, hinaus in die erwachende Stadt. Buntes Erleben der Gemeinschaft im singen- den, tanzenden Miteinander, Reisen in die Stille der eigenen Seele im Ritual und dem Mantra zu nachtschlafender Zeit. Geschenke!"

Eine Frau schrieb uns, dass die Nacht in der heilsamen Wirkung für ihre chronisch schmerzenden Gelenke einen ganzen Block von zwölf Sitzungen Physiotherapie ersetzte. Und nicht zuletzt freute es uns, dass die freie Kollekte weit über 3.000 Schweizer Franken für das Frauen-Unterstützungsprojekt im Kosovo brachte.

Wenn einer
aus seiner Seele singt,
heilt er zugleich
seine innere Welt.
Wenn viele
aus ihrer Seele singen
und eins sind in der Musik,
heilen sie zugleich auch
die äußere Welt.

Yehudi Menhuin

Über das Singen Spiritueller Lieder

Ich bekam viele wertvolle Beiträge von SingfreundInnen und SingkollegInnen und lernte über die Arbeit für dieses Buch und das Zusammentragen der Beiträge wunderbare neue Menschen kennen, mit denen mich eine Begeisterung für das Singen sowie eine gemeinsame Vision, Ausrichtung und Arbeit verbindet. Die Freude darüber beschwingt und stärkt mich. Es tut gut, mich mit vielen verbunden zu wissen, denen die Verbreitung des Singens auch so sehr am Herzen liegt wie mir.

„Wenn wir beseelt singen, heilen wir unsere innere und zugleich auch die äussere Welt." (Y. Menuhin)

Beim Schreiben dieses Buches wurde mir bewusst, dass wir in dieser unsicheren und bewegten Zeit, in der so vieles im Umbruch ist, vielleicht gerade das Singen brauchen. In dieser Zeit der Krisen, in der viele Menschen mit Zukunfts- und Existenzängsten beschäftigt sind, können wir mehr denn je, Freunde, Vernetzung, Verbindung und Zusammenrücken brauchen, ein Besinnen auf die wirklichen Werte und auf unsere inneren Potenziale.

Wenn wir Krisen bewältigen wollen oder müssen, ist die Rückbindung an unsere Kraftquellen, das Aufheben des Einzelgängertums und das Zusammenkommen in Gemeinschaften für viele von großer Bedeutung. Vielen Menschen hilft das Singen, um heiler, glücklicher und verbundener zu leben. Wir alle haben dieses wunderbare Instrument – unsere Stimme, und jeder kann sie benutzen; sie kostet nichts und wir haben sie immer und überall dabei.

In vielen Gesprächen in den letzten Wochen mit Karl Adamek, dem Begründer von *Il Canto Del Mondo*, (dem internationalen Netzwerk zur Förderung der Alltagskultur) spürte ich die gleiche Dringlichkeit , das Singen wieder zu beleben wie er, der seit vielen Jahren für die Förderung des Singens in allen Lebensbereichen eintritt. Ich sehe vielfältige Möglichkeiten für eine fruchtbare Zusammenarbeit im Sinne unserer gemeinsamen Vision von einer singenden Gesellschaft.

Ich fühle mich verbunden mit dem Geist Yehudi Menuhins, der als Schirmherr von *Il canto del Mondo* den auf der nächsten Seite folgenden Text zur Bedeutung des Singens geschrieben hat. (www.il-canto-del-mondo.de)

Im folgenden Kapitel habe ich vielfältige, wertvolle und inspirierende Beiträge über dieses Thema zusammengetragen. Ein herzlicher Dank an alle Autoren!

Lord Yehudi Menuhin

Zur Bedeutung des Singens

Das Singen ist die eigentliche Muttersprache aller Menschen: denn sie ist die natürlichste und einfachste Weise, in der wir ungeteilt da sind und uns ganz mitteilen können mit all unseren Erfahrungen, Empfindungen und Hoffnungen.

Das Singen ist zuerst der innere Tanz des Atems, der Seele, aber es kann auch unsere Körper aus jeglicher Erstarrung ins Tanzen befreien und uns den Rhythmus des Lebens lehren.

Das Singen entfaltet sich in dem Maße, wie es aus dem Lauschen, dem achtsamen Hören erwächst. Singend können wir uns darin verfeinern, unsere Mitmenschen und unsere Mitwelt zu erhören.

Immer geht uns der Gesang eines Menschen unmittelbar an, wächst ein Verstehen, Teilhaben und Begreifen über alle Begriffe hinaus. Das ist meines Erachtens nur möglich, weil im Singen sich das menschliche Doppelwesen offenbart: Singen gehört fraglos zur Natur des Menschen, so dass es gleichsam keine menschliche Kultur gibt, in der nicht gesungen würde. In einer Zeit, in der die natürlichen und geistig-seelischen Vermögen der Menschen immer mehr zu verkümmern scheinen, so dass möglicherweise unsere Zukunft überhaupt bedroht ist, brauchen wir notwendig alle nur möglichen Quellen der Besinnung, die uns offen stehen.

Singen birgt nun unvergleichlich das noch schlummernde Potential in sich, wirklich eine Universalsprache aller Menschen werden zu können: Im Singen offenbart sich der gesamte Sinn- und Sinnenreichtum der Menschen und Völker.

Dieser einmalige Sprachschatz darf uns nicht verloren gehen, was aber tatsächlich zurzeit geschieht. Deshalb gilt es, das Singen nicht nur zu bewahren, sondern weltweit zu fördern. Denn Singen macht, wie nichts anderes, die direkte Verständigung der Herzen über alle kulturellen Grenzen hinweg möglich.

Hunderte triftige Gründe könnte ich nennen, die dafür sprechen, dass die Entfaltung einer neuen Weltkultur des Singens, so wie sie mir als Zukunftsvision vorschwebt, den Menschen von innen heraus, in seiner Alltäglichkeit befähigen kann, die Friedfertigkeit der Menschen und Kulturen untereinander zu befördern durch die Stärkung der persönlichen Zufriedenheit und Lebendigkeit und durch ein vermehrtes Zutrauen zu seinem individuellen Leben mit seinen Aufgaben und Freuden, Anstrengungen und Nöten.

Wenn wir Menschen uns selbst als Klangkörper, als Musikinstrument in der Sinfonie der Schöpfung begreifen und uns singend immer wieder aufs Neue befrieden lernen, dann können wohlmöglich - mit unserer eigenen Gesundung durch die Musik einhergehend - auch die durch uns verursachten Verwundungen der Erde heilen.

Wir Menschen sind im Singen schöpfende und schöpferische Klang-Wesen' Wir vermögen durch Gesang unsere Welt und unser Handeln zu beseelen, singend Liebe, Freude, Hoffnung und Zuversicht zu schenken, uns aber auch den Schmerz von der Seele zu singen und unser Herz durch Verzeihen zu beschwingen: wir vermögen zum Lobpreis der Schöpfung einigender Gesang zu sein.

Das alte Wissen der Völker gibt uns Heutigen ebenso wie die neuesten Erkenntnisse derjenigen Wissenschaftler, die das Weltwissen der Jahrtausende kreativ und kulturstiftend bündeln wollen, Ermutigung und Möglichkeit genug, eine Weltkultur des Singens zu begründen. Singen als ein Klingen aus der Stille, aus der Fülle der bewussten Innerlichkeit, ist ein lauschendes, den anderen hörendes Singen. Es wirkt in der Welt in der Weise des tätigen Hörens, des empfänglichen Einstimmens und als ein Anspruch zu höchster Lebendigkeit, zu tanzender, sich frei schwingender Begegnung mit allem Lebendigen.

So kann Singen zugleich Bewegung ins Eigenste sein, gar eine sanfte Revolution der Befriedung auslösen, und vielleicht uns Menschen zunehmend aus lebensfeindlichen persönlichen und gesellschaftlichen Strukturen herauslösen helfen.

All unsere Erfahrung und all unser Wissen sprechen dafür, dass es so sein kann. Auf diesem Wege können wir Menschen die Kraft entwickeln, individuell von innen nach außen und gesellschaftlich von unten nach oben neue Strukturen zu bauen und zu erhalten, die den lebendigen Frieden wachsen lassen und schützen.

So weiß ich nichts, was dagegen spräche. Warum sollten wir es also nicht mit aller Zuversicht versuchen, mit den Künstlern dieser Welt und allen, die sich dazu berufen fühlen, gemeinsam eine solche Weltkultur des Singens, gespeist aus allen Quellen der Völker, derart zu entfalten. Wir können dabei nichts verlieren, nur gewinnen.

Jedes Beginnen, selbst ein noch so kleiner Schritt auf diesem Wege wäre schon erbauend. Im Singen würdigen wir uns und die Welt, die Natur und die Menschen, die mit uns sind. Johann Phillip Telemann hat dies erkannt, wenn er sagt: 'Singen ist das Fundament zur Musik in allen Dingen.'

Wenn einer aus seiner Seele singt, heilt er zugleich seine innere Welt. Wenn alle aus ihrer Seele singen und eins sind in der Musik, heilen sie zugleich auch die äußere Welt. Es würde mich beglücken, wenn ich einen solchen, Gesang der Welt, so, wie ich ihn in meinem Inneren schon höre, noch erleben könnte.

Lord Yehudi Menuhin (1916-1999) war ein Wunderkind der Geige und wohl einer der bedeutendsten Geiger und Musikerpersönlichkeiten des 20. Jahrhunderts. Albert Einstein soll sinngemäß gesagt haben, als er den neunjährigen Yehudi Menuhin in Berlin spielen gehört hatte: ‚Jetzt mag ich glauben, dass es einen Gott im Himmel gibt.' Lord Menuhin schrieb in seiner Autobiografie, dass ihn der immer vor sich hin singende Vater musikalisch geprägt hat, nicht so sehr die Mutter, die Pianistin war. Sein Vater war Chasside, ein jüdisch-mystischer Glaubenszweig, dessen Mitglieder das Singen und Tanzen als Königsweg zur Gotteserfahrung in ihrem Alltag leben und eine wunderbare Singkultur hervorgebracht haben. Den vorigen Text verfasste Sir Jehudi Menuhin als Schirmherr von ‚Il canto del mondo'. (http://www.il-canto-del-mondo.de)

„Singen birgt
unvergleichlich
das noch schlummernde
Potenzial in sich,
wirklich eine Universalsprache
aller Menschen
werden zu können„ Yehudi Menuhin

Karl Adamek

Singen als Lebenselixier - oder wie aus Wunden Wunder werden

Der bundesweite Erfolg der ‚Nächte der spirituellen Lieder' ist für mich ein erfreuliches Frühlingszeichen: schon unter dem Eis des Alten hat - fast unbemerkt von den Menschen auf den lauten Marktplätzen der Mode - etwas Neues zu keimen begonnen, das für unsere Zukunft von größerer Bedeutung ist, als die Meisten schon sehen können. Überall im Kleinen wächst eine vielschichtige notwendige Erneuerung der Alltagskulturen des Singens heran.

Das freut mich. Denn die Arbeit für ein neues, gemeinsames Singen hat mein Leben geprägt. Von den biografischen Wurzeln alles Folgenden werde ich noch mehr berichten, denn an ihm lässt sich viel von unserer deutschen Geschichte bezüglich des Singens tiefer verstehen und für unsere Gegenwart und Zukunft fruchtbar machen. Das Spannendste war für mich die Entdeckung, dass Singen für die Entfaltung der Lebens- und Selbstheilungskräfte des Einzelnen und der Gemeinschaft unersetzlich ist. Doch die Mehrheit wusste noch nichts davon und dem Singen wurde allgemein so gut wie keine Beachtung geschenkt. Besonders freue ich mich also, weil sich hier nach fast einem halben Jahrhundert des schleichenden Verfalls unserer Alltagskultur des gemeinsamen Singens in Deutschland immer mehr Menschen über alle religiösen, weltanschaulichen oder anderen Unterschiede hinweg frei verbunden auf den Weg machen, um diesen wesentlichen Lebensausdruck jenseits von Leistungsgesichtspunkten in seinen allgemein lebensförderlichen Potenzialen neu zu entdecken, in seinen vielfältigen nährenden Seinserfahrungen auf dem Weg der spirituellen Suche nach einem sinnerfüllten Leben in Harmonie mit sich selbst, den Mitmenschen und der Natur.

Zukunftsfähig durch Singen

Nach meinem nun schon über fünfundfünfzigjährigen Leben voll von intensiver Singpraxis und Forschung über das Singen des Menschen kann ich sagen: Die volle Entfaltung unserer Singfähigkeit hat mit unserer Zukunftsfähigkeit als Menschen zu tun, mit unserer Fähigkeit zu Mitgefühl, Freundlichkeit, Empathie, Selbstverantwortung und Selbstgenügsamkeit, also entscheidenden Voraussetzungen für ein friedliches Zusammenleben. Für die Schaffung eines lebensnotwendigen Gleichklanges von Körper, Geist und Seele braucht der Mensch allen neuen Erkenntnissen zufolge existenziell das Singen. Ohne die Entfaltung seiner Singfähigkeit kann der Mensch nicht sein volles Potenzial zu physischer, psychischer und sozialer Gesundheit entfalten. Davon habe ich mich mit meinem Singen und Forschen zutiefst überzeugen können. Entsprechend müsste jeder Mensch ein Recht auf die Entfaltung seiner Singfähigkeit haben. Singen ist grundsätzlich so wichtig für Menschsein wie Sprechen, nur in einer subtileren Dimension seines Seins. Dies hat viel mit seiner Glücksfähigkeit und seinem ganzen Lebensgefühl zu tun. Das belegen meine Ergebnisse in 30 Jahren wissenschaftlicher Erforschung des Singens. Wir haben also noch lange nicht unser Potenzial als Menschen ausgeschöpft. Da gibt es noch ungenutzte Ressourcen in uns selbst. Diese Perspektive macht mir Hoffnung. Der Mensch wird nicht allein durch die Entfaltung seiner Sprache und die damit verbundene Denkfähigkeit zum Menschen. Sondern gleichermaßen und grundlegend durch die Entfaltung seines Singens als Selbstausdruck, als Selbst- und Gemeinschaftsgestaltung. Denn mit der Entfaltung des Singens entfaltet der Mensch zugleich nachweislich seine Fühlfähigkeit, deren höchste Stufe seine Liebesfähigkeit und seine Fähigkeit zu Mitgefühl ist. Singen ist unsere Sprache des Fühlens, der Dimensionen des Herzens, die bis hinein in unser spirituelles Wesen reicht. Ohne die Entfaltung dieser Fähigkeit bleiben wichtige Potenziale verkümmert, ohne die wir keine glückliche Zukunft nachhaltig gestalten können. Der Mangel an Empathiefähigkeit und die emotionale Verarmung unserer Kinder weltweit zum Beispiel wird in der UNO als eines der größten Probleme der Menschheit gesehen, das in den nächsten 15 Jahren auf uns zukommt.

Fühle warm und denke kühl

Wenn wir auf der einen Seite die technischen Hochleistungen betrachten und auf der anderen Seite die soziale Lage in der Welt, können wir mit gutem Grund sagen: Uns mangelt es heute nicht am kühlen Denken, sondern am warmen Fühlen. Mit dem zunehmenden Auseinanderklaffen von Fühlen und Denken in der Moderne gefährdet der Mensch seine Existenz. Dieser Prozess muss und kann aufgehalten werden. Zukunftstauglich ist, wo das Herz entscheidet und der Kopf analysiert, plant, vorschlägt und ausführt. „Der Kopf ist ein wunderbarer Diener, aber ein schrecklicher Herrscher" lehrt uns schon eine taoistische Weisheit. Das haben wir in der Moderne vergessen. Wenn der Mensch seine Fühlfähigkeit nicht entfaltet, wird er kaum überleben können. So phantastisch sich das folgende anhört, genau das kann man heute aus den wissenschaftlichen Fakten schließen: Singen und Sprechen sind wie zwei Flügel des menschlichen Ausdrucks, die er beide gleichermaßen entwickeln muss, damit er sicher in die Zukunft fliegen kann und nicht in Selbstzerstörung endet.

Aber wie kläglich verkümmert ist das Singen, unsere Sprache des Fühlens, im Vergleich zu unseren Sprachen des Denkens und zu den ungeahnten Möglichkeiten, die im Singen des Menschen liegen. Ein allgemein verkümmertes Selbstgefühl als auch ein verkümmertes Sozialgefühl und eine allgemein verkümmerte Empathiefähigkeit sind meines Erachtens hier ursächlich begründet. Global schaukelt es sich zu Selbstzerstörungsspiralen auf. Wie heißt es so schön in einem Aphorismus von Werner Sprenger: „Erst wenn es nicht mehr anders geht, dann geht es anders." In langen Gesprächen mit Rudolf Bahro über die Logik der Rettung lernte ich, dass des Menschen Möglichkeiten zur Selbstrettung vor allem auf dem Wege seiner Selbstkultivierung erwachsen. Denn seine entscheidenden Probleme sind in seinem eigenen verletzten Inneren verursacht, dem er sich noch nicht fruchtbar stellen kann. Wenn wir als Menschen allgemein so minder entwickelt sprechen würden, wie wir singen, dann wären wir wahrscheinlich noch in der Steinzeit. Bezüglich unseres Fühlen-Könnens scheinen wir in weiten Bereichen noch in dunkler Vorzeit festzustecken. Das Singen ist zurückgeblieben und das müssen wir in Zukunft ändern, da liegt eine große Zukunftschance durch Kulturwandel. In der weltweiten Entfaltung der Alltagskulturen des Singens liegt meines Erachtens die realistische Möglichkeit, dass wir aus der herrschenden Angstkultur einen Ausweg hin zu einer Vertrauenskultur finden. Denn Singen löst vor allem Angst auf, die wesentliche Ursache menschlicher Zerstörungsdynamiken. Eine sozialverträgliche Angstbewältigung, wie sie Singen ermöglicht, ist meines Erachtens der Generalschlüssel zu einer friedlichen Zukunft.

Das Keimen einer vielfältigen neuen sozialen Bewegung hin zum einfachen Singen als Selbstausdruck jenseits von Leistung ist für mich angesichts der durchaus bedenklichen Weltlage mehr als ein Hoffnungsschimmer auf eine friedliche Welt trotz alledem. Habe ich mich über Jahrzehnte mit meinem Lebensthema „Singen" in der Forschung, in der vielfältigen sozialen Praxis und in den Medien wie ein Rufer in der Wüste gefühlt, so merke ich seit einiger Zeit, dass mit meinen reiferen Jahren einhergehend viel von der Saat, die ich in all den Jahren säen durfte, überall in vielfältigen Formen aufzugehen scheint und sich immer mehr Menschen des gemeinsamen Singens annehmen. Das erlebe ich mit tiefer Dankbarkeit als ein großes Glück nach fast einem ganzen Lebensbogen des Ringens um Gehör für dieses Thema. Denn das, was hier erst einmal in so weltumspannenden Worten daherkommt, lebt in seinen Wurzeln in jeder Zelle meines Körpers und hat mich bewogen, trotz aller Widrigkeiten und gegen die

Mode mein ganzes Leben von Beginn an dem einfachen Singen auf allen mir möglichen Ebenen zu widmen.

Der Zauberstab meiner Kindheit

Seit frühester Kindheit war für mich das Einfach-aus-Herz-und-Seele-Singen ein unersetzlicher Lebensquell. Singen, das war mein Zauberstab gegen alle Traurigkeit der Nachkriegszeit, die mich als Kind umgab. Singen war in der Familie in den Alltag eingewobener Lebensausdruck und Rettungsanker. Ich erlebte das gemeinsame Singen als den wichtigsten Lebensquell der Familie. Als einen Ort, an dem immer wieder neue Freude geboren werden konnte. Das war dann in allen Zellen spürbar. Man musste nur beginnen. Und es zog uns Kinder magisch dahin. Ob vor dem Einschlafen, beim Geschirrabtrocknen oder bei jeder Autofahrt: singen war bei uns zuhause allgegenwärtig.

Wir wandelten singend immer wieder aufs Neue die schwere und beängstigende Stimmung, die sich von allen Seiten um uns zu legen drohte, in eine helle, geborgene, lebensfrohe Atmosphäre. Während ich sonst oft eine eigenartige Angespanntheit, Fremdheit und Verlorenheit bei meinen Eltern fühlte, kuschelten wir singend vor allem innerlich aber auch manchmal körperlich ganz nah zusammen. Ich erinnere mich, wie beim gemeinsamen Singen in der Familie immer nach einiger Zeit aus meinen Eltern durch alles Triste, Graue und für uns irgendwie Unnahbare hindurch eine Grundfreundlichkeit zu strahlen begann und sich alle Angst und Bedrückung bei uns Kindern wie von Zauberhand auflöste. Ich fühlte mich dann immer sicher und geborgen und aus einer Art Erstarrung neu belebt. Vor allem fühlte ich eigentlich täglich eine Gewissheit: Alles wird immer wieder gut und ich kann dazu etwas tun. Ich muss nur den Anfang setzen und singen. Dann löst sich jede Lähmung auf und neue Lebensgeister erwachen.

Das war für mich wie ein tiefes Geheimnis, an dem wir teilhatten und das uns die Welt mit einem spannenden Zauber erfüllte, den es zu entdecken gilt. Daran zurück zu denken weckt noch heute meine Lebenskräfte. Die Allgegenwärtigkeit des Singens in unserer Familie erlebte ich als eine für mich ständig verfügbare Quelle der Ermutigung. Ich erinnere mich an unzählige Situationen, wo es mir half, immer wieder aufzustehen und zuversichtlich trotz alledem ins Leben zu gehen. Singen war bei uns zuhause eine Art und Weise, wie wir uns intuitiv jenseits der Worte mitteilten und tröstlich Familiengemeinschaft erschaffen und erleben konnten. Das war jenseits des Singens sehr viel schwerer oder auch gar nicht möglich. Singen war in meiner Erinnerung zuerst sogar noch wichtiger als Sprechen. Denn so vieles konnte in der Nachkriegszeit nicht in die Worte finden. Wir waren noch zu klein, um vieles, was wir allerdings fühlten, auch verstehen zu können. Als ob die Luft aus einem klebrigen Etwas besteht, das mir alle Poren zusetzt, so kam es mir alles vor. „Ich singe, was ich nicht sagen kann" sagt der Volksmund. Das gemeinsame Singen war immer wie eine Befreiung davon und eine Verheißung. Singen zog mich immer schon magisch an. So sangen wir alle in der Familie auch unentwegt alleine irgendwelche Melodien vor uns hin. Für mich waren sie wie Geländer, an denen ich mich durch die unsicheren Gebiete in meiner Seele entlang hangeln konnte, bis ich wieder festen Boden spürte. Ich brauchte nur lang genug aus meinem ganzen Sein heraus zu singen. Dann fühlte ich mich wieder gut.

Von überall her schien mir damals immer wieder Angst, eine unfassbare allgemeine Verunsicherung, wie von außen durch die Haut in meinen Körper einzubrechen. Aber ich weiß, wie ich dann froh war, dass ich das Singen hatte, meinen Zauberstab, mit dem ich alle bösen Geister verjagen konnte. „Drückt´s dich wo, sing dich froh" las ich später in einem Liederbuch. „Singen ist doppelt beten" wird Martin Luther zugeschrieben. Es gab indianische Kulturen, in denen der einzige Reichtum, den ein Mensch haben konnte, in den Liedern bestand, die er singen konnte. Frei nach Jean Paul würde ich sagen: „Mit einer Kindheit voll Singen kann man ein halbes Leben die Kälte der Welt aushalten." Als Kind kam es mir so vor, dass es mich gleichermaßen unverletzbar macht wie Siegfried, von dem uns unser Vater immer wieder aufs Neue in seiner unvergleichlich humorvollen und verzaubernden Art Geschichten erzählte, und von Hiob und vor allem von Odysseus. Und wie er freiweg stundenlang erzählen konnte. Da hingen wir an seinen Lippen.

Heute weiß ich: Das Singen hat unsere Seelen geschützt. Im Laufe meines Lebens konnte ich immer wieder neu am eigenen Leib erleben, wie durch Singen bei mir und bei anderen aus seelischen Wunden Wunder der Erkenntnis, des geistigen und allgemein gesundheitlichen Wachstums wurden. Zugleich erfuhr ich, wie Singen die verantwortungsbereite Gestaltung des Lebens fördert und die Kraft gibt, immer wieder zu verzeihen und zu staunen. Singende Wirklichkeitsgestaltung wurde mein Lebensweg. Welcher wertvolle und gefährdete Menschheitsschatz mir mit dieser unbewussten Einweihung in die Essenz des Singens durch meine Eltern und das folgende Leben von Kindheit an zuteil wurde, begann ich früh zu ahnen.

Der geerbte Schatz meiner Eltern

Die Erinnerungen an das tägliche Geschichtenerzählen und gemeinsame Singen in der Kindheit, vor allem auch an das Singen in der Natur, können mich noch heute mit einem Gefühl der Zuversicht erfüllen. Zugleich erzeugen diese Erinnerungen auch ein melancholisches Gefühl des Verlustes. Wie viele Kinder in Deutschland erleben das heute noch? Das Singen der Eltern für ihre Kinder, das Singen im Alltag der Familien und Freunde überhaupt ist weitestgehend verstummt. Welch ein Schatz, den unsere Eltern uns da mitgegeben haben. Meine Mutter und mein Vater hatten bei ihren alltäglichen Verrichtungen eigentlich immer in Ich-vergessener Weise ein Lied auf den Lippen. Und das Singen war immer irgendwie Alltagsbewältigung. So höre ich noch heute, wenn ich an meine Kindheit und an meine Mutter denke, in meinem Inneren ihr Singen der folgenden Zeilen bei der Hausarbeit: „Sei zufrieden, sei zufrieden, mit dir selbst und was du hast. Jeder Mensch hat seine Sorgen, jeder Mensch hat seine Last." Sie sang das manchmal in schier endlosen Schleifen der Wiederholung und es schien mir als Kind das absolut Passende zum Kartoffelschälen oder Nähen und Stricken.

Das gemeinsame Singen ist in meiner Erinnerung die schönste Gemeinschaftserfahrung in der Familie. Es steht wie ein Stern über der Kindheit der grauen fünfziger Jahre. Wenn mein Vater, der tagsüber als Tierarzt in Krefeld am Niederrhein seine Kräfte einsetzte, abends nach Hause kam und dann noch erschöpft und müde zur Gitarre griff und mit uns sang, wandelte sich die depressive Stimmung der Nachkriegstage und das Herz wurde leicht. Ich konnten beinahe täglich erleben, wie wir schlechte Stimmung und Niedergedrücktheit immer wieder einfach weg singen und wandeln konnten und ich dabei nicht nur ein Wachsen von Freude und Lebensmut spürte, sondern manchmal auch ein wundersames Gefühl heilsamer Verbundenheit mit der Welt, so stark, dass ich mir in dem Augenblick sicher war, dass es einen gütigen Gott im Himmel gibt, der so etwas Wunderbares möglich macht. Derartige Erfahrungen sind wohl die Wurzel für die Worte in dem Mantra für den Herzmeridian, die ich später fand: „Wunden werden dann Wunder - irgendwann". Und dafür, dass mein ganzes Leben sich um das Singen des Menschen drehte. Dafür, dass Lehrgänge zum Heilsamen Singen für Laien und Menschen aus helfenden und heilenden Berufen seit mehr als 25 Jahren zu meinem freischaffenden Brotberuf wurden, womit ich auch die materielle Basis für meine vielen Sozialprojekte zum Singen und meine umfangreichen grundlegenden Forschungen zur Bedeutung des Singens für die psychische, physische, und soziale Gesundheit des Menschen schaffen konnte, die damals noch niemanden interessierten und die entsprechend auch niemand fördern wollte.

Aber wir waren ja mit Hiob und Odysseus erzogen worden, und beide geben nicht auf und finden einen Weg. Das Singen gab mir immer wieder die nötige Kraft. Ich höre noch das verschmitzte und ausgelassene Lachen meines Vaters, wenn er seine humoresken Berliner Lieder anstimmte. Er hatte im Krieg seine ganze Familie verloren und stand ohne etwas, völlig auf sich allein gestellt da. Der Familienbesitz in Berlin war ausgebombt. Er schaffte einen Neuanfang. Den Herzinfarkt, den er bekam, als ich sieben Jahre war, überlebte er. Man gab ihm noch drei Jahre. Doch tatsächlich wurde er 85 Jahre alt. Heute bin ich überzeugt, dass ihn sein Singen immer wieder seelisch und körperlich heilte. Ich erinnere mich, dass ich ihn oft, wenn er Gedanken versunken etwas werkelte, endlose Melodieschleifen mit den zwei Wörtern „Grüne Wälder" singen hörte. Als ich ihn damals einmal erstaunt fragte, ob es nicht langweilig sei, immer dasselbe zu singen, sagte er: „Nein. Überhaupt nicht. Das tut meinem Herzen gut. Ich gehe dann innerlich durch grüne, sonnendurchflutete Wälder und das ist sehr schön." Er hatte sich intuitiv sein persönliches Mantra gemacht und sich und sein Herz damit offensichtlich nachhaltig geheilt.

Vor allem spüre ich noch heute, wenn ich mich daran erinnere, den hoffnungsfrohen Raum, den mir dieses tiefe Ur- und Selbstvertrauen meines Vaters und sein klares Spürbewusstsein, das sich mir in solchen Dingen mitteilte. Und wie er so eigenverantwortlich seine für mich kaum zu ermessenden seelischen Schmerzen wandelte. Heute weiß ich: das war individuell gelebte Spiritualität, besonders wenn ich mich an seine Worte erinnere: „Der Wald ist meine Kirche." All das hat mein tiefes Interesse geweckt, den Zauber zu entschlüsseln, der im Singen des Menschen steckt. Dass in der Traditionellen Chinesischen Medizin Herzpatienten erfolgreich empfohlen wird, sich die Farbe Grün vorzustellen, war meinem Vater nicht bekannt und ich erfuhr es erst sehr viel später und staunte. Mein Vater hatte es unmittelbar gefühlt, wie es seinem Herzen gut tat, zu singen und sich dabei grüne Wälder vorzustellen. Er führte oft die alte Volksweisheit im Munde: „Wer schon des Morgens dreimal schmunzelt, des Mittags nicht die Stirne runzelt, und abends singt, dass laut es schallt, wird hundertzwanzig Jahre alt." Im Jahre 1910 wurde mein Vater in der Vorkriegzeit des 1. Weltkrieges geboren, von Krieg und Hunger in der Kindheit und später von der Wandervogelbewegung und der Weimarer Republik in der Jugend und im frühen Erwachsenenalter geprägt. Bei den Wandervögeln, einer um 1900 entstandenen Jugendbewegung, einer Art früher grüner Bewegung, war gemeinsames Singen im Mittelpunkt des Gemeinschaftslebens. Aber nicht grölend oder lärmend sondern so, dass man das Knistern des Feuers noch hören kann, um das man am Abend nach den langen Wanderungen saß. So lehrte uns unser Vater das Singen. Und sein Wissen stand in einer Traditionslinie.

Sein Vater war evangelischer Theologe, Rektor eines Mädchengymnasiums in Berlin und im Gründungskreis der Wandervogelbewegung. Er hatte selbst Liederbücher herausgegeben. Meine Mutter kam von einem Bauernhof in Kleve am Niederrhein und teilte mit meinem Vater die Leidenschaft des einfachen Singens aus purer Lebenslust. In diesem singfreundlichen Klima lernte ich zuerst unzählig viele Lieder, dann das Spiel verschiedener Flöten, der Oboe und schließlich der Gitarre. Die Gitarre war mir am liebsten, denn ich konnte sie auf den Wanderungen in der Jugendgruppe und später auf den Tramptouren durch Europa mitnehmen und so meine geerbte Freude am gemeinsamen Singen weitertragen.

Der versunkene Schatz

Die Erfahrungen mit der Heilkraft des Singens, die meine Kindheit erhellten, wurden seit Anfang der 60er Jahre in meiner Schulzeit zutiefst irritiert. Wir erfuhren außerhalb der Schule neben den erschütternden Berichten über die Naziherrschaft, den Staatsterror, die Konzentrationslager, den Krieg, dass die Nazis das Singen zur allgegenwärtigen Manipulation der Gefühle missbraucht hatten. Dass gemeinsames Singen dazu beigetragen hatte, dass die Menschen euphorisch und in einem blinden Massentaumel nationalsozialistischen Ideologien folgten. In der Nachkriegszeit wurde deshalb das gemeinsame Singen zunehmend kritisch betrachtet und in den wachsenden demokratischen Bewegungen und vor allem in der 68er Bewegung, der ich mich in all ihrer Komplexität als Schüler mit Herz und Seele verbunden fühlte, an den Pranger gestellt.

Hier entstand für mich ein schmerzhafter Widerspruch zwischen meinem in der Kindheit wurzelnden erfahrungsgefüllten Fühlen und meinem historisch begründeten rationalen Verständnis in Bezug auf das gemeinsame Singen. Diese Spannung zwischen meiner eigenen Erfahrung und der sozialen Wirklichkeit sollte zur Triebkraft meines Lebens werden. In dieser Zeit setzte sich in der Jugend mehrheitlich die Einschätzung durch, dass der aufgeklärte Mensch ausschließlich der Rationalität folgen sollte und gemeinsames Singen eine gefährliche Gefühlsduselei sei, die letztlich auf den Müllhaufen der Geschichte gehöre. Um mich herum war in der Folge das gemeinsame Singen von Jahr zu Jahr zunehmend verpönt und verschwand immer mehr aus Kindergarten, Schule, Familie und Freundeskreis. Es wurde schließlich sogar aus den Richtlinien für die Lehrerausbildung und selbst für die Ausbildung von Erzieherinnen gestrichen, mit der Wirkung einer über vierzigjährigen weitestgehenden pädagogischen Singabstinenz bis heute. Eine Zeit der tendenziellen

Singabstinenz ergriff damals die Menschen allgemein in Deutschland. Das wirkte sich sogar bis in die Kirchen hinein aus, wo das einstige erhebende Singen der Gemeinde über die Jahre bis heute zumeist immer dünner und kläglicher wurde. Heute werden kaum noch Kinder in den Schlaf gesungen, weil die jungen Eltern es nicht mehr können. Auch nicht viel mehr als 10% der Erzieherinnen sind heute noch in der Lage, Kinder zum Singen zu begeistern, weil sie es selbst nicht mehr lernen konnten.

Ortung des versunkenen Schatzes

In mir wuchs damals die Ahnung, dass hier ein zwar nachvollziehbarer, aber folgendschwerer Irrtum vorliegt. Das wollte ich schließlich auch mit wissenschaftlichen Mitteln prüfen. Es war auch ein Gefühl der Treue meinen besten Kindheitserfahrungen gegenüber, dass ich das gemeinsame Singen zu meinem Lebensthema wählte. Eben auch praktisch. In der Studentenzeit hatte ich auf allen Demonstrationen meine Gitarre dabei und wir verteilten Liederzettel zum gemeinsamen Singen. Das Lieder-BilderLeseBuch „Lieder der Arbeiterbewegung", das ich Ende der 1970er Jahre verfasste, erreichte eine Auflage von mehreren hunderttausend Exemplaren.

Mit meinen eigenen umfangreichen empirischen Forschungsergebnissen überzeugte ich mich selbst zunehmend davon, dass dieses Thema wirklich wichtig ist und an den Kern des Menschseins reicht. Das hielten Anfangs die meisten im Umfeld der Hochschule und darüber hinaus für absolute Spinnerei. Mein Für-mich-selbst-Singen half mir, das auszuhalten und immer wieder umzuwandeln. Viele Jahre der Vertiefung in die Meditationspraxis des ZEN, das jahrelange Erlernen der Kunst des Obertonsingens bei Michael Vetter und im Obertonchor Düsseldorf erweiterten meine musikalischen Erfahrungsdimensionen entscheidend. Interkulturelle Singprojekte in sozialen Brennpunkten wie mit der Stadt Dortmund unter dem Motto „Menschen der Kulturen begegnen sich beim Singen" Mitte der 80er Jahre zeigten mir, was alles möglich ist. Vielfältige Erfahrungen mit dem Singen zum Beispiel in der Geburtsvorbereitung, in der Sterbebegleitung, in der Begleitung von Komapatienten, in Suchtkliniken oder in der Arbeit mit Depressiven öffneten mir weitere Perspektiven auf die Existenzialität des Singens.

Aus all dem entstanden meine Lehrgänge „Lauschendes Singen - Heilsames Singen“, die ich seit 20 Jahren gemeinsam mit der Musiktherapeutin und Sängerin Carina Eckes leite und durch die über die Jahrzehnte schon viele tausend Menschen einen praktischen Zugang zum Heilsamen Singen bekamen, der oft ihr Leben von Grund auf hin zur Lebensfreude und Selbstverantwortung wandelte. Viele von ihnen gingen mit uns einen längeren Weg und integrierten später die von uns entwickelten Heilungslieder und anderen Methoden des Heilsamen Singens in ihren Beruf als Pädagogen, Therapeuten, Ärzte. Manches davon wird heute auch in Kliniken erfolgreich eingesetzt. Viel und wenig zugleich im Vergleich zum diesbezüglichen Mangel in der ganzen Gesellschaft. Aber seit 1996 begann sich durch die Veröffentlichung meiner wissenschaftlichen Befunde, mit denen erstmalig umfassend empirisch belegt war, wie grundlegend wichtig das Singen für den Menschen ist sowie durch die zuerst noch zähe Verbreitung dieses Wissens über die Medien die beschriebene folgenschwere Entwicklung langsam umzukehren. Die wissenschaftlichen Argumente lösten nach der Zeit der verständlichen Ablehnung des gemeinsamen Singens nach seinem nationalen Missbrauch eine zunehmende Popularisierung des Singens im Alltag wegen der Effekte für die Gesundheit, das Lernen der Kinder, den Abbau von Aggressionen, die Aufbau von Lebensfreude und vieler weiterer positiver Wirkungen aus.

Ab 1996 liefen die Informationen über die gesundheitlichen Effekte des Singens durch die Medien und ich konnte von „Die Welt“ über „Bild“ und „Spiegel“ bis zum „Readers Digest“ schließlich auch das Fernsehen dafür gewinnen, über dieses Thema zu berichten, so dass das Thema Singen und Gesundheit in aller Munde kam und wir es heute schon als Allgemeinwissen sogar in den Verbandszeitschriften der Krankenkassen und in der Bäckerblume finden.

Bergung des versunkenen Schatzes

Heute können wir also schon Früchte ernten. Vieles hat sich in den letzten Jahren getan. Es sind zahlreiche praktische Initiativen für das einfache Singen vor allem auch in Kindergarten und Schule entstanden, auch wenn das im Vergleich zu allen Kindern und Schülern erst wie ein Tropfen auf den heißen Stein erscheinen mag. Aber das Bewusstsein für die Bedeutung des Singens beginnt zu wachsen. Immer mehr Menschen engagieren sich für das Singen und der erfreuliche Erfolg der „Nächte der spirituellen Lieder" ist ein Zeugnis davon, dass in Bezug auf das gemeinsame Singen schon eine neue Zeit begonnen hat. Das Wissen um die große Bedeutung des Singens für das Menschsein können wir in den geistigen Traditionen fast aller Völker finden. In ihren Weisheitslehren wird nicht nur die dem Singen innewohnende Heilkraft gerühmt, sondern darüber hinaus wird der Gesang als einzigartige Möglichkeit für die geistige, seelische und körperliche Entwicklung gepriesen.

Die Rückbindung an diese Wurzeln im Wesentlichen ist für einen glücklichen Weg in die Zukunft notwendig. Wenn wir die Lieder anderer spiritueller Kulturen in den „Nächten der spirituellen Lieder" singen, so ist das meiner Ansicht nach auf der einen Seite eine Verneigung vor diesen und ein Zeichen einer neuen Toleranz und Herzensoffenheit, deren Fehlen durch die Jahrhunderte Mord und Todschlag gebracht hat. Ob dies von denen, deren klingende Heiligtümer das sind, auch so empfunden wird, wenn wir ihre Lieder singen, ohne ihren Glauben zu teilen, frage ich mich zuweilen.

Ein wichtiges Tasten nach neuen Möglichkeiten? Auf alle Fälle wird hier gerade wegen der Schönheit vieler spiritueller Lieder aus aller Welt auch der noch bestehende Mangel an Eigenem deutlich, woraus sich hoffentlich ein großer Impuls zu Neuschöpfungen auch in unserer eigenen Sprache entwickeln wird. Singen kann ein wunderbarer Weg sein, die inneren Ressourcen freizulegen, inneren Reichtum zu entfalten und damit in Zeiten des notwendigen materiellen Verzichts - unter anderem auch angesichts des Klimawandels - die entsprechenden geistigen Haltungen für einen nachhaltigen Lebensstil zu entwickeln.

Aber noch viel mehr und viel hoffnungsvoller, wie ich auf der Basis aller heutigen wissenschaftlichen Erkenntnissen jetzt als Hypothese vom evolutionären `Quantensprung´ des Menschen durch Singen behaupte: Die weltweite Entfaltung des Singens zur Universalsprache des Fühlens komplementär zu den Wortsprachen als Werkzeug des Denkens kann den überlebensnotwendigen `Quantensprung´ der Menschheit hin zu Empathie, Mitgefühl und der daraus erwachsenden Fähigkeit zur individuellen wie sozialen Verantwortung begründen. Mit der Kultivierung des Singens als Werkzeug der Selbstbegegnung und -gestaltung kann der Mensch seine Glücksfähigkeit entfalten, indem er seine existenzbedingte Angst konstruktiv bewältigen lernt.

Seit der Gründung von Il canto del mondo - Internationales Netzwerk zur Förderung der Alltagskultur des Singens e.V. im Jahre 1999 - ist viel geschehen. Wenn der weltberühmte klassische Geiger und gemeinsam mit Ravi Shankar vielleicht auch Vorreiter der Weltmusik Lord Yehudi Menuhin, der mir begeistert seine Schirmherrschaft für das Netzwerk zusagte, vielleicht vom Himmel aus sieht, wie viel sich seither entwickelt hat, dann sagt er möglicherweise schmunzelnd „weiter so" und deutet auf einen wunderbaren visionären Text zur möglichen Bedeutung des Singens, der aus unseren Gesprächen hervorging und den er dem Netzwerk kurz vor seinem Tod mit auf den Weg gab:

„Singen birgt nun unvergleichlich das noch schlummernde Potenzial in sich, wirklich eine Universalsprache aller Menschen werden zu können: Im Singen offenbart sich der gesamte Sinn- und Sinnenreichtum der Menschen und Völker... Wenn wir Menschen uns selbst als Klangkörper, als Musikinstrument in der Sinfonie der Schöpfung begreifen und uns singend immer wieder aufs Neue befrieden lernen, dann können wohlmöglich - mit unserer eigenen Gesundung durch die Musik einhergehend - auch die durch uns verursachten Verwundungen der Erde heilen."

Omraam Mikhael Aivanhov

Musik und Gesang im spirituellen Leben

In der Natur singt alles, vibriert alles, jedes Wesen sendet Schwingungen aus, die sich als musikalische Wellen fortpflanzen. Deshalb kann man sagen, dass in der Natur alles Musik ist: Musik ist im fließenden Wasser und in den sprudelnden Quellen, im fallenden Regen und im Rauschen der Gebirgsbäche ebenso wie in der ununterbrochenen Bewegung der Ozeane und Meere. Musik ist im Hauch des Windes, im Rauschen der Blätter, im Zwitschern der Vögel... Die Musik in der Natur erweckt im Menschen ohne Unterlass das musische Gefühl; sie veranlasst ihn, sich auszudrücken und zu singen oder ein Instrument zu spielen. Mit Hilfe der Musik übermittelt der Mensch auf spontane Art und Weise seine Gefühle und Empfindungen. Durch die Musik drückt er seine Religiosität aus, wie er durch sie auch seinen Kummer, seine Freude, seine Liebe und alle seine tiefsten Erfahrungen zum Ausdruck bringt.

Die Musik ist Atmung für Seele und Bewusstsein. Auf der Erde äußert sich die Seele durch Musik. Wenn das höhere Bewusstsein im Menschen erwacht, wenn er in sich feinfühligere Möglichkeiten der Wahrnehmung entdeckt hat, wird er jene grandiose Symphonie zu hören beginnen, die von einem Ende des Universums zum anderen durch das All klingt, und dann wird er den tieferen Sinn des Lebens begreifen.

Die Musik erweckt in unserer Seele die Erinnerung an unsere himmlische Heimat, die Sehnsucht nach dem verlorenen Paradies. Sie ist eines der machtvollsten Mittel, stärker als das Malen oder der Tanz, weil sie unmittelbar, augenblicklich wirkt... Auf einmal erinnert man sich, dass man vom Himmel kommt und dass man eines Tages dorthin zurück kehren muss (wird).

Musik ist eine Kraft. Jeder Klang, jede Schwingung erzeugt Bewegungen im All und löst im Menschen Kräfte aus.

Musik kann ein sehr machtvolles Mittel sein, um viele eingeschlafene Zellen zu erwecken, um sich zu veredeln, umzuwandeln und zu vervollkommnen. Man darf sie nicht vernachlässi-

gen. Also, wenn ihr Musik hört, nutzt sie, um eine bestimmte Arbeit zu tun, um in Gedanken alle eure Wünsche zu gestalten.
Ihr wünscht doch so viele Dinge... aber ihr tut nichts, um sie auch zu erreichen! Die Musik liefert euch dazu alle guten Voraussetzungen: sie schafft eine Atmosphäre, die die mentale Aktivität sehr fördert, sie ist wie ein Wind, der die Segel eures Bootes bläht, und das Boot entfernt sich, steuert einer neuen Welt, der göttlichen Welt entgegen. Musik ist eine mächtige Hilfe für die Verwirklichung.

Die Stimmbänder sind kein Instrument außerhalb des menschlichen Körpers wie alle anderen Musikinstrumente, also spiegelt sich alles, was der Mensch erlebt, aber auch alle seine Gefühle und Gedanken, die er in seinem Herzen und seinem Kopf hegt, in ihnen wider. Selbst wenn ein Sänger oder eine Sängerin große technische Fähigkeiten besitzt, werden die Schwächen und die Unordnung des Lebens, das sie führen, in ihrer Stimme hörbar werden.

Aus diesem Grunde müssen diejenigen, die ihre Stimme wirklich entwickeln und auch lange Zeit behalten wollen, nicht nur viele Vorsichtsmaßnahmen für ihre Gesundheit treffen, sondern auch auf die Gefühle achten, die sie durchleben. Die geringste Emotion - Furcht, Angst, Zweifel, Wut, Freude, Hoffnung - spiegelt sich in der Stimme wider. Warum bringt man keinen Ton mehr heraus, sobald man wütend oder ängstlich ist? Und wenn man im Gegensatz dazu verliebt ist, hat man Lust zu singen. Die Liebe erzeugt die schönsten Stimmen. Also muss man, wenn man singen will, sich in jemanden oder in etwas verlieben! Ich gebe euch den Rat, euch eher in etwas zu verlieben, das ist viel einfacher – aber in etwas sehr Hohes, das euch niemals durcheinander bringt, sondern ständig inspiriert.

Was für eine Kraft liegt im Gesang, wenn er unter guten Bedingungen stattfindet! Aber dazu zählen nicht nur die materiellen, technischen Bedingungen, sondern die psychischen und geistigen, indem man seine Seele, sein Herz, seinen Geist daran teilnehmen lässt. Dann spürt man, dass die Atmosphäre von Strömungen und lichtvollen Wesen durchdrungen ist, denn diese lebendige Harmonie zieht sie an. Und deshalb ist das mehrstimmige Singen ein Akt von großer Bedeutung.

Zuerst ist es ein Symbol dessen, was wir miteinander tun müssen, um zwischen uns Übereinstimmung und Harmonie zu erlangen. Denn dieses Verschmelzen der Stimmen über unseren Köpfen ist zugleich auch ein Verschmelzen von Seele und Geist. Eure Stimme ist von eurem Magnetismus, eurer Vitalität und eurem Duft geprägt. Ihr seid mit eurer Stimme verbunden, als sei sie ein kleiner Papierdrache, den ihr an einer langen Leine fliegen lasst. Eure Stimme verlässt euch und wandert über euch herum. Sie trifft auf andere Stimmen, mit denen sie verschmilzt, und anschließend kehrt sie wieder zu euch zurück, verstärkt und bereichert durch all das, was sie in dieser Verschmelzung empfangen hat.

Außerdem bringen wir durch den Chorgesang unseren Wunsch zum Ausdruck, das ganze Universum zu umfassen, mit dem All in Harmonie zu sein. Bevor ihr singt, müsst ihr deshalb immer daran denken, einen Blick in euch selbst zu werfen, um euch zu beruhigen und von den alltäglichen Sorgen Abstand nehmen. Nur so könnt ihr mit allen Wesen des Kosmos in Harmonie sein und im Einklang mit ihnen singen.

Man muss wissen, dass die wohltuende Wirkung des Gesangs bis in die erhabensten Regionen reicht. Wenn ihr diese (Tatsache)Frage einmal richtig verstanden habt, bin ich sicher, dass ihr dem gemeinsamen Singen viel mehr Zeit widmet, weil ihr an euch selbst die greifbaren Ergebnisse feststellt. Ihr seid immer und immer wieder in scheinbar wichtige Dinge vertieft, die euch aber weder glücklicher noch edler, weder lichtvoller noch gesünder werden lassen. Sie verschaffen euch vielleicht eine gewisse Erleichterung oder Wohlstand, zu eurer Wandlung tragen sie jedoch nichts bei. Wenn ihr aber aus Überzeugung miteinander singt, versucht ihr, euch auf eine andere Ordnung der Dinge einzustimmen und ihr entwickelt euch, ihr wandelt euch.

Aber was in der Musik zählt, ist nicht das intellektuelle Verständnis, sondern was man unter dem Einfluss der Klänge, der Schwingungen und der Harmonie empfindet. Versteht man den Gesang der Vögel, eines Wasserfalls oder des Windes in den Ästen? Nein, aber man ist eingenommen, fühlt sich wunderbar und ist davon gefangen. Es ist nicht unbedingt notwendig, alles zu verstehen um in Harmonie damit zu sein.

Was nun die Lieder angeht, so ist es immer besser, sie in der Sprache zu singen, in der sie geschrieben wurden. Selbst wenn man den Text nicht versteht, so besteht doch ein Zusammenhang zwischen dem Wort und der Musik, und eine Übersetzung zerstört diesen Zusammenhang. Musik ist nicht da um verstanden, sondern um gefühlt zu werden. Selbst wenn sie von Worten begleitet wird, ist dennoch das Gefühl, die Empfindung, das Wichtigste dabei. Doch wenn beide zusammenkommen, ist das noch besser, aber die Empfindung zählt mehr.

Wenn ihr also dem Singen mehr Zeit widmet, wenn ihr alle ohne Ausnahme lernen würdet, gemeinsam in Harmonie zu singen, brächte das große Ereignisse. Zunächst ist es eine Arbeit an Euch selbst, aber dadurch tragt ihr auch zum Erhalt und zur Verstärkung des Lichtes in der Welt bei. Denn diese Harmonie spiegelt sich überall wieder, und früher oder später wird die gesamte Welt es spüren. So arbeitet man für das Wohl der Menschen.

Omraam Mikhaël Aïvanhov (geb 1900 in Mazedonien, gestorben1986 in Frankreich) war ein spiritueller Meister, Philosoph und Pädagoge.

Die Stimme ist zum Singen geschaffen,
zum Lobpreis der göttlichen Einheit und zum Heilen.
Jeder Mensch verfügt über viele Talente
und jeder kann auch singen.
Auch wenn du selbst diese Gabe nicht schätzt,
weil du dir einbildest, nicht singen zu können,
ändert das nichts an der Größe des Sängers in dir.

Aus Marlo Morgan: Traumfänger

Das Seelenlied des Kindes

Ich bekam eine Geschichte, die tief in meinem Herzen eine Erinnerung, eine Sehnsucht wachrief.

Irgendwo in Afrika gibt es ein Dorf, in dem als Geburtstag eines Kindes nicht der Tag zählt, an dem das Kind in das körperliche Dasein geboren wird, auch nicht der Tag, an dem das Kind im Schoß der Mutter empfangen wird, sondern der Tag, an dem das Kind als ein Gedanke in der Seele der Mutter geboren wird. Eines Tages hat eine Frau im Dorf den Gedanken: „Ich werde mit meinem Mann ein Kind haben."

Sie entfernt sich dann vom Dorf und setzt sich unter einen Baum. Sie sitzt da und horcht, bis sie in ihrem Inneren das Lied hört - das Lied des Kindes, das durch sie ins Dasein kommen wird. Sie glaubt daran, dass jede Seele ihre eigene Vibration hat, ihren eigenen Klang, der die Einzigartigkeit und die Lebensaufgabe dieser Seele ausdrückt.

Wenn sie das Lied gehört hat, singt sie es immer wieder vor sich hin, bis sie es kann. Dann kehrt sie nach Hause zurück und bringt das Lied ihrem Mann bei. Sie singen es gemeinsam, während sie sich lieben und laden so das Kind ein, aus ihrer Vereinigung geboren zu werden.

Später lernen die Hebammen das Lied und singen es dem Kind während und direkt nach der Geburt vor, um es im Leben willkommen zu heissen.

Das Lied wird allen Menschen im Dorf beigebracht. Wenn das Kind beim Spielen fällt, kann es jeder, der gerade in der Nähe ist, aufheben und trösten, indem er ihm sein Lied vorsingt. Später, wenn das Kind in die Schule kommt, versammelt sich das Dorf und singt das Lied des Kindes. Und wenn es die Initiation des Erwachsenenalters erfährt, kommen wieder alle und singen. Zur Hochzeit hört wiederum jede Person ihr ganz persönliches Seelenlied.

Dieses Lied wird das ganze Leben hindurch bei allen Durchgangsriten gesungen und ertönt ein letztes Mal, wenn das Erdenleben ein Ende nimmt. Wenn jemand im Sterben liegt, versammeln sich Familienmitglieder und Freunde, so wie sie es schon zur Geburt taten, und begleiten den Menschen singend in sein nächstes Leben.

Als diese Geschichte in einer Gruppe zu Ende erzählt wurde, herrschten tiefes Schweigen und eine große Stille im Raum. Jeder war ergriffen von einem unbestimmten Gefühl der Erinnerung und der Sehnsucht und von der Erkenntnis, dass wir alle die gleiche Reaktion zeigten. Ich glaube, diese Geschichte berührt deshalb so tief, weil wir alle auf irgendeiner Ebene wissen, dass auch wir ein Schöpfungslied haben, ein Lied, nach dem wir uns sehnen, das wir singen wollen und das wir von anderen gesungen hören wollen.

Wie wundervoll muss es sein, Teil einer Gemeinschaft zu sein, in der jeder dein Lied kennt und es dir vorsingt, als Bestätigung und Feier deiner Wahrheit und deines Wesens. Ein uraltes, fast vergessenes Lied in unserem Herzen ruft uns unsere tiefste Wahrheit in Erinnerung, ruft uns zu dem Selbst, das geboren und wiedergeboren wird und ewig lebt als ein Gedanke im Geist Gottes.

Aus Afrika, unterschiedliche Überlieferungen

Ein kleines Lied

Ein kleines Lied, wie geht's nur an
Dass man so lieb es haben kann?
Was liegt darin?
Erzähle!
Es liegt darin ein wenig Klang,
Ein wenig Wohllaut und Gesang
Und eine ganze Seele

Marie von Ebner - Eschenbach

Wenn ich singe...

Wenn ich singe, dann fühle ich mich selbst, meine Stimmung, das, was augenblicklich in mir lebt und schwingt. Das Singen ist ein direkter Weg zu meiner Seele, zu meinen Gefühlen. Wenn ich mit Anderen singe, fühle ich mich verbunden, ohne dass ich etwas von ihnen wissen muss. Ich darf den Anderen begegnen ohne zu wissen und zu fragen: ‚Was machst Du? Wer bist Du?' sondern wir begegnen uns einfach nur mit unseren Stimmen, mit unseren Herzen. Im Singen ahne ich, dass da ein großer Plan und Sinn in allem liegt. Es stärkt mein Vertrauen und erinnert mich daran, dass es etwas gibt, was größer ist als ich.

- Beim Singen kann ich meine Freude und Trauer ausdrücken, meine Angst und mein Vertrauen spüren und meine Sehnsucht fühlen. Lieder vermögen meine Lebensfreude zu wecken und können meine Lebenskraft stärken. Sie sind Quelle der Inspiration und Kraft. Manchmal spüre ich, dass ich in meinem Innersten berührt werde und ich erlebe für einen Augenblick Einheit mit mir und zugleich mit allen Anderen, die mit mir singen.
- Singen ist Beten für mich. Alles darf sein, was ich bin. Wenn ich stimmig bin, meine Stimme erhebe, dann bin ich wie Gott mich gemacht hat, dann bin ich richtig, authentisch, menschlich und vielleicht sogar göttlich. Singend lade ich meine Batterien auf. Wenn ich müde, erschöpft und leer bin und dann mit Anderen singe, bin ich nachher viel mehr wieder in meiner Kraft. Singen ist wie eine Tankstelle für meine Seele.
- Wenn ich bei und mit sterbenden und trauernden Menschen singe, ist diese Sprache stärker als Worte und ich kann dadurch Nähe herstellen, trösten, beruhigen, beten. Lieder können Brücke sein zu den Verstorbenen und der anderen Welt.
- Wenn ich krank bin, an Leib oder Seele, heilt das Singen etwas in mir, es beruhigt sich etwas in mir, wenn ich aufgewühlt oder unruhig bin. Singen ist wie ein Grundnahrungsmittel für mein Leben, für meine Seele. Singen ist Gebet und Dank und Klage. Es ist eine wunderbare Art, mit der Liebe verbunden zu sein, die Liebe wieder zu fühlen und zum Fließen zu bringen...

Alwine Deege

„Die Seele braucht Lieder."

Hagara Feinbier

Singen und Gemeinschaft – Come Together Songs

Musik und Gesang sind seit Menschengedenken wesentlicher Teil des Lebens, der Zeremonien, Festzeiten, die unser Leben begleiten. Viele der Lieder verbinden mit den Wesen und Kräften der Natur, mit innerer Weisheit, mit dem Kreislauf der Jahreszeiten, mit dem, was Menschen im Laufe ihres Lebens begegnet: Geburt, Neuanfang, Beziehung, Trennung, Freude und Leid, Abschied und Tod. Sie verbinden mit dem, woran Menschen glauben, und woher sie ihre Kraft beziehen.

Auch heute ist Musik nicht wegzudenken von allen wichtigen Anlässen und Lebensschwellen, die von Menschen gefeiert werden. Immer mehr gehen wir jedoch aus dem aktiven Singen heraus und lassen singen, werden zu Konsumenten. Singen ist in allen Kulturen der Welt seit Jahrtausenden dazu da, Menschen zusammenzubringen, die Jahreszeiten, Ernten, persönlichen Feste zu feiern, unseren Gefühlen Ausdruck zu geben und zu heilen. Die Seele braucht Lieder! Aber mit wem, wo und was singen wir heute?

Durch den Zerfall von Dorfgemeinschaften und Großfamilien ging der natürliche soziale Rahmen, in dem gesungen und gefeiert wurde, verloren. In Deutschland führte der Missbrauch der Volkskultur in der Zeit des Nationalsozialismus bei vielen zu einem gestörten Verhältnis zu deutschen Liedern und zum Singen überhaupt. Manche englischen Popsongs der späten 60er konnten wir am Lagerfeuer singen, aber nicht viele davon eignen sich zu rituellem, feierlichem Einsatz.

Welche Lieder sind nun einfach genug, dass wir uns eingeladen fühlen, zu singen? Was hat Tiefe, drückt unsere Sehnsucht nach (spiritueller) Verbindung aus? Was hat so wenige Worte, dass man es ohne Zettelwirtschaft auswendig singen kann (by heart)? Was sind die passenden Lieder für Geburtstage, Hochzeiten, Geburten, Initiationen? Welche Lieder eignen sich zum Danken, Trauern, Lieben, Abschied nehmen, zur Feier der Elemente, der Jahreszeiten, zur gemeinsamen Versenkung, zu Meditation und Gebet?

Seit 18 Jahren lebe ich in einer großen Gemeinschaft und einem Tagungszentrum, dem ZEGG in Belzig bei Berlin. In der Zeit habe ich unzählige Situationen mit Musik gestaltet, mit Menschen feiern und trauern dürfen. Dabei habe ich Lieder aus aller Welt gesammelt, die Gemeinschaftsbildung unterstützen, weil sie das Herz weit machen und zum Singen einladen.

„Ganz still und ohne Gewalt macht die Musik die Türen zur Seele auf.“

Sophie Scholl

Aus diesem Liederschatz habe ich bisher zwei Liederbücher und vier CDs herausgegeben mit dem Titel „Come Together Songs“. Ein drittes Liederbuch ist in Arbeit, denn immer noch lerne ich neue seelenvolle Lieder kennen und es freut mich, vielen singbegeis-terten Menschen diese Lieder in ansprechender Form zur Verfügung zur stellen. Meine Auswahl dabei ist ganz persönlich: indianische Lieder, Lieder aus Afrika, Hawaii, Brasilien, Schweden und nicht zuletzt neue und alte deutsche Lieder.

Es ist für viele Menschen eines der größten Geschenke, nach vielen sang- und klanglosen Jahren erstmals in einem geschützten Raum ihre Stimme wieder zu erheben und zu feiern, sich selbst, die Gemeinschaft und das Leben!

Seit 1993 gebe ich Seminare und Jahrestrainings und ermutige die TeilnehmenInnen, eigene Singkreise aufzubauen und anzuleiten. Seit 2008 veranstalte ich im ZEGG ein großes „Come Together Songs" Festival, ein Vernetzungscamp für SängerInnen und SingkreisleiterInnen.

Infos unter www.come-together-songs.de

Mein Ziel ist es, mit den Liedern einen heilsamen Raum unter Menschen aufzubauen, der den ganzen Menschen mit einbezieht, den Körper, die Emotionen, den Geist und die Spiritualität. Ich möchte eine Atmosphäre schaffen, wo jedeR sich aufgehoben fühlt mit dem, was gerade ist, egal ob es Liebe, Trauer, Wut, Freude oder Ängstlichkeit ist. Durch tief empfundene Gefühle entsteht Kontakt - zu sich selbst und zu anderen.

Jedes Lied ist ein eigenes Geschenk an uns, bietet uns unterschiedliche Stimmungen zum Ankommen und Sich-Entfalten. Meine Aufgabe als musikalische Begleiterin ist es, offen zu sein für das, was in der Gruppe geschehen möchte an Berührung, Ekstase oder Stille. Was braucht die Gruppe, was brauche ich, welches Lied ist gerade jetzt das richtige. Nicht ein Konzept erfüllen, sondern mit der Energie gehen. Wichtig ist mir, dass das Lernen immer ganzheitlich geschieht, ohne Noten, so dass wir schnell „by heart" singen können und dass das Einstudieren leicht, beiläufig, präzise und der jeweiligen Gruppe angemessen ist.

„Fragt man einen Afrikaner, wie ihm eine bestimmte Musik gefallen habe, so wird er wahrscheinlich antworten: „Es war eine wunderbare Veranstaltung." Für ihn ist die Musik nur im Hinblick auf den Gesamterfolg der Veranstaltung von Bedeutung. Ein Trommler muss an die Tänzer denken – ein schlechter Tänzer kann die Qualität der Musik gefährden.

Durch die Art der Teilnahme bringt man seine Meinung zum Ausdruck. Alle TeilnehmerInnen tragen zum Erfolg des Geschehens bei und sie handeln in dem Bewusstsein, dass das, was sie tun, ebenfalls ein Akt künstlerischer Handlung ist."

(Aus: John M. Chernoff: Rhythmen der Gemeinschaft. Musik und Sensibilität im afrikanischen Leben.)

Ein Moment der Ekstase!

Zitat – Ein Mann, 48 Jahre

„Ich kenne das, dass beim Singen manchmal ein Kraftstrom einsetzt, ein Gefühl von Stärke, von Freude und Verbundensein. Mit der Wahrnehmung dieser Kraft kommt die Berührung oder eine Ergriffenheit, die Tränen der Freude.

Ich spüre mich in meiner Kraft, ich gebe sie in das Ganze und das Ganze schwingt in mir in einer höheren Energie. Ich glaube, dass ein solcher Moment auf Synchronizität beruht. Es geschieht im Ganzen etwas und plötzlich ploppt es bei mir, bei dir, überall - und die Post geht ab!

Das könnte vielleicht als „choraler Orgasmus" bezeichnet werden – ein Moment der Ekstase!

Hinweise zum Singen mit Gruppen

Du musst kein talentierter Sänger sein, um mit einer Gruppe zu singen.

Was du brauchst, ist Begeisterungsfähigkeit, Freude am Singen und Liebe zu den Menschen, mit denen du singst.

Wenn du dich als LeiterIn mit deiner Stimme unsicher fühlst und trotzdem singen möchtest, teile das deinen Mitsängern mit, dann wirst du Unterstützung finden.

- Ich singe nur Lieder, die ich selbst gut kenne, vermitteln kann und die ich selber mag.

- Ich strecke meinen inneren Sensor aus und spüre, welche Art von Lied jetzt zu dieser Gruppe, zu dem augenblicklichem Thema und der Stimmung passt.

- Ich spreche über die Herkunft des Liedes und seine Bedeutung und übersetze es, wo es nötig ist, damit alle fühlen können, was sie singen.

- Bei vielen Liedern ist es schöner, sie ohne Noten, - und ohne schriftlichen Liedtext einzustudieren. Ich spreche fremdartige

Texte deutlich vor, damit alle die richtige Aussprache hören und lasse sie Zeile für Zeile im Rhythmus nachsprechen.
- Ich erkläre den Ablauf, z.B.: 'Wir lernen erst die Melodie. Wer sie nicht kennt, hört die ersten Strophen nur zu, dann kann jeder die Melodie unverfälscht hören' oder, bei komplexeren Liedern: 'Ich singe Zeile für Zeile vor und ihr singt nach.'
- Viele der spirituellen Lieder brauchen einen gesammelten Raum.

Ich bilde mit den Gruppenmitgliedern einen geschlossenen Kreis und schaffe eine konzentrierte, ruhige Atmosphäre. Dazu trägt eine Mitte mit Kerzen und Blumen, Tüchern oder Symbolen bei. Ich wiederhole die mantrischen Lieder oft genug, damit sie ihre Kraft entfalten. Wie lange ein Lied gesungen wird, hängt von der Größe und dem Mitmachen der Gruppe ab. Eine Möglichkeit ist, abzumachen, dass jeder Einzelne leiser singt, wenn er/sie bereit ist, aufzuhören. Die Gruppe kommt so zu einem gemeinsamen Abschluss, das ist oft ein sehr schönes Erlebnis. Wenn ein meditatives Lied verklungen ist, lassen wir für einige Augenblicke die Stille ertönen. Es ist die Antwort des Universums auf das, was wir gesungen haben.

Bei rhythmischen Liedern, die die Freude und die Kraft hervorholen können, stehen wir im Kreis, zu einigen Liedern gibt es passende, einfache Bewegungen, die ich vormache, zu anderen kenne ich Kreistänze und rhythmische Schritte, die wir im Takt gehen oder tanzen.

Auch wenn es für viele Menschen ungewohnt und fremd ist zu singen, so erlebe ich, das für die Meisten diese, für sie oft neue Erfahrung des Singens gut ist und ich bekomme häufig eine sehr positive Resonanz, die mich ermutigt, damit weiter zu verfahren.

Schläft ein Lied in allen Dingen
Die da träumen fort und fort
Und die Welt hebt an zu singen
Triffst Du nur das Zauberwort

J. von Eichendorff

Ich singe, also bin ich

Es gibt für mich keine bessere und schönere Form, Botschaften und Gefühle zu übermitteln, als im Singen. Hier erlöse ich meine Gefühle aus ihrer Erstarrung. Begleitet von Musik bekommen die Worte Flügel, gesungen verbreiten sie sich durch den ganzen Raum. Gerade auch schwierige Themen wie Traurigkeit, Eifersucht, Sehnsucht oder Angst werden leichter, wenn sie in gesungener Dichtung herausgetragen werden, getragen von der Kraft meiner Stimme, endlich befreit aus den dunklen Tiefen meines Seins und so hörbar und fühlbar gemacht für mich selbst und für Andere.

Das Gefühl, welches beim Singen entsteht, ist Freude. So verwandeln sich also schwierige und schwere Emotionen in Leichtigkeit und Freude. Ich nenne das die Metamorphose der Gefühle. So stärkt das Singen die Freude in mir, und wird gleichzeitig zur Befreiung von uralten Ängsten.

Sie werden nicht verdrängt oder gar weggemacht, sie werden verwandelt in eine mich tragende, kraftvolle Lebensenergie.

Hilda Toussaint

Wenn spirituelle
Gesänge und
Volkslieder
zu Medizin werden

Karin Jana Beck

Cant'alma – Singen als Seelennahrung

Immer wieder stelle ich im Alltag und in meinem Beruf als Stimmfrau fest, dass das Singen Nahrung und Medizin zugleich ist. Es kann sein, dass ich in einer dunklen, kalten Winternacht müde bin und mir kaum vorstellen kann, bald einen Singanlass zu leiten. Wenn ich dann im Kreis bin mit den anderen Menschen und in die Kraft der Klänge, der Lieder und der Gemeinschaft eintauche, fühle ich mich wieder gestärkt, verbunden mit mir, mit der Welt, auch mit dem Geheimnis des Lebens. Gesang und Seele haben für mich viele Gemeinsamkeiten. In einer meiner Lieblingsgeschichten der Sufis *ist* die Seele das Lied.

Die besondere Heilkraft von Liedern

Mit jedem Lied, seiner Melodie, seinen Klängen lade ich Seelenfreunde ein, die mich unterstützen, begleiten und mich verschiedene Seiten von mir bewusster erleben lassen. Ich stelle fest, dass jedes Lied beim Singen und in der Stille danach eine einzigartige Medizinkraft mit sich bringt. Die einen umgeben das Herz mit Weite und Leichtigkeit, andere zentrieren, bringen Ruhe und Vertrauen oder geben warme Hände und ein Gefühl der Gemeinschaft, schenken Lebensfreude oder geben ein aufrechtes Körpergefühl. Mir fällt auf, dass ich bei einigen Liedern immer dieselbe Kraft erlebe. Ich ermutige Menschen nachzuspüren, was bestimmte Lieder ihnen schenken. Beim eigenen Erforschen der Schwingungskraft von Liedern und ihrer Wirkung auf Körper, Seele und Geist kann sich jede/r eine individuelle ‚Lieder-Apotheke' zusammenstellen.

Sind Volkslieder auch Kraftlieder?

Oft werde ich gefragt, was für mich der Unterschied zwischen Kraftliedern, Mantras und Volksliedern sei. Kraftlieder und Mantras haben spirituelle Inhalte, richten sich an die geistige, immaterielle Welt, an Gott, Götter und Göttinnen, AhnInnen, Geistwesen, Krafttiere oder sie besingen ethische Werte wie Mitgefühl, bedingungslose Liebe, männliche und weibliche Kraft, ... Oft sind sie vom Text her einfach und kurz und werden lange, rezeptiv gesungen und lassen Gefühle von Trance erleben. Indianische Powerchants können Wachheit, Entschlossenheit, Klarheit und Verbundenheit mit der Natur bringen, afrikanische Gesänge schenken oft ein gutes Geerdetsein und Freude, östliche Mantras wirken meist meditativ, zentrierend und fördern Gelassenheit, und christliche Lieder können mit ihren Harmonien in himmlische Sphären tragen und uns Gefühle von Liebe und Verbundenheit vermitteln.

Volkslieder besingen Themen des Alltags: Liebe, Verlust, Freud und Leid, Heimat, Heimweh, persönliche Schicksale; manchmal erzählen sie eine Geschichte und haben nicht selten längere Texte. In meinem Sein mit diesen verschiedenen „Lieder-Freunden" habe ich erlebt, dass auch in allen beseelten Volksliedern eine besondere Medizinkraft steckt.

Starke Erlebnisse mit der Medizinkraft von Volksliedern

Im FolkChor wünschte sich eine Frau, dass wir für sie eines ihrer spanischen Lieblingslieder singen und sie sich dazu in die Mitte des Kreises legen kann. In der Klangkraft dieses dynamischen Meeres-Schiff-Liedes wollte sie zielgerichtete Kraft und Klarheit tanken für die bevorstehenden Vorstellungsgespräche. Der Chor rundherum sang das Lied „Cuando mi barco navega" mit vielen Wiederholungen und sehr beherzt. Nach einiger Zeit gesellte sich die Besungene wieder zurück in den Kreis und sang mit uns. Am Schluss erzählte sie, dass sie das Bild hatte, selber in einem Schiff durch die Wellen zu reiten, begleitet von einem kräftigen Hirsch – ein überraschendes und stimmiges Bild, das sie auch zum Schmunzeln brachte. Dieses Erlebnis begleitete sie weiter und unterstützte sie in der Stellensuche.

Lieder der Roma erstaunen mich immer wieder neu mit ihrer Intensität, dem starken Gefühl von Gemeinschaft und lassen mich regelmässig mit sehr warmen Händen zurück. Bei mongolischen Liedern reist meine Seele in die Weite dieser Landschaft. Ich fühle mich dann sehr verbunden mit dem Land, auch wenn ich physisch noch nie dort war. Auf dieser Reise wird auch meine Seele weiter. Auch die Heimwehtränen einer polnischen Frau, die hier in der Schweiz wohnt, als wir Schweizer ihr eines ihrer Volkslieder vorsingen, geben starke Gefühle der Verbundenheit. Schweizer Naturjodel aus dem Appenzellerland zaubern mir einen Schauer über den Rücken, wenn ich sie gesungen höre unter freiem Himmel von den Männern am Altsilvester, einem archaischen Segens- und Schellenbrauch. Spannend ist hier der Bezug dieser Volksmusikkultur zum Spirituellen, wenn ein Appenzeller zu uns sagt: „Zaure (Naturjodelsingen) ist zeigen, wo Gott hockt".

Das Singen von Liedern aus verschiedenen Kulturen lässt meine Seele in andere Länder und deren Stimmungen reisen. Dabei finde ich immer wieder Teile, die mir - trotz der äusseren Fremdheit - vertraut sind und tief in mir anklingen. Oft ist erlebbar, dass Menschen aus anderen Kulturen sehr berührt sind, wenn sie die Lieder ihres Ursprungs hier hören und erleben, dass auch wir Freude an ihrer Musik und ihren Liedern haben. In der Seelensprache der Musik entstehen klingende Brücken. Gleichzeitig stelle ich fest, dass ich beim Singen von Schweizer Kraftliedern – besonders beim Naturjodel - auch meine Heimatwurzeln auf neue, nährende Art spüre. So stärkt das gemeinsame Singen sowohl die eigenen Wurzeln, als auch das Gefühl, WeltenbürgerInnen und auch Teil der Natur zu sein.

Die Verbindung von Spirituellem mit Alltäglichem

In meiner Arbeit liebe ich es, Dinge zu verbinden: rituelle Elemente in die FolkChor-Proben einfliessen zu lassen oder im gemischten Chor, wo wir neben Volksliedern auch spirituelle Chants singen, einen Raum zu öffnen, wo die Männer die Frauen, die in der Mitte sitzen, beklingen und umgekehrt – einfache Dinge, die sehr berührend und heilsam sein können. Gerne lade ich in den Chören auch dazu ein, in Improvisationen der Weisheit der eigenen Stimme zu folgen. Andererseits habe ich schon oft erlebt, dass die bodenständige, alltagsbezogene, natürlich-schlichte Kraft von Volksliedern einem Anlass mit spirituellen Liedern kräftige Wurzeln schenkt und Ursprünglichkeit, Humor und Freude bringt.

Die verbindende, nährende Kraft des gemeinsamen Singens empfinde ich immer wieder als großes Geschenk. In meiner Stimmarbeit ist es mir wichtig, dieser Gemeinschafts- und Erlebnisqualität auch im Alltag Raum zu geben: Wir haben schon als Chor die neuen Räume einer frisch bezogenen Wohnung mit unseren Stimmen begrüsst - einen Abend lang für eine Chorfreundin gesungen, die einen lieben Menschen verloren hat - in den neu gemieteten Arbeitsräumen die frisch gewagte berufliche Selbständigkeit mit unsern Liedern gefeiert - mit Gesang alte, gefällte Bäume verabschiedet - das Lieblingsmantra für eine Freundin gesungen, die im Sterben lag. Oder wir sind als Gruppe, mit Mundschutzbinden singend für eine gesunde Luft durch die Stadt gezogen und haben als Ad-Hoc-Chor mit Liedern und Klängen den gewaltfreien Widerstand gegen ein überdimensioniertes Straßenprojekt in einem Naturparadies unterstützt.

Dem Lied und dem Singen einen Fokus geben

Die Kraft eines Liedes wächst, wenn die Singenden für jemanden, für ein bestimmtes Anliegen oder zu einem speziellen Anlass singen.

So erschaffen Kraftlieder und Mantren an Feiern und Ritualen einen beseelten und doch offenen Raum. Es ist schön, in der Ritualplanung passende einfache Lieder zu wählen, die vorher mit den RitualteilnehmerInnen eingeübt werden. Oft ist dies auch eine Einstimmung (im wahrsten Sinne des Wortes) auf das Ritual. Lieder geben in der Feier einen beseelten Fokus: an einer Taufe wird das Kind in einer Hängematte, die von allen Gästen gehalten wird, mit Willkommens- und Segensliedern begrüsst und gewiegt - bei einem Geburtstagsfest wählt die Hauptperson Lieder, welche gewünschte Eigenschaften für die nächste Lebensphase einladen und stärken – an Hochzeitsfesten wird die Männer- und Frauenkraft und die Liebe mit besonderen Liedern gefeiert - bei einem Hausfest oder einer Hauseinweihung werden an verschiedenen Orten im und ums Haus herum Kraft- und Dankeslieder gesungen, ein zentrierendes, beruhigendes Mantra im Wohnzimmer, ein Liebeslied im Schlafzimmer, ein Naturlied im Garten, ein Dankeslied beim Hausbaum, ein Naturjodel im Stall bei den Kühen.

Beim gemeinsamen Singen für etwas potenziert sich diese Kraft. Dabei müssen sich die Menschen vorher nicht einmal kennen. Es entsteht eine Verbundenheit ohne Worte, und Qualitäten wie Gemeinschaft, Lebensfreude, Achtsamkeit und Respekt werden erlebbar und gestärkt. Ich bin immer wieder fasziniert über die friedenspolitische, integrierende Kraft dieser Art des Singens.

Singend beten für Wandlung in der Welt

So zu singen, ob allein oder in der Gruppe, empfinde ich als Beten, das für mich zugleich eine sinnlich-singlich-politische Dimension hat.

Dieses Empfinden teilen einige Leute in der Stadt, in der ich wohne. Zusammen starteten wir das Projekt „StimmVolk". In der Schweiz ist dies das Wort für die politische Wählerschaft. StimmVolk will Räume öffnen, um auf konstruktive, gewaltfreie und integrierende Art die Stimme im öffentlichen Raum zu erheben – die Geräuschkulisse zu bereichern, sich singend für Dinge zu engagieren, die am Herzen liegen, und mit der verbindenden, bejahenden Kraft Brücken zu bauen – mit Klängen und Liedern, der Sprache des Herzens.

Welche Melodie bist du?
Ich erinnere mich Deiner
Wie man sich einer Melodie erinnert.
Eigentlich ist jeder Mensch eine Melodie.
Es gibt Menschen, die die erstaunliche Gabe besitzen,
Mit dem Klingen ihres eigenen Lebens andere zu heilen
Und sanft zu beruhigen,
Es gibt Menschen, die sind Requiem, andere eine Hymne
Wieder andre sind Foxtrotts oder Scherzlieder.
Manche auch gleichen einem seltsamen Potpourri
Aus leichter und ernster Musik.
Ich wüsste gerne:
Welche Melodie du bist...

Jewgeni Jewtuschenko

Behütung

Ich spiele dir
\- Hörst du's?
Mit harten Tönen
Die Flöte zum Trost
Ich gleite
\- Spürst du's?
Mit sachten Flügelschritten
In die Traurigkeit hinein

Und nehm' dein Herz
\- Fühlst Du's?
Sanft in beide Hände
Es zu wärmen.

Angelika

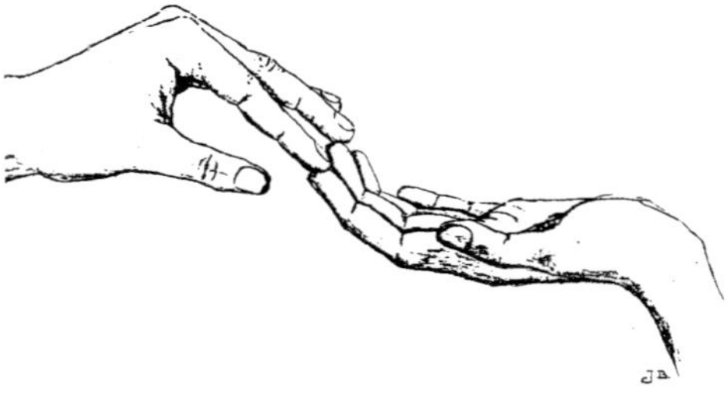

„Chanting
ist meine Liebeserklärung
an den ewigen Gesang,
aus dem wir geboren sind."

Brigitte Schmitz

Über das Chanting

Chanting ein Zaubergesang – aus dem Herzen, der Begeisterung und dem Mut zur Unvollkommenheit. Entfacht aus brandneuen Chants spiritueller LiedermacherInnen, gewebt aus uralten, tausendfach erklungenen Mantren der Welt.

Chanting ist meine Liebeserklärung
an den ewigen Gesang, aus dem wir geboren sind;
die Kunst, jedes Gefühl in ein Wohlgefühl zu verwandeln.
Ein Nachhausekommen zu mir und zu dem, was größer ist als ich.

Die Ziele und Wirkungen des Chanting haben sich in meiner professionellen Chanting-Arbeit in den letzten Jahren weiter bestätigt und vertieft. Die inzwischen von KollegInnen veröffentlichten Bücher liefern die neuesten Forschungen zu diesem Thema. Ich empfehle sie gerne.

Singen - einfach so

Gemeinsam mit anderen singen, chanten, tönen, trommeln - frei aus dem Herzen und der Begeisterung.

Chanting ist ein sich fallen lassen in einfache, schnell vertraute Melodien und Rhythmen. Die Kraftworte der Chants und Mantren erinnern uns dabei an unsere Geburtsrechte und unsere spirituelle Verbindung. Das lange Wiederholen eines Chants wirkt aufbauend und gesundheitsfördernd.

Singen als Neuerfahrung

Singen trotz des Glaubens, nicht singen zu können.
Chanting bietet einen Raum, stimmig zu werden: es ist ein Singen im Augenblick, wo ich mit meiner Stimme und Stimmung willkommen bin. Es gibt kein Richtig und Falsch. Ich kann mich aufgehoben fühlen und tragen lassen vom gemeinsamen Atem, Gesang und Rhythmus.

Singen als Kraft- und Lustquelle

Im Singen und Chanten Lebendigkeit, Leichtigkeit und Lebensfreude erfahren.
Kraftvolle rhythmische Chants der nativen Kulturen, z.B. indianische und afrikanische Chants, sind ansteckend in ihrer erdigen, lebendigen Energie. Lieder aus den pazifischen Ländern sind spielerisch und voller Lebensfreude. Begleitende Trommelimprovisationen (Chant & Drum) verbinden uns mit den Elementen Feuer, Wasser, Luft und Erde.

Singen als Stresslöser

Singen und mühelos entspannen.
Über das Chanten von meditativen fließenden Gesängen können wir unsere innere Mitte finden, den langen Atem wieder spüren und mühelos Stresshormone abbauen. Ruhige Mantren oder Chants, oft nur mit einem Wort oder Satz, unterstützen hier besonders die wohltuende Wirkung.

Singen als Meditation

Singend innere Ruhe und Frieden finden.
Beim Chanten kann das Gedankenkarussell zur Ruhe kommen. Die Einfachheit der Melodien, die eingängigen Affirmationen und das Wiederholen des Chants, helfen uns, das Denken und Bemühen loszulassen. Eine einstimmende Atem-Klang-Meditation und das Chakra-Vokal-Tönen zur Tambura oder zu

anderen obertonreichen Instrumenten (Klangschalen, Gong u.a.) ergänzen den meditativen Aspekt und führen uns nach Innen.

Singen als Herzens- und Seelenqualität

- Genießen, dass Singen berühren und Rührung zulassen kann -
Chanting, das Singen aus dem Herzen, ist auch immer ein Seelengesang. Unsere Seele wird direkt angesprochen, wenn wir Mantren, Kraftworte oder Affirmationen chanten, die unsere Geburtsrechte wie Frieden, Liebe, Glück, Vertrauen und Dankbarkeit ausdrücken. Es sind atmende Lieder und Gesänge, die uns tief im Herzen berühren und uns fürs Leben begeistern. Es ist die Gruppenseele, die sich in jedem Chanting neu bildet und mit uns singt.

Singen als Integration

- Annehmen, dass schmerzhafte Erinnerungen im Singen leichter werden können -

Beim entspannten Chanten wird der Atem verführt, Atemmuster loszulassen, die an alte Gefühle wie Schmerz oder Trauer gebunden sind. Wenn der Atem fließt, und das passiert beim Singen, atmet „es" mich: tief, voll, verbunden und lustvoll. Hier kann das Be-Singen durch die Gruppe mit einem Seelenlied oder Intuitives Tönen die Integration erleichtern.

Singen als Spiritualität

- Im Singen Verbundenheit erfahren zum Ich, zum Du und zu dem "was größer ist als ich" -

In allen spirituellen Traditionen war das Chanten der Namen Gottes und der Göttin ein Weg, sich zu verbinden. Die bekanntesten Beispiele sind Mantren aus den großen Weltreligionen wie dem Christentum (Halleluja), Judentum (Niguns aus einfachen Silben), Sufismus (AllahHu Akbar), Buddhismus (Om Tare tutare ture), Hinduismus (Om Namah Shiva). Auch die Chants der nativen Kulturen (Naturvölker) verbinden uns mit unserer Spiritualität: Nordamerika (Kuaté), Afrika (Yema-ya), Pazifik (Epo i tai tai e), Hawaii (Maté ahora), Aborigines (Ungalawe).

Neue Kompositionen spiritueller LiedermacherInnen, inspiriert aus den Themen der spirituellen Psychologie und der Suche nach sich Selbst, erweitern den uralten Schatz.

Singen als Medizin

- Mit Singen die Atmung vertiefen, die Organe massieren und die Zellen zum Tanzen bringen -

Die Klangschwingung des entspannten Chantens dringt in die Tiefen unseres Körpers und kommuniziert mit dem Gesang der Zellen. Unser Körper belohnt uns und baut dabei Glückshormone auf und Stress-Hormone ab. Das Immunsystem und unsere Selbstheilungskräfte werden gestärkt. Klang strebt immer nach Harmonie und Neuordnung.

Singen ist Verbundensein mit mir
Singen ist Verbundensein mit Dir
Singen ist Vertrauen in den Ton
Der meine Seele stimmt
Singen ist mein Lied, das Freiheit, Liebe, Frieden bringt

Ich sing ein Lied für mich, ich sing ein Lied für Dich
Ich singe – Ja ich singe
Wenn ich singe, fühl ich Liebe, wenn ich singe, bin ich frei
Wenn ich singe, fühl ich mich in Sicherheit
Wenn ich sing, bin ich verbunden, wenn ich sing, bin ich bei mir
Wenn ich sing, fließt meine Liebe hin zu Dir
Wenn ich sing, spür ich was sein wird, wenn ich sing, fühl ich was ist
Wenn ich sing, hab ich die Kraft zum nächsten Schritt

Lieder von Brigitte Schmitz, Liedermacherin, Chantingleiterin

Raimund Mauch

Die Kraft der Stimme

„Die Stille
nach dem Singen
ist die Ernte des Liedes"

Mein musikalischer Weg begann mit 14 Jahren mit meiner Gitarre am Lagerfeuer mit Jugendgruppen des örtlichen Turnvereins. Wir sangen all die mehr oder weniger bekannten Folksongs und hatten oft bis spät in die Nacht hinein einen Riesenspaß daran. Schon damals fiel mir auf, dass es die einfachen und sich immer wiederholenden Lieder waren, die zur Improvisation anregten und die mit größter Inbrunst gesungen wurden. Dabei konnte man sich stimmlich verausgaben und sie schufen das tiefe Gefühl, zusammen zu klingen und zusammen zu gehören.

In der späteren Pubertät kam mir dieses Gefühl, dazu zu gehören gänzlich abhanden. Ich hatte wenig Kontakt zu meinen Gefühlen, konnte jahrelang selbst bei sehr traurigen Ereignissen nicht mehr weinen und verlor mich in verschiedenen Süchten.
Mit 21 Jahren hatte ich das Glück von Dr. Psych. Henry Marshall und Dr. Psych. Rickie Moore therapeutisch begleitet zu werden. Sie begannen damals die Kraft des Yoga, der Mantras und des Gesangs in die Psychotherapie zu integrieren. Schon nach kurzer Zeit konnte ich meinen Körper wieder spüren, wurde aber

immer wieder, meist ohne nennenswerten äußeren Anlass, von verschiedensten Emotionen überflutet. Meine Süchte verschwanden zwar und ich fühlte mich sehr lebendig, fuhr aber emotional Achterbahn.

In dieser Zeit wurde das Singen von Mantras und Liedern mit positiven Affirmationen zu einem Werkzeug um aus dieser Achterbahn der Gefühle in ruhigere Wasser zu steuern. Durch regelmäßiges Singen konnte ich mich emotional wieder stabilisieren ohne mich erneut wieder verschließen zu müssen.

Durch das längere Wiederholen der kurzen Strophen bekommen auch so genannte negative Gefühle wie Angst, Trauer, Wut, Einsamkeit oder Sehnsucht einen unmittelbaren direkten Ausdruck und kommen so wieder in Fluss. Die rasenden Gedanken verlangsamen sich und die dahinter liegenden Glaubenssätze und Einstellungen zu mir selbst und anderen tauchen auf und werden erkennbar. So können dann im Gespräch mit guten Freunden oder eventuell einem Counsellor oder Therapeuten Strategien entwickelt werden, die die Lebens- und Beziehungsqualität erheblich verbessern.

Ich bemerkte damals auch, dass das Singen in einer Gruppe einen wesentlich größeren Effekt hat, als wenn ich das für mich alleine tat. Auch hielt die Ausgeglichenheit, die beim gemeinsamen, langen Singen entstand, noch einige Tage danach an. Ich konnte diese Ausgeglichenheit auch wieder herholen wenn ich dann für mich selbst sang. Es war als hinterließen die Gesangsabende kleine Anker, an denen ich mich im Alltag festhalten konnte.

Da es zu dieser Zeit kaum Möglichkeiten oder Angebote gab, zwanglos längere Zeit miteinander zu singen, begann ich selbst, mich stimmlich und therapeutisch weiter zu bilden und Mantraabende und Gesangsworkshops "Die Kraft der Stimme" zu geben.

Die Basis meiner Arbeit ist immer der Mensch als Ganzes. Körper, Geist und Seele werden gleichermaßen angesprochen.
Was ist physisch notwendig, um ganz teilhaben zu können?

Oft braucht es kurze Körper-, Atem- und Stimmübungen, um eine gute Haltung zum Singen zu bekommen oder es braucht etwas Entspannendes, um zunächst Alltagsstress loslassen zu können. So kann sich die Stimme mit dem Körper verbinden. Die inneren Klangräume werden spürbar und das gemeinsame Tönen verschmilzt zu einem Gesamtklang. Nach diesen Übungen können Mantras und spirituelle Lieder ihre tiefere Wirkung erst richtig entfalten.

Der Geist wird angesprochen, indem die Herkunft und Bedeutung der Lieder und Mantras erklärt wird. Wenn einige Personen in der Gruppe sagen können, wofür sie gerne singen möchten, wird die Absicht des Zusammenseins klar. Es wird mal laut, mal leise, sehr kraftvoll, dann wieder ganz fein gesungen. So bleibt das Singen interessant genug, dass die Sinne aufmerksam werden und der Geist sich weitet. Daraus entsteht mehr als bloßes Singen: Der Kopf wird frei, der Verstand kommt zur Ruhe.

Die Stimmen erreichen eine Schwingungsebene, die direkt mit dem eigenen Herzen und den Mitmenschen verbindet. Aus der Verbindung nach Innen wird die Verbindung zum großen Ganzen wieder spürbar. Wenn die Lieder und Mantren ausreichend lange gesungen werden, kann sich ihre ganze Qualität entfalten und sie führen anschließend in eine tiefe Stille. In dieser Stille wird tiefe Lebensfreude und innerer Frieden konkret erfahrbar.
Solche Erlebnisse wirken wie ein Sog, der in die Zukunft wirkt und eine Vision aufbaut, in der Liebe und Frieden möglich sind. Sie nähren die Hoffnung, bauen einen gesunden Optimismus auf und lassen uns die Realitäten auch aus anderen Blickwinkeln betrachten.

Da es dabei nicht auf die künstlerischen Aspekte des Singens ankommt, eignet sich diese Art des Singens auch für Menschen, die denken, nicht singen zu können. Und für alle, die das Erleben ihres Singens erweitern möchten.
Die Erfahrungen einiger Teilnehmer/innen machen die Wirkung dieser Art des Singens deutlich:

„Die Vibration der Lieder schafft eine Verbindung zu meiner in mir wohnenden Kraft."

„Ich erfahre mich als Teil einer wohlwollenden Gemeinschaft, kann mich singend ausprobieren, ohne den im Alltag oft verspürten Druck, es "richtig" machen zu müssen."

„Regelmäßiges singen macht glücklich. Egal, wie fertig ich bin, nach den ersten Tönen, geht's mir wieder gut. Wenn ich singe, bin ich absolut im Jetzt, in der Gegenwart, d.h., irgendwelche Sorgen und Dinge, die mich bedrücken, sind für diese Zeit nicht da. Es gibt kein Vorher und kein Nachher, nur das gemeinsame Klangerlebnis und die Lebensfreude."

„Singen macht mich tolerant. Es gibt ja immer Menschen, die einem sympathisch oder auch nicht so sympathisch erscheinen. Und ich hab immer ein bisschen damit zu kämpfen, dass ich Menschen schnell beurteile und manchmal dann auch schnell in eine Schublade stecke. Ich habe gemerkt, wie durch den gemeinsamen Klang mir langsam auch Menschen sympathisch werden, mit denen ich sonst wahrscheinlich nichts zu tun hätte. Das ist für mich eine sehr wichtige Erfahrung, weil es sich positiv auf mein allgemeines Menschenbild auswirkt."
„Hier kann ich mich versenken in ‚bedeutungsvolle' Texte und meinen Kopf in deren Wiederholung frei werden lassen. Es entsteht innere Ruhe und gleichzeitig intensive Lebendigkeit."

„Singen in der Form ist Lebensfreude pur und sollte eigentlich von jedem guten Arzt auf Rezept mehrfach im Jahr verschrieben werden. Es löst körperliche und auch seelische Belastungen auf oder bringt zumindest eine Erleichterung. Und das ausschließlich mit positiven Nebenwirkungen."
„In den Zeiten, als ich richtig starke Raucherin war, gab es kaum Momente, in denen ich nicht an Zigaretten dachte. Nur während des Singens war dieser Gedanke absolut nicht präsent. Ich glaube, Singen wäre eine gute Methode in der Suchttherapie. Letztendlich hat es mir auch sehr geholfen, davon wegzukommen."
„Es tauchen Gefühle auf, die gefühlt werden wollen. Ich erkenne, was mein inneres Kind gebraucht hätte und was ich ihm jetzt geben kann. Wenn ich ängstlich bin, singe ich und es wird weiter und weiter"

„Singen im Kreis stärkt mein Selbstbewusstsein."
„Nach längerem Singen entsteht eine Stille, die fast greifbar ist. Stille pur, es ist einfach nur noch schön."
„Dieses Singen führt mich in diesen Augenblick zurück, jetzt."
„Ich fühle mich durch die spirituellen Lieder mit etwas Größerem verbunden."

Ewige Einheit
Die in Stille für uns singt
Die uns voneinander lernen lässt
Leite meine Schritte mit Kraft und Weisheit
Möge ich die Lehren verstehen, wenn ich gehe
Möge ich den Zweck aller Dinge ehren
Hilf mir, alles mit Achtung zu berühren
Immer von dem zu sprechen,
Was hinter meinen Augen liegt
Lass mich beobachten, nicht urteilen
Möge ich keinen Schaden verursachen
Und Musik und Schönheit zurücklassen
Wenn ich gehe
Und wenn ich in das Ewige zurückkehre
Möge sich der Kreis schließen
Und die Spirale breiter sein.

Gesang der Aborigines

„Ich singe für den Frieden
Ich singe für das Licht
Ich singe für die Liebe,
die alle Not besiegt,
Ich singe für das Leben,
Ich sing' auf meinem Weg
Ich singe für den Wind
der dreht."

Iria Schärer

Gedanken über das Singen

Singen ist für mich Medizin und Gebet. Das Singen hat mir auf meinem persönlichen Lebensweg immer wieder Kraft und Mut gegeben, weiterzugehen. Im Singen komme ich mir und den Menschen, mit denen ich singe, nahe. Ganz von selbst öffnet sich beim Singen meine Seele für das, was Größer ist als wir.

Der Zauber, der in einem Lied liegen kann, hat mich schon immer fasziniert - eine Melodie, gepaart mit einigen Worten, kann mit Leichtigkeit das Unaussprechliche transportieren. Im Singen eines Liedes können wir Gefühlen einen Ausdruck geben, die ansonsten nur schwer eine Sprache finden und sie dadurch transformieren. Gleich einem alchemistischen Prozess werden beim Singen Gefühle von Blei zu Gold verwandelt. Wenn mir Lebenssituationen, die mich zunächst aus dem Gleichgewicht bringen (z.B. Liebeskummer, eine unfreundliche Politesse oder ein leerer Geldbeutel) den Anstoß geben, mich an die Gitarre zu setzen und ein Lied darüber zu schreiben, erlebe ich das immer wieder sehr deutlich als ein großes Geschenk: Im Besingen des Erlebten verwandelt es sich. Es ist wie ein Zauber. Ein Lied kann ein Geländer sein, ein Pfad, eine Brücke, ein Herz-Schrittmacher, Nahrung, ein Gebet... Das Singen bringt alles ins Fließen.

Meine Mutter sang viel mit uns. Als Kind war ich immer wieder verblüfft, wie sie zu jedem Wort sofort ein passendes Lied wusste, egal ob ein Volkslied oder Bach-Arie. Und wenn sie keines wusste, dann improvisierte sie etwas. Bei Kindern fällt mir das oft auf, wie sie wunderbar spontan und selbstvergessen vor sich hin singen können. Eine Fähigkeit, die wir als Erwachsene später oft erst wieder mühsam erlernen müssen.

In meinen Konzerten, Singgruppen und Seminaren erfahre ich immer wieder, wie befreiend es für die TeilnehmerInnen ist, die eigene Stimme wieder erklingen zu lassen und ich bin oft erschrocken, wie viele Menschen in ihrer Kindheit beschämt wurden und meinen, nicht singen zu können. Ihr Singen beschränkt sich auf Auto und Dusche und es ist eine Freude anzusehen, wenn sich jemand nach Jahren wieder traut, mitzusingen. – Ein Satz, der mich sehr stark berührt hat stammt von Yehudi Menhuin: „Singen ist die eigentliche Muttersprache der Menschen."

Anfangs sang ich hauptsächlich solo und für mich alleine, bis ich bemerkte, dass meine Lieder anderen Menschen etwas gaben. Während meiner Arbeit als Psychologin in einer psychosomatischen Klinik im Allgäu bot ich später Singabende an und stellte fest, dass diese Abende ganz besonders heilsam für die Patienten waren.

Das Singen von einfachen kurzen Liedern, die mantraartig in der Gruppe immer wieder wiederholt werden (chanten), lässt eine ganz besondere Kraft entstehen. Im gemeinsamen Singen erfahren wir uns als zugehörig und fühlen uns miteinander verbunden. Es sind viele messbare neurophysiologische Zusammenhänge erforscht worden, die das begründen (Anstieg von Oxytoxin, Endorphine, Abnahme von Stresshormonen, etc). In allen Zeiten wusste man von dieser Kraft des Singens und setzte sie ein – ob zum Aufwiegeln auf dem Schlachtfeld oder beim Heilen des Schamanen – und gerade heute, wo wir uns oft so weit von uns selbst entfremdet haben, ist es eine wunderbare Art, wieder in sich anzukommen.

Singen ist für mich aber noch weit mehr, als in mir anzukommen - Wenn ich singe, verbinde ich mich wie mit einer Nabelschnur mit dem Großen Ganzen, mit der Grundmelodie des Lebens, mit der Schwingung, die alles Leben durchzieht. Singen ist für mich

Gebet, egal ob mit oder ohne Worte. Auf meinem Weg durch mein Lebenslabyrinth ist mir das Singen wie ein Ariadnefaden: es hilft mir, unterwegs zu sein und zu bleiben.

„Ich gehe und gehe, weite die Kreise,
gehe zum Ursprung und Ziel
Ich gehe die Pfade, der großen Spirale
und singe das uralte Lied."

Mit meiner Musik möchte ich Menschen im Herzen berühren und ermutigen, ihren eigenen Weg zu gehen. Meine Inspiration ist das Leben in all seinen Schattierungen. Angetrieben werde ich immer wieder von meiner Sehnsucht nach einer Welt, die geprägt ist von Liebe und Achtsamkeit und dem Wissen, dass wir alle Teil eines größeren Ganzen sind und in gegenseitiger Verantwortung stehen.

Joachim Sevenich

Gesang der Freude - Vokale, Chakras und der Glücksklang

Gesang fördert nachweislich die Vitalität, Gesundheit und Lebensfreude. Auch die körperliche Leistungsfähigkeit wird durch Gesang positiv beeinflusst. Alleine dies ist es wert, wieder mehr selbst zu singen und dem Gesang einen größeren Stellenwert in unserem Leben einzuräumen. Unsere Stimme hat darüber hinaus eine enorme schöpferische und gestaltende Kraft. Aus der Verbindung von gesungenen Vokalen unserer Stimme und den Chakras, unseren Hauptenergiezentren, eröffnen sich neue, bislang kaum bekannte Möglichkeiten, mit Hilfe der eigenen Stimme kreativ und schöpferisch wirksam zu sein.

Insbesondere die Funktion der Chakras als Verbindungsstelle zwischen Geist und Materie zeigt uns Wege auf, die Einbindung des eigenen Lebens als Teil eines größeren Ganzen zu erfahren. Neben vielen anderen Möglichkeiten kann auch mit Hilfe unserer Stimme der Kontakt zu Ebenen von Herz und Seele hergestellt werden, die im Alltag allzu leicht verschüttet werden und die doch von einer absoluten, individuell erfahrbaren Wahrheit geprägt sind.

Eine von vielen faszinierenden Erfahrungen, die wir durch das gemeinsame Experimentieren mit Gesang im Rahmen des Chakra-Vokal-Ensembles machen durften, war die Entdeckung des Glücksklangs: Einmal stellten wir uns die Frage, wie denn wohl Glück klingen mag. Nach einigem Probieren kam die klare Erkenntnis, dass der Glücksklang im Bereich des Kronen-Chakras an der höchsten Stelle unseres Kopfes und darüber hinaus schwingt. Diese Erfahrung konnte dann auch im Rahmen von Seminaren mit anderen Teilnehmern immer wieder gemacht werden. Erstaunlich ist, dass es stets der gleiche Klang, das gleiche Kichern ist, was entsteht, wenn wir den Glücksklang anstimmen, Dabei passiert es regelmäßig, dass ein Gefühl von totalem Angeschlossensein und Aufgehobensein die Mitwirkenden erfasst und mitunter sich alle minutenlang herzhaft vor Lachen schütteln.

Aus der Erfahrung, dass wir uns immer wieder an diese Freude anschließen konnten, wenn wir vorher die Chakraflöte durchgesungen hatten, wuchs im Laufe der Zeit die Erkenntnis, dass es auf einer Ebene unseres Seins und der gesamten Schöpfung eine immerwährende und umfassende Freude geben muss. Diese Frequenz der Freude zu leben und in den Alltag hineinzubringen ist vielleicht unsere größte menschliche Aufgabe. Und es ist wundervoll, dass wir uns einfach mit unserer Stimme ohne weitere Hilfsmittel bewusst an diese Freude anschließen können.

Etwas von dieser Freude schwingt immer mit, wenn Menschen in friedvoller Weise gemeinsam singen. Die Erfahrung der gemeinsamen Anbindung an die Freude ist sicher einer der Gründe, weshalb so viele Menschen von der Nacht der Spirituellen Lieder berührt und fasziniert sind.

Der Text enthält Zitate aus Joachim Sevenich's Buch
„ Chakra – Vokal -Training - Chakras und die magische Kraft der Stimme"

Nicht nur die Berliner Liedernacht zeigt:

Das gesungene Gotteslob macht Mut, es macht glücklich und es verzaubert die Welt.

Ali Schmidt & Michaele Hustedt

Von den Engeln lernen heißt singen

Die Engel in den Texten christlicher Überlieferung sprechen nicht gerade viel. Meistens singen sie, zum Beispiel in der Nacht der Geburt des Flüchtlingskindes Jesus. Das muss ja Gründe haben.

Wenn wir besonders sachlich und emotionslos sein oder wirken wollen, dann singen wir am wenigsten. Der Tagesschausprecher singt nicht (leider). Am ehesten singen wir, wenn wir große Gefühle mitteilen wollen: Liebe, Begeisterung oder Freude. Vom jubilierenden Geburtstagsständchen bis zum ‚Love Song' reicht die Palette der Lieder, die unser Glück ausdrücken und anderen Freude machen. Dass das funktioniert, ist sogar wissenschaftlich bewiesen:

Die Glückshormone, die der Gesang freisetzt, heben die Stimmung der Sänger und Zuhörer. Das wollten die Engel sicherlich auch erreichen.

Kleine Kinder singen und pfeifen aber auch gerne im Keller, wenn's besonders dunkel und unheimlich ist, um ihre Angst zu mindern, Mütter, wenn sie ihre Kinder trösten und zum friedlichen Einschlafen bringen wollen. Eine japanische Legende über die Entstehung der Welt erzählt gar, dass es die göttlichen Harfenklänge waren, die die Sonnengöttin Amaterasu überhaupt erst dazu veranlasst haben, aus ihrer Höhle hervorzukommen und so der Welt und uns Menschen ihr Leben spendendes Licht zu schenken. Auch das mag den Engeln wichtig gewesen sein:

Unsere Welt zu erhellen und uns Mut zu machen für ein lichteres Leben. Und schließlich:

Singen verzaubert die Welt

Im Gloria der Engel wird aus dem elenden Viehstall der Ort der Ankunft Gottes, aus dem Trog die Wiege des Allmächtigen. Aus den ungebildeten Hirten werden staunende Erleuchtete. Denn Singen verändert auch die Menschen – und dies nicht nur zur Weihnachtszeit.

In unseren Singworkshops, in unserem „Mantra Chor Berlin", aber auch in unseren offenen Singnachmittagen dürfen wir immer wieder Zeugen der erstaunlichsten Veränderungen werden:

Da ist die junge Frau, die aus innerer Verwirrung zu neuer Klarheit findet, die Siebzigjährige, die sich singend und tanzend in neuer Power und Beweglichkeit erlebt, der Manager, der nach Zeiten des Burnout Räume der Ruhe und Gelassenheit in sich entdeckt, vor allem aber sind da die vielen, die sich in der Gemeinschaft einer „Singing Sangha" in Verbindung zueinander erleben - dies alles nicht als Ergebnis therapeutischer Arbeit, sondern als Begleitumstand schlichten gemeinsamen Singens.

Auch die „Spirituellen Liedernächte" sind Beispiel der guten Veränderung durch Gesang. In mehreren Städten Deutschlands ist dieses wunderbare Event entstanden: Begonnen hat es in Aachen in der ökumenischen Nikolaus-Kirche, wo auf Initiative von Alwine Deege und Abhiti Kunz vierteljährlich ein paar hundert Menschen miteinander spirituelle Songs aus unterschiedlichen Kulturen der Welt singen. Städte wie München, Stuttgart, Ulm, Köln und andere folgten.

In Berlin ist die Liedernacht vom Start weg ein spiritueller Magnet: Die ersten vier Liedernächte im Jahr 2008 führten jeweils etwa 700 Menschen in der Martin-Luther-Kirche im „Problemstadtteil" Berlin-Neukölln zusammen, um miteinander zu singen, zu meditieren und zu schweigen. Wegen Überfüllung musste die Kirche zeitweise geschlossen werden. Der evangelischen Gemeinde in Neukölln ist die Singnacht willkommen und der Austausch unterschiedlicher religiöser Traditionen ein Anliegen. So werden in der Liedernacht Songs verschiedenster Herkunft gesungen: Mantras mit indischem und tibetischem Ursprung, Sufi Songs, afrikanische Lieder, Indianische und Gospel Songs aus Nordamerika, Taizé-Gesänge usw.

Das soll zeigen, dass es allen im Kern um dasselbe geht:

Liebe und Mitgefühl, Achtung und Freude – ein wichtiges Zeichen in einer Zeit, da im Namen von Religion schreckliche Gewalt ausgeübt wird.

In der

Spirituellen Liedernacht

erleben wir:

Singen verzaubert.

Der vielhundertstimmige Gesang bringt nicht nur die Kirchenmauern, sondern auch die Menschen zum Schwingen.

Die Decke scheint abzuheben, die Herzen beginnen zu fliegen. Das klingt nicht nur himmlisch, es geschieht auch Verwandlung: Es öffnet die Herzen, führt uns ins Hier und Jetzt. Singen verbindet – laut und leise, ekstatisch und meditativ, je nach Charakter und Botschaft des Liedes. Dass daneben noch die freiwilligen Spenden aller – der Eintritt selbst ist frei, die Musiker leiten das Singen ohne Gage an – einem sozialen Hilfsprojekt zugute kommen, zum Beispiel dem Obdachlosen-Nachtcafé oder einer Gemeinde in Soweto/ Südafrika, zeigt, dass hier nicht nur die Sangeslust, sondern auch die Sorgen und Wünsche bedürftiger Menschen geteilt werden.

Vor allem Mantras sind sehr wirksame Gesänge der Kraft und Inspiration. Unsere erste Begegnung mit Mantras war vor vielen Jahren ein Workshop mit den damals noch weniger bekannten Miten und Deva Premal. Die Lieder fingen an in uns Wurzeln auszubilden und zu wachsen. Heute teilen wir mit vielen die beglückende Erfahrung: Wenn Sang und Klang sich mit Hingabe mischen, entstehen Wärme, Energie und liebevolle Verbindung. Immer mehr Menschen entdecken die Freude am gemeinsamen Singen spiritueller Lieder - in größeren und kleineren Gruppen, so zum Beispiel in unserem „MantraChor Berlin", der sich mit über 50 Mitgliedern zweiwöchentlich zum Singabend trifft.

Mantras

Mantras gibt es in vielen Sprachen der Welt. Neben Sanskrit-Mantren sind es vor allem Sufi-Songs, afrikanische und indianische, aber auch einige deutschsprachige Lieder, die den Charakter eines Mantras haben: Kraftvolle Melodien und einfache, immer wiederkehrende Texte, die durch die Wiederholung Energie auf uns übertragen – übrigens unabhängig davon, ob wir die genaue Bedeutung der Worte immer verstehen. Mahatma Gandhi sagte: „Jede Wiederholung ergibt eine neue Bedeutung" und: „Jede Wiederholung des Mantras bringt uns Gott näher."

Die Engel singen ja der Überlieferung nach ebenfalls „ohne Unterlass" und mit immer wiederkehrenden Worten wie „Halleluja", „Hosianna", „Friede auf Erden" usw. Alles Themen, die auch in den Mantren der Welt auftauchen. Dort heißt Frieden dann „shanti" (Sanskrit), „salaam" (arabisch) oder „shalom" (hebräisch), dem Hallelujah entspricht „jaya jaya" (Sanskrit) oder „Allah hu" (arabisch), dem Amen entspricht das „Om".

Von den Engeln, ob wir an sie „glauben" oder nicht, können wir also lernen: Gottes Lob zu singen ist der höchste Ausdruck unserer Gefühle, macht Mut und gute Laune und fördert die besten Seiten in uns zutage – ohne Anstrengung und Rezept. Chanten ist aktiv und meditativ zugleich. Mantras zu singen kann Leben ändern. Auf jeden Fall kostet es nichts und macht große Freude. Das allein ist schon Grund genug mitzusingen.

Ich singe einen Weg

mein Weg singt mich
mein Weg ist ein Lied
ich summe, pfeife, singe allein
fröhlich oder nachdenklich.
Ein Lied auf unserem Weg
ein Lied das eine Gruppe Menschen vereint
ein gemeinsamer Puls
viele Stimmen, ein Ganzes und jeder ein Teil davon
Wir singen Lebenspfade, wir weben ein Klangnetz
die anderen hören, in der Ferne spüren
wie ein Funkeln im Regenwald
geborgen, verbunden

Dorothea Heckersmüller

„Die Seele ruft uns,
unser Lied zu singen
als das Eigentliche
und Wichtige,
das zu tun
wir gekommen sind.“

Gila Antara

Singen Tönen Sein

Viele Lieder, die ich singe, handeln auf die eine oder andere Weise davon, dass sie Mut machen wollen, den Weg hin zu sich selbst, zu den ureigenen Schätzen, zu gehen. Sie handeln vom Sich- Aufrichten im Sinne von „richtig" sein, den richtigen Platz im eigenen Sein einnehmen, da sein, wo wir hingehören in uns selbst und in der Gemeinschaft. Sie machen Mut, Platz zu schaffen in uns für das, was wesentlich ist, was uns ausmacht, Platz zu schaffen für die Botschaften der Seele, die uns ruft, unser Lied zu singen als das Eigentliche und Wichtige, das zu tun wir gekommen sind.

Meine Lieder sagen: Richte Dich auf, glaube an Dich, werde die/der Du bist, finde zum Kern in Dir und verwirkliche ihn in dieser Welt, lerne von Anderen und werde selbst zu jemandem, der/die diese Botschaft auf ihre ganz eigene Art weitergibt:

> Du bist gut! Gott ist in Dir! Komm lausche Ihm, komm lausche Ihr. Komm werde, komm wachse, komm…

Wenn wir daran glauben können, dass wir alle ohne Unterschied im Kern unseres Wesens gut sind, finden wir die Kraft leichter, die es braucht, sich durch das Dickicht, den Schlamm oder die Wüste hindurch auf den Weg dorthin zu begeben, wo dieses Gute wohnt.

Und ist nicht letztendlich unser Glaube an dieses Gute in uns auch der Glaube an Gott und an den Weg „zurück" zu dem, wo wir herkommen? Christopher Moon Bear Beaver schreibt dazu:

„Die vergangenen Jahre waren von dem Bewusstsein geprägt, dass Gott in allem ist - außer in mir selbst. Aus diesem Konzept haben einige Menschen viel Macht geschöpft und es zur Grundlage der Religionen gemacht, die in der heutigen Welt den Ton angeben. Ihr habt euch von dieser Idee immer mehr durchdringen lassen und dabei die Fähigkeit verloren, eurer eigenen Seele zu zuhören.... Seitdem müsst ihr euch die Liebe Gottes verdienen... um euch des Göttlichen würdig zu fühlen.... (ihr seid) aufgerufen, euren Selbstwert wieder anzuerkennen, euer Geburtsrecht in Anspruch zu nehmen, würdevoll eure Beziehung zum Göttlichen anzutreten und damit entscheidungsstark zu werden. Wenn ihr unentschieden seid, hört ihr nicht mehr die Antworten eures Herzens auf das Leben.... Es wird eine Herausforderung für euch sein, würdevoll zu dem zu stehen, was ihr in euren Herzen als wahr erfahrt."

Singen – für mich bedeutet es das Eintauchen in eine heilsame Schwingung, die sich einstellt, wenn wir sie einerseits hören lernen, und andererseits die Kraft entdecken, die in uns liegt, sie hörbar zu machen.

Das Leben ist Klang, ist Schwingung

Jeder Baum, jeder Planet, jeder Grashalm, jeder Mensch hat seine ganz eigene Schwingung, die wiederum auf alle und alles sich auswirkt und sich immer neu zu einem Ganzen fügt.

Dieses Ganze ist der Raum, ist die Welt, in der wir leben, wir alle – Menschen, Tiere, Pflanzen, Sonne, Mond und Sterne.

Es gibt so etwas wie den heilen, den heiligen Klang, den Urlaut, das Om. Dieser erklingt unentwegt und in allem Sein, aber so wie unsere Flüsse verschmutzt sind und die Luft verpestet, so sind auch wir umhüllt von Negativität, Unglaube, Verwirrung etc. Wir hören den heiligen Klang nicht mehr, oder wir hören ihn manchmal, in Ausnahmesituationen, in Retreats, Workshops, in der Meditation oder in der Natur. Wenn wir diesen heilen, heiligen Klang hören, so ist es ein Geschenk.

Wir können ihn nicht herstellen, nicht planen, nicht erzwingen. Aber wir können unser Leben, unser Sein darauf ausrichten, dass wir wieder empfänglicher werden dafür.

Ich glaube, dass es unsere tiefste Sehnsucht ist, an diesen Ort des heiligen Klanges, den Ort der ganzen heilen Schwingung in uns zurückzukehren und ihm in der Welt einen Ausdruck zu geben. Und ich glaube, indem wir ihm Ausdruck verleihen in dieser Welt, kehren wir zu ihm zurück! Indem wir es tun, geschieht es!

Die Unmittelbarkeit des Singens macht uns dieses Tun ganz einfach. Lasse ich einen Ton in meiner Kehle erklingen, so ist er im Moment, wo ich ihn singe, schon in der Welt. Und je nachdem, was für eine Bedeutung, was für eine Absicht oder Botschaft ich diesem Ton gebe, in dem Augenblick, da ich beginne zu tönen, werden diese in meinem Lied geboren.

In meiner langjährigen Praxis des Singens habe ich erlebt, wie wenig wir Menschen an die eigene innere Kraft und an das Heile, Heilige oder Göttliche in uns selbst glauben können, und deshalb natürlich auch recht wenig von dieser Kraft in die Welt geben.

„Ich kann nicht singen" ist der meistgesprochene Satz, wenn Menschen zuerst in meine Kurse kommen. Der weit verbreitete Unglaube an die eigene Kraft und das Göttliche, das Heilige oder Heile in uns liegt meines Erachtens tief in der Ahnenreihe begründet, aus der wir kommen, und er ist zugleich gespiegelt in der Gesellschaft, in der wir leben. Wir sind weitgehend von der Idee der Trennung beherrscht: wir trennen Kopf und Herz, Körper und Seele. Wir haben gelernt, Berufe zu ergreifen, die nichts mit unserer Berufung zu tun haben, wir betrachten Natur oder Kunst als Kritiker, nicht aber als unmittelbar Beteiligte, und wir haben gelernt, an einen Gott zu glauben, der nicht in uns, sondern weit von uns entfernt im Himmel wohnt und dessen Gunst wir uns verdienen müssen.

Aber eine solche Trennung entspricht nicht dem, was wirklich ist. Sie wird in unseren Köpfen gemacht, nicht in unseren Herzen. Und viele Menschen haben sich in den letzten Jahren auf den Weg gemacht, die Sprache ihrer Herzen wieder zu lernen, die Sprache der Natur und die Sprache eines verbundenen, integrierten Lebens überhaupt. Dabei sind neue Erkenntnisse und Erfahrungen gemacht und alte Weisheiten neu entdeckt worden.

Wenn wir mit dem Singen, mit der Stimme arbeiten,

bringen wir etwas in Schwingung in uns, und diese Schwingung wirkt auf alles, was mit uns zusammen hängt. Schwingung ist Bewegung, und sie erzeugt Resonanz. Manche Resonanz wird die Bewegung begrüßen, eine andere wird sie zu verhindern suchen. Das ist das Spannungsfeld, in dem wir leben und an dem wir wachsen können.

Die Botschaft, so wie wir sind, nicht OK zu sein, sitzt bei den meisten von uns sehr tief. Sie ist über viele Jahre gereift. Sie gehört zu dem „Gewordenen", und sie bestimmt unser Leben, solange, bis wir entscheiden, nicht mehr auf sie zu hören.

Es ist erstaunlich, wie viele Menschen zum Singen kommen und überzeugt sind, dass sie nicht singen können „Ich kann nicht singen. Schon mein Vater hat gesagt, ich klinge wie ein verrostetes Ofenrohr, oder mein Bruder hat sich immer die Ohren zugehalten, beim Vorsingen in der Schule habe ich mich schrecklich blamiert." Manchmal reicht eine niederschmetternde oder auch nur unbedachte Aussage dieser Art von einem uns wichtigen Menschen, und die Töne in uns verebben auf Jahre hin, manchmal für immer. Oder aber es verebben nur bestimmte Töne, eben die, die nicht gewollt waren.

Das Singen ist der wohl unmittelbarste Ausdruck von uns selbst und das macht uns verletzlich. Malen wir ein Bild, so ist es das Bild, was man sieht, schreiben wir ein Gedicht, so liest man das, singen wir, so hört man uns. Wir stehen gewissermaßen nackt da. Die Stimme versteckt nichts, sie enthüllt unsere tiefsten Geheimnisse über uns, über unser Fühlen und Sein. Singen, und damit meine ich auch das Tönen – kann uns helfen, stimmig zu werden, es kann uns „stimmen", so wie wir ein Instrument stimmen. Wenn wir es wollen, kann das Singen uns einen Weg öffnen zu den in uns wohnenden Schätzen, zum heilen, heiligen Klang in uns.

Singen ist Selbstverwirklichung

Indem ich singe, bin ich: nicht irgendwann einmal sondern jetzt, grad hier wo ich stehe.

Im Singen, im Tönen kann ich mich selbst wahrnehmen und hören, ich kann meine Stimme in mir hereinnehmen und mich fühlen, statt mich von ihr fernzuhalten. Und ich kann im Singen mit Anderen Diese wahrnehmen und hören, kann sie hereinnehmen in mein Erleben des gemeinsam geschaffenen Raumes der Klänge und Töne.

Da, wo ich grad bin, beginnt der Weg. Nicht da, wo ich gern wäre. Im Singen können wir üben, anwesend zu werden mit uns selbst und mit anderen und unsere Stimmen so klingen zu lassen, wie wir sind, nicht, wie wir oder andere sie gern hätten. Singen wir in einem Raum, in dem Menschen eine Atmosphäre schaffen, die uns erlaubt, wenigstens ein kleines bisschen an das Gute in uns, das Lied oder den Schatz zu glauben, so mag es sein, dass wir die Verteidigung mehr und mehr aufzugeben bereit sind. Plötzlich ist es nicht mehr wichtig, ob meine Stimme so klingt, wie es zu dem Bild passt, das ich der Welt geben möchte. Stattdessen zeigt meine Stimme die alten Muster, und ich lasse das erklingen, was in mir ist.

Der heile, der heilige Ton ist immer da und schwingt in allem Sein. Er steht uns jederzeit zur Verfügung und es liegt an uns, ob wir von ihm Gebrauch machen, ob wir uns zu Instrumenten machen wollen, die diesen Ton empfangen und weitergeben. Die alte Gewohnheit, uns diesem Ton zu verschließen oder ihn als getrennt von uns zu betrachten, ist durch häufigen Gebrauch zu solider Materie in unserem Leben geworden. Wir haben die Chance, diese zu verwandeln, mit unseren Tönen, unseren Liedern, mit unseren Worten und Gedanken. Aber wir müssen es tun, sonst geschieht es nicht.

Singen ist Magie

Die Schwingung, die Atmosphäre im Raum verändert sich, wenn wir singen.

Mit dem Atem, der unsere Stimme in die Welt trägt, mit unserer Absicht, unseren Gebeten und unseren Bekräftigungen, mit unserer Liebe und Hingabe verwandeln wir den Raum, in dem wir stehen. Und je mehr wir die Qualitäten, die wir aussenden, auch in uns hineinlassen, je tiefer eine Sängerin oder ein Sänger auf der Bühne verbunden ist mit dem, wovon sie oder er singt, umso mehr Magie stellt sich ein. Das kennen alle, die schon mal auf Konzerten zutiefst und nachhaltig berührt wurden. Und auch, wenn wir nicht auf Bühnen singen sondern „nur" auf der Bühne unseres Lebens, die Gesetzmäßigkeiten sind die Gleichen. Der Übungsweg des Singens, das dem Sein dient, stellt uns vor allem die Aufgabe, dass wir uns öffnen lernen und die Qualitäten , die wir besingen, in uns lebendig werden lassen mit unserer Stimme. Indem wir fühlen was wir singen und singen was wir fühlen, lassen wir los, was uns hält und erlauben dem Losgelassenen, sich zu wandeln. Im leidenschaftlichen Gebet öffnen wir uns der Hilfe, die wir erbitten.

Im Liebeslied lassen wir unsere Sehnsucht los und werden die Liebe, die wir suchen, und wenn wir unseren Schmerz fühlen und uns erlauben, ihm Ausdruck zu verleihen, so mag er schon beim ersten Ton aus uns entweichen und sich in einen wunderschönen Bluesgesang verwandeln.

Das Singen fordert uns auf, uns zu öffnen, für unsere Töne, für unsere Gefühle, für unser Sein, für unsere Seele und für unsere Verletzungen. Ich habe in meiner Arbeit, in meinen Liedern und im Singen die Magie des Wollens und der Entscheidung oft erlebt und das Wunder der Hilfe, die mir zueilt, wenn ich darum bitte. Ich habe auch erlebt, dass meine gesungenen Affirmationen Kraft haben und das Leben auf geheimnisvolle Weise antwortet auf das, was ich aussende.

Aber ich habe auch eine große Achtung für das Mysterium der Seele und des Seins. Ich weiß, dass die Magie des Singens keine Zauberei ist und kein Ergebnis von Manipulation. Die Magie stellt sich ein im tiefsten Vertrauen in die Weisheit des heiligen Klanges in allem Sein und wenn wir uns diesem Klang öffnen und zu seinem Instrument werden. Jeder Mensch ist auf seinem ganz eigenen Weg zu seinem heilen, heiligen Ton.

Wo immer wir uns gerade befinden, da sind wir richtig.

Was wir daraus machen, liegt an uns und an dem Ruf, dem unsere Seele folgt. Hier ein Bild von *Be voice* – einer Jahresgruppe mit Gila Antara:

„Die Lieder
öffnen die Herzen
und erinnern
an die Einheit allen Lebens"

Barbara Swetina

Wie Spirituelles Singen zu meinem Beruf wurde

Seit 25 Jahren lebe ich nun schon in der Findhorn Gemeinschaft, einem spirituellen ökologischen Zentrum in Norden Schottlands. Davor hatte ich Musik und Pädagogik studiert und war als Musikerin in Österreich und Deutschland tätig.

Bevor ich als Mitglied hierher nach Findhorn zog, hatte ich ein eindrückliches Erlebnis: Ich saß in meinem Garten in München, die Krokusse und Narzissen waren nach einem langen Winter gerade aufgeblüht und Musik strömte leise aus dem Haus. Während ich die Lebendigkeit und Intensität der Pflanzen um mich bewunderte, hatte ich den Eindruck, als ob jeder Blütenkelch 'singen' würde. Es fühlte sich an wie ein Ausdruck der Freude und Schönheit, ein Lied des Dankes an die Erde und an die Quelle allen Lebens, an das Göttliche. Je weiter ich mich umsah, umso mehr schien es mir, als ob alles, jedes Blatt, jedes Grashälmchen um mich eingestimmt war in diese Lebens-Symphonie. Spontan erwachte in mir der Wunsch mitzusingen, in diesen Chor einzustimmen und mit meinem Leben auch zu dieser Freudenhymne beizutragen. In diesem Lichte erschien mir der Einstieg in die Findhorn Gemeinschaft, die durch ihren Kontakt mit Naturwesen berühmt geworden war, ein guter nächster Schritt zu sein.

Als neues Gemeinschaftsmitglied führte mich mein erster Job in die Findhorn Küche, wo ich zusammen mit unseren Gästen für bis zu 150 Menschen kochte. Manchmal, wenn ich merkte, dass die Gruppe müde wurde oder der zu schälende Kartoffelberg schier endlos schien, unterbrach ich oft das Kochen und machte mit der Gruppe kurz entschlossen einen Tanz um den Küchentisch oder sang mit ihnen ein Lied. Und siehe da, in kürzester Zeit war der Gemeinschaftsgeist wieder hergestellt, die Herzen waren erfüllt, die Augen leuchteten und die Arbeit ging wie von alleine von der Hand!

"Erstaunlich, wie schnell Musik die Energie verändern kann", dachte ich und freute mich an dem harmonischen Arbeitsablauf und an dem wohlschmeckenden Resultat!

Findhorn

Findhorn ist für mich ein Ort, an dem Menschen verschiedenster Herkunft zusammenkommen, um zu lernen, um miteinander und mit allen Naturbereichen selbst-verantwortlich, kreativ und harmonisch zu leben. Durch den multi-kulturellen Austausch in unserer Gemeinschaft sammelte ich mit der Zeit ein reiches Repertoire von spirituellen Liedern aus aller Welt. Besonders interessierten mich Lieder mit mantrischem Charakter, die vielstimmig und doch leicht zu lernen waren.

Durch die Vielfalt der Lieder gaben diese Einblicke in andere Sprachen und Kulturen, öffneten durch ihre schlichte Schönheit die Herzen und erinnerten uns an die Einheit allen Lebens. In diesem Sinne war es leicht, durch die Musik den Findhorn Ethos einer im Geiste geeinten Erde und einer in Frieden verbundenen Menschheitsfamilie zu vermitteln.

An manchen Abenden leitete ich Musikgruppen. Hier konnten wir die gelernten Chants und Spirituellen Lieder mit einfachen 'Orff'-Instrumenten begleiten, die ich aus Deutschland mitgebracht hatte. Nach einem dieser Abende erhielt ich das Angebot, auch in Deutschland einen Kurs abzuhalten. Dieser Einladung kam ich gerne nach. Im Herbst 1987 packte ich alle Instrumente in mein Auto und machte mich auf den Weg nach Hannover. Nach zweitägiger Reise musste ich bei meiner Ankunft allerdings feststellen, dass sich nur drei(!) Leute zu dem Singkurs angemeldet hatten. Angesichts dieser Sachlage schickte ich ein Gebet gen Himmel und sagte im Inneren zu meinen Engeln: Wenn diese Art des Singens mein Weg sein soll, dann bitte ich in Zukunft um Unterstützung mit den Anmeldungen, sonst werde ich doch mein Geld als Sekretärin verdienen müssen!

Der erste Kurs, obwohl klein, lief wunderbar. Wir machten Kassettenaufnahmen für die Teilnehmer, um die Melodien nicht zu vergessen und am Ende des Kurses erbot sich Anne, die Leiterin des Yogazentrums, weitere Kurse durch ihre Schule auszuschreiben. Sie kopierte die Kassette, gab sie weiter und bei meinem nächsten Besuch hatten wir schon 30 Teilnehmer/innen! Unter diesen waren weitere Yoga Lehrer, die mich für fünf weitere Wochenenden in ihre Zentren einluden! Und damit war mein neuer Beruf geboren!

Als 'Musikbote' habe ich seither die Gelegenheit, von Findhorn aus durch alle Welt zu reisen. Und egal ob in Deutschland, Japan, Brasilien, Amerika oder Russland, überall wurde diese Art des Spirituellen Singens freudig und rasch angenommen. Ja, ich entdecke eine 'Globale Kultur', denn auf allen Kontinenten sind Gruppen mit ähnlichen Ideen und Idealen zugange!

Es ist für mich ein großes Glücksgefühl, die Liebe für die Musik mit vielen Menschen teilen zu können und zu sehen, wie eine Gruppe von einander unbekannten Menschen sich schnell und reibungslos in einen großen Chor verwandelt.

Ganz besonders begeistert mich Alwines und Abithis Idee der Nacht der Spirituellen Lieder. Da wird ganz unkompliziert ein wunderbarer Rahmen geschaffen, in dem Menschen gleichzeitig Freude haben, die Schönheit des Singens erfahren und menschliche Not lindern können! Damit kommt ein Stückchen Himmel auf die Erde! Was kann man sich Schöneres vorstellen?

Das Leben ist ein Lied – Singe es!

Mutter Theresa

Die Seele selbst ist das Lied

Eine Kleine Sufigeschichte erzählt vom Zusammenhang von Stimme und Seele

Als Gott nach Seinem Bilde eine Gestalt aus Ton geschaffen hatte, bat er die Seele, sie möge dort hineingehen.

Die Seele jedoch weigerte sich, gefangen zu werden, denn es ist ihr Wesen, frei herumzufliegen - und nicht begrenzt oder an irgendeinem Raum gebunden zu sein.

So verspürte die Seele nicht die geringste Lust, den Körper zu bewohnen.

Da bat Gott die Engel, ihre Musik erklingen zu lassen und zu singen.

Als die Engel sangen und spielten, hörte die Seele dem Lied zu. Durch die Klänge bezaubert und weil sie die Musik mit allen Sinnen noch stärker erleben wollte, war sie bereit, den Körper zu beseelen.

Einige Menschen sagen, die Seele sei in den Körper hineingegangen, weil sie dieses Lied hörte ...

In Wahrheit aber ist die Seele selbst das Lied.

Überlieferung nach Hafiz, einem der großen Poeten des alten Persiens.
Man beachte die Doppeldeutigkeit des Wortes "Ton"

„Zusammen zu tönen
und zu singen
bringt alle Teilnehmenden
in eine erhöhte energetische
Schwingung.
Klang ist ein kraftvolles Heilmittel".

Carien Wijnen

Heilsames Singen

Über das Tönen und Singen begegnen wir uns. Wir weben unsere Stimmen und Töne zu einem Netz, das uns verbindet und trägt.

Kraftlieder zu Gott, Mutter Erde, Licht, Natur, Frieden... stärken uns in unserer Kraft und in unserem Selbstausdruck und bringen unseren Körper und unsere Seele in heilende Schwingungen.

Singen und Tönen sind eine sehr direkte Form des Ausdrucks. Über Singen und Tönen kann der Mensch sich in seinem Innersten erleben, kann den direkten Kontakt zu seinem Wesenskern finden und sich hörbar und sichtbar machen. In dieser Präsenz, in dieser Wahrheit ist er sowohl kraftvoll als auch verletzlich.

Das Singen gibt der seelischen Energie Raum, verbindet mit dem Atemrhythmus und bewirkt eine Steigerung der Lebensfreude. Zusammen zu tönen und zu singen bringt alle Teilnehmenden in eine erhöhte energetische Schwingung.

Im Singkreis

Chanten ist das Singen einfacher Melodien, die durch längeres Wiederholen eine besondere Wirkung entfalten. Viele TeilnehmerInnen beschreiben eine tiefe, heilsame Wirkung auf Seele und Körper.

Es gibt viele Möglichkeiten, den Kreisgesang zu gestalten. Meist wähle ich ein Lied aus, das ich ansinge. Dabei gebe ich Tempo und Tonlage vor.

Während des Singens bleibe ich aufmerksam für das, was in dem Moment erforderlich ist. Je nach Situation entscheide ich intuitiv und leite und begleite den Ablauf. Ich achte auf Lautstärke, Mehrstimmigkeit und Zeitdauer des Singens sowie ggf. Improvisation und Körperbewegungen.

Beispiel zur Trauerbegleitung

Wir singen in einem Seminar „Oh, go in beauty", ein Abschiedslied. Eine Frau ist gerührt und weint. „Möchtest du etwas mitteilen?", frage ich. Sie erzählt, dass sich ihre Freundin vor drei Monaten umgebracht hat. Es geschah für sie so plötzlich und unerwartet, sie könne es immer noch nicht verstehen. Ich rege an, noch einmal dieses Lied zu singen und dabei die Teilnehmerin und ihre verstorbene Freundin im Licht zu visualisieren. Wir wiederholen den Chant so lange, bis sie sich beruhigt und entspannt hat. Später sagt sie erleichtert: „Ich habe zum ersten Mal richtig trauern können, ohne Schamgefühl."

Besingen

Es ist eine besondere Erfahrung, für Menschen zu singen. Man kann es zu zweit oder zu mehreren in der Gruppe durchführen.
Lieder wie z.B .„Jaya Jaya", „I am a circle", „Gate gate", „Gayatri Mantra", „Neesa", „Om namaha Shivaya", „Ancient Mother", „The river is flowing", „Thy light is in all forms" und das „Huna-Mantra" sind in besonderer Weise dafür geeignet. Es ist auch möglich, einfach frei zu tönen.

Eine oder mehrere Personen legen sich bequem auf eine Decke, sternförmig mit dem Kopf in die Mitte des Kreises, sodass sie die gesamte Klangwirkung aus der Mitte heraus genießen können. Sitzen ist auch möglich. Die Singenden sitzen oder stehen rundum im Kreis.

Das Singen mit gemeinsamer Intention, aus dem Herzen und voller Liebe, macht die Wirkung! Der Gesang soll einfach und einfühlsam gestaltet sein und kann etwa 10 Minuten dauern.
Die Besungenen berichten häufig danach, dass sie sich wie auf einer Reise erlebt haben, manchmal geschaukelt in einer Hängematte oder auf einer Liege über einen Berg getragen. Andere erleben sich übers Meer segelnd oder durch die Lüfte fliegend.

Viele beschreiben die Wirkung des Besungenwerdens so, dass alle Zellen schwingen wie bei einer Ganzkörpermassage, oder sie fühlen sich ganz von Licht umgeben. Eine beglückende Erfahrung!

Nach dem Besingen ist es wichtig, den TeilnehmerInnen genügend Zeit zu lassen, um „zurück zu kommen". Auch die Singenden kommen in einen intensiven Prozess. Das Wiederholen des Liedes bringt sie in einen entspannten, manchmal tranceähnlichen Zustand. Das gemeinsame Singen wird als tragend und verbindend erfahren, Emotionen werden ins Fließen gebracht und körperliche Beschwerden können sich verringern.

Verantwortung

Die Schwingungen beim Singen, speziell bei spirituellen Gesängen, können im Menschen starke Gefühle und Stimmungen auslösen. Jede/r Teilnehmende hat seine Eigenverantwortung für sich persönlich. Dennoch ist es die Aufgabe der/des Therapeutin/en bzw. SeminarleiterIn, alle Teilnehmenden wahrzunehmen, um im Prozessverlauf deren individuelle Situation, momentane Befindlichkeit und ausgelösten Emotionen zu begleiten.

Gerade heilendes Singen ist ein starkes Medium und muss sorgfältig dosiert eingesetzt und mit besonderer Sensibilität begleitet werden, weil es „Ich-auflösend" bzw. dissoziativ wirken kann.

Als Leiterin muss ich darauf vorbereitet sein, dass alte traumatische Erfahrungen erneut mobilisiert werden können, und ich habe die Aufgabe, verantwortungsvoll meine Methoden einzusetzen und nichts zu forcieren.

Durch meine frühere Arbeit als Ärztin in der Psychiatrie sind mir psychische Ausnahmezustände vertraut.

Gesang als Medizin

Ich hatte das Glück, in eine „singende" Familie hineingeboren worden zu sein. Bei uns wurde zu den unterschiedlichsten Anlässen mehrstimmig gesungen. Schon als Kind war ich in vielen Chören, und ich machte eine klassische Gesangsausbildung. Mein Wunsch, Menschen zu helfen, führte mich zum Medizinstudium, das mich jedoch durch seine einseitig mechanische Sichtweise enttäuschte. Also wendete ich mich zusätzlich der Naturheilkunde und Psychosomatik zu und machte eine Ausbildung zur Heilpraktikerin. Viele Weiterbildungen folgten, von Musiktherapie bis Jazzgesang, von Energiemedizin bis Kreistanz.

Seit 1986 begann ich mit Patienten und anderen Interessierten in meiner Naturheilgemeinschaftspraxis zu singen. Seit dieser Zeit werde ich immer wieder gebeten, Gesangs-Workshops zu geben. Das war der Ursprung eines nicht abreißenden und freudig-kreativen Stroms von Arbeit mit Stimme und Gesang.

Der Gesang reifte weiter heran zu meinem ganz speziellen therapeutischen Medium. Nicht zuletzt setze ich meine eigene Stimme als Heilmedium ein. Meine Heilarbeit ist zunehmend „feinstofflicher" geworden.

Klang und besonders die Klangwirkung der eigenen Stimme ist das Medium zur Heilung, das mich nach wie vor am meisten fasziniert. Klang ist ein kraftvolles Heilmittel, das durch die Energie seiner Schwingung in den Körperorganen und der Seele heilsame Prozesse in Gang zu setzen vermag.

Musik und Gesang
sind der direkteste Weg,
um uns von dieser stofflichen Welt her
mit Gott zu verbinden

Rabbi Nachman von Breslau

Es ist die Einübung des Gesangs
die tiefste Form der Erinnerung.
Da wird der Mensch
in seiner Ganzheit gefordert.
Hierin findet er letztlich zu sich,
aber auch zum Du,
zur Gruppe, zum Anderen.
Gesang ist Ihm Mittel
zur Selbstverwirklichung.
Nicht zuletzt aber
drückt der Mensch
seine reinste Freude
und Glückseligkeit im Gesang aus.
Dieser spendet ihm
den Glanz und die Beschwingtheit
zu den Festen und Feiern
seines Lebens.

Nach einem Gedicht von Bernhard Wosien; .das Wort Tanz ersetzte ich durch das Wort Gesang, diese Begriffe scheinen für mich austauschbar

Wer gehen kann,
kann tanzen –
wer sprechen kann,
kann singen!

Aus Afrika

Ya Beppo & Gisela

Es kann uns verzaubern

Ein Rätsel:
Was ist das?
Es ist so leicht,
es tut so gut,
es stärkt uns,
es verbindet und verändert uns
und man kann es eigentlich nicht beschreiben -
aber: es kann uns verzaubern!*

Verzaubert waren wir jedenfalls von der ersten Minute an, in der wir südafrikanische Gospelgesänge hörten. Das liegt nun genau 20 Jahre zurück und es dauerte fast 10 Jahre, bis wir selbst nach Afrika reisen konnten. Dort erging es uns wie Konstantin Wecker:

„Aus euren Liedern klingt, was hier verpönt, verboten scheint:
Ihr singt von Schönheit und ihr fleht zu Gott und ihr bewegt euch immer so, wie's in euch lacht und weint - entführt uns doch ein Stück, aus unsrem kalten Trott."

(K.W.Paradies)

Sobald wir von den afrikanischen Klängen angesteckt waren, haben wir damit begonnen, sie in unsere Kirchen, Schulen und Kinder -

*Ja, das Singen !!

gärten zu tragen und viele Menschen zum Mitsingen zu locken. Wie gerne lassen sich die Besucher von Gottesdiensten aus dem leider häufig unterkühlten „Kirchen-Trott" entführen in eine lebendige, herzliche Glaubenswelt – indem sie singen, sich bewegen und sich verzaubern lassen.

Warum und wozu afrikanische Gospel-Workshops?

Ende der achtziger Jahre begegneten wir zum ersten Mal afrikanischen Freiheitsliedern und Gospels. Die Bewegung um Nelson Mandela (der damals noch im Gefängnis saß) und Bischof Tutu, die den mutigen Menschen, die sich für Freiheit und Gerechtigkeit mit ihren Herzen, ihrem Glauben und oft auch mit ihrem Leben einsetzten, ein "Zuhause" bot - sie alle fanden Kraft und Schutz im gemeinsamen Singen. Da gab es Trostlieder für die Gefangenen, Klagelieder, Protestlieder gegen die Apartheid, Gospel, der auf die Straßen und in die Homelands gelangte - und von dort wieder zurückkehrte in die Gottesdienste, die den Menschen wiederum die nächsten Handlungsschritte ermöglichten.

Dann wurde in unserem Dorf ein altes Gasthaus zu einem Asylheim gemacht und die Menschen fürchteten sich vor den Schwarzafrikanern, die durch die Villenstraßen und den Wald spazierten. Die Menschen aus Afrika ihrerseits fürchteten sich vor Anschlägen gegen solche Heime und verkrochen sich.

Wir lockten sie mit einigen Liedern aus der Reserve, und wir lockten unsere Landsleute mit Beppos (vertrauter) Stimme in die Kirche zu einem Gospel-Abend. Da trafen sich dann alle unversehens und waren ganz überrascht von so viel Gemeinsamkeit - beten, singen, Kreuz, Vaterunser und Songs wie *Kumbaya*, und *He's got the whole world in his hand*. Was heißt das wohl - ER HÄLT DIE GANZE WELT IN SEINER HAND??

Und dann kamen einige Menschen aus Ghana, dem Kongo und Nigeria nach vorne. Einer hieß "Loveday" und betete hingebungsvoll in einer geheimnisvollen Sprache, ein Ehepaar aus dem Kongo sang ein trauriges, wunderschönes Lied und die alten Bauern und die ängstlichen Villenbesitzer hatten feuchte Augen.

Ja, so fing es an. Und es gibt schöne Geschichten über die verbindende Kraft afrikanischer Gospels: Wie ein altes Ehepaar am Heiligabend zwei große Bleche Kuchen ins Asylheim bringt, wie die Telefonkette zum Schutz des Heims funktionierte u.a.m. Seither singen wir jedenfalls Gospels aus Afrika. Jeder Workshop endet mit einem Gottesdienst oder einer Messe und manchmal laden uns auch afrikanische Gemeinden ein.

Wenn wir in Schulen[1] diese Lieder weitergeben, finden die Proben und ein abschließendes Mitsing-Konzert für die Eltern ebenfalls in der Kirche statt. Das gemeinsame Singen ist das Ziel - am allerliebsten mit unseren Freunden aus Ghana, Nigeria, Kongo oder mit spontanen Gästen aus einem afrikanischen Land. So kann jeder diesen Kontinent hautnah spüren, die Sprache, den Klang, den Rhythmus, die Kraft und die un-glaubliche Freude, die von einem unbeschwerten Singen ohne Noten ausgeht. Die Freude, die ich beim Singen weitergebe - ausstrahle - sie ist die Meßlatte, mit der in Afrika über "gutes Singen" entschieden wird.

Mit Musik wird gerade überall auf der Welt in vielen Konzerten auf den afrikanischen Kontinent und unsere Verantwortung hingewiesen, auf die Notwendigkeit zu Teilen, was uns gegeben und anvertraut wurde – und auf die Notwendigkeit, uns zu bescheiden. Wir bedanken uns auch jedes Mal für das Geschenk der Klänge und Rhythmen, wir unterstützen Projekte für einen jungen Chor in Kinshasa (Kongo), für jugendliche Aids-Aufklärungsarbeit in Swaziland und in Südafrika, für eine Dorfschule und eine Krankenstation im Kasai/Kongo. Das alles bewirkt die Musik, bewirken die Gospels dieser gottesnahen Menschen. Eine Frau ging montags nach einem afrikanischen Gospelworkshop zu ihrem Chef und bat ihn um Versetzung an eine andere Arbeitsstelle, weil sie nicht sonntags mit Afrikanern singen - und sie montags ausweisen könne.

Es entsteht eine tiefe Verbundenheit, aus der Achtung, Toleranz und ein weites Herz wie von alleine wachsen. Unser Glaube wird gestärkt, die Zweifel schmelzen dahin - oder treten ganz

---

[1] siehe Enja Riegel, u.a., DAS ANDERE LERNEN, Die Helene-Lange-Schule S. 170 f, u. S. 362 und E. Riegel, Schule kann gelingen, S. 54-56

einfach in den Hintergrund. Auf jeden Fall scheint die Distanz zu Gott kleiner zu werden, weil das Singen dieser afrikanischen Gospels eine unsichtbare Brücke zu bauen scheint zwischen IHM und uns.

Viele afrikanische Gospels haben einfache Refrains mit kurzen Texten. Sie werden - wie in Taizé - lange und nach und nach mehrstimmig gesungen, und immer ohne Noten. Jeder kann sich mit seinen Fähigkeiten einstimmen lassen.

Die Gruppe bestimmt jeweils, wie viele Stimmen sie sich zutraut. Menschen mit viel Singerfahrung können die anderen beim Finden einer Ober- oder Unterstimme unterstützen. Da alle Gospels auch gesungene Gebete sind, können sie beim Singenden Kraft und Hoffnung auslösen, manchmal auch Tränen und Traurigkeit, Mit-leiden und Einfühlen und sehr oft eine ganz tiefe Freude.

Gottesdienst ist in Afrika - wie in Taizé - ein zu sich selbst und ein zu Gott kommen – ein Sich-finden, unverstellt, Gott finden. In Afrika - wo Klage und Verzweiflung die Nähe zu den Leiden Jesu nahe legen würden, ist diese Beziehung in den meisten Liedern jedoch voller Dankbarkeit, Freude und Liebe. Darin liegt die eigentliche Kraft, die wir beim Singen spüren. Wenn unsere afrikanischen Freunde dies dann noch mit Tanzen und Trommeln verstärken, können wir gemeinsam unserem Leben aus dem gesungenen Glauben heraus wirklich Gestalt geben.

Das Singen der afrikanischen Lieder ist deshalb so mitreissend, weil:

1. die Texte nicht jeder versteht und man deshalb nicht zuerst am Text klebt,
2. die Sprachen z.B. Lingala (Kongo)oder Ibu (Nigeria) so gut und singbar klingen wie etwa italienisch,
3. die Gospels haben meist einen kurzen Refrain, und der kann durch Mehrstimmigkeit immer bunter gestaltet werden, mit Reinsingen, mit Gegengesängen.
4. die Strophen kann man leicht mit deutschen Texten ergänzen.

5. der Rhythmus ist das Allerwichtigste. Er ist das Fundament aller Popmusik. Wenn man erst einmal den Song in den Füssen hat, geht es endlos weiter.

Unser Weg zu diesen Liedern ist auch über die Klassik, den modernen Kirchengesang, die amerikanische Gospelwelt gelaufen. Um den Liedern und den Gefühlen näher zu kommen, haben wir viele Afrikareisen unternommen, bis tief in die verschiedenen Glaubensgemeinden hinein.

Doch um die Trance zu spüren, die oft bei den Gesängen auftritt, fehlt uns noch viel, viel mehr hineingehen in den Rhythmus und in den Glauben. Dass das Singen zu Gott doppeltes Beten ist, spürt und sieht man in den afrikanischen Chören und auch in den schwarzen amerikanischen Chören.

Ansteckend!

Die Musik Afrikas ist ansteckend. Wir wurden angesteckt – und kommen nicht mehr davon los. Wir sind „AMATEURE“ (Liebhaber und Laien zugleich) - Anfänger, die sich immer wieder verzaubern lassen vom musikalischen „Überlebenswillen“ dieses Kontinents.

Wie alles anfing

Es begann vor zwanzig Jahren mit internationalen Abendandachten in unserer Dorfkirche. „Gott und die Welt“ waren hier zu Gast, denn Asylsuchende hatten im Dorfgasthof ein flüchtiges Zuhause gefunden. Sie kamen aus Jugoslawien, Afghanistan, Irak, Vietnam und aus vielen afrikanischen Ländern.

Wir lernten voneinander – aber die Gospels aus Afrika eroberten die Herzen aller im Sturm. Die Grenzen und die Enge einzelner Glaubensrichtungen wurden singend übersprungen.

In unseren Workshops (amerikanische Gospels) ließen sich die Teilnehmer/innen begeistert auf die ersten afrikanischen Lieder ein, sie wurden OHRWÜRMER und sie vermehrten sich unaufhaltsam. Wir begegneten ihnen in den engen Zimmern des Asylheims, in den „Eine-Welt-Gottesdiensten“, in Schulen und Kirchen (der afrikanischen Gemeinden), auf Kirchentagen und in persönlichen Freundschaften mit Menschen aus Nigeria, Südafrika, dem Kongo oder Ghana.

In Afrika

Im Kongo erlebten wir 1989 unseren ersten Gottesdienst in einer übervollen Kirche mit fünf verschiedenen Chören - es war atemberaubend. „Singen um zu überleben" – wir erfuhren, welch eine Kraft im Gesang wachsen kann. Wir freundeten uns mit einem Jugendchor an, mit dem wir bis heute verbunden sind – sie schenken uns Lieder – wir schenken „Brot" (Fahrgeld, Essen bei Proben, Instrumente und Ausbildung) [2].

Zurück in Bremen besuchen wir hier und in anderen Städten sehr gerne die afrikanischen Gottesdienste und arbeiten, wo immer es möglich ist, mit afrikanische Gemeinden zusammen (Berlin). In Rom trafen wir in der kongolesischen Messe einen Bischof, der unsere Musik (via CD) aus Kinshasa kannte.

Später fuhren wir nach Nigeria (2001), Ghana (2003) und zweimal nach Südafrika. Die meiste Zeit verbringen wir dort bei Chören, in Schulen und Gottesdiensten. Oft lernen wir die schönsten Lieder von Kindern, für sie ist Beppo mit seiner Gitarre ein „Rattenfänger".

Afrikanische Gospels singen und weitergeben

Ist nur möglich, wenn ich selbst FREUDE daran habe.
Wir haben viel zugehört, getrommelt, getanzt und so die fremden vokalreichen Sprachen ins Herz geschlossen. Sie legen uns nicht fest und ermöglichen uns einen eigenen Zugang zu dieser Musik. Türen und Fenster zu unserem eigenen Glauben öffnen sich wie von selbst.

Wenn wir uns beim Singen in „Bewegung setzen" klappt es fast wie von allein. Wir singen also immer im Stehen, Gehen, Tanzen, Swingen – die Arme leicht angewinkelt und ebenfalls bewegt (kleine Achten andeuten).

---

[2] *Der Chor „les bana ngayime" wird durch P.A.Müller (svd) in Kinshasa geleitet, der ihn 1990 gründete. Vor 3 Jahren besuchten uns 10 Sänger (s. CD „ESENGO")*

Unsere Bewegung ist das Metronom und stützt auch die Stimme, die ruhig ein wenig „dreckig" klingen darf. Frauen- und Männerstimmen können durch häufiges Improvisieren bald selbst eine unkomplizierte Zweistimmigkeit finden.

Solisten vereinfachen die Einsätze und geben Zeilenanfänge bekannt. Sie können auch kleine Improvisationen in Lücken einflechten. Solisten aus Afrika sind natürlich die „Sahnehaube". Sehr gerne übernehmen auch Kinder diese „Vorsänger-Rolle".

Alle Stimmen sollten auch immer wieder einzeln zu hören sein, der Wechsel von „laut und leise", von Summen oder Klatschen, von Body- und Mouth-Percussion sorgt für Abwechslung.

Instrumente

Instrumente sind verzichtbar – in Afrika gibt es oft keine. Einige Gospels vertragen eine eher dezente Trommelbegleitung oder rhythmische Verstärkung durch Kalebassen, Rasseln etc. Wir haben mit der Gitarre gute Erfahrungen gemacht (vor allem mit ungeübteren Singers oder mit Kindern). Sie hilft, den Aufbau des Liedes (Kadenzen) zu hören und mehrstimmig zu werden. Aus diesem Grund (und wegen zahlreicher Nachfragen) haben wir ganz einfache Griffe über die Texte notiert – sie können ebenso verändert werden wie die Tonart.

Noten

Noten gibt es bei unseren Workshops nie. Alle sollen ihre Ohren und ihr Gedächtnis nutzen, ihren Rhythmus und ihre Bewegung finden. Dieses „notenfreie" Singen entlastet Ungeübte, und die erfahrenen Sänger erleben eine Herausforderung.

Texte

Die Texte können entweder auf große Pappen (Plakate) oder auf OH-Folien gebracht werden. In den Händen des Chores haben sie nichts zu suchen (Kinder lernen an zwei Vormittagen 10 -15 Texte auswendig).

Projekt und Gottesdienst

Projekt & Gottesdienst sind immer eine Einheit. Ob wir ein eintägiges oder 5-tägiges Projekt mit afrikanischen Gospels anbieten – am Ende sollte ein Gottesdienst mit der Gemeinde/Schule und mit Gästen stehen. Da steckt dann der Projektchor alle Besucher an, und die Kirche erlebt eine singende Gemeinschaft.

Wer selbst einen Chor leitet, kann viele Songs auf den CDs [3] kennen lernen und dann weitergeben (Texte sind immer dabei). Wer mehr erfahren möchte, besucht am Besten einen Workshop.

Der Rhythmus der Pinien im Walde,
Das Murmeln einer Quelle zwischen den Felsen -
Lausche Ihnen ganz still,
Und du hörst die ursprüngliche Musik von Himmel und Erde

Huanchu Daoren

---

[3] *„Afrikanische Gospels I" Textbuch mit Übungs-CD (5/05) „Nkosi sikelel'i Afrika" (6/07) CD mit Chorbeispielen und neuen Übungsliedern ", „ Akuna matata": verschiedene Wochenendchöre, „Beppo singt mit Kindern" 1-3, verschiedene Schulprojekt-Aufnahmen – alles mit Texten!*

Angelika Thomé

Singen macht lebendig

Ich danke Angelika Thome und Mark Fox für ein Gespräch, in dem sie mit mir einige Gedanken und Erfahrungen teilten, die ich hier wiedergeben möchte:

Angelika Thomé singt sowohl als Sopranistin wie auch mit ihrem Partner, dem Opernsänger Mark Fox, bei den „Nächten der spirituellen Lieder" und in Singworkshops Mantragesänge mit den Menschen. Wie passt das zusammen?

„Im Mantrasingen kann ich mich ganz tief fallen lassen. Ich singe, ohne darüber nachzudenken, wie es bei den Anderen wohl ankommen mag. Ich fühle mich frei davon. Ganz anders, als wenn ich Opernarien singe.

Je tiefer ich mich fallen lasse, desto freier und offener wird meine Stimme. Und das ist, was die Stimme und auch die Seele will. Sie wollen sich frei ausdrücken.

Bei diesen Liedern, die wir auch in den spirituellen Singnächten singen, können wir unserem Denkmechanismus eine Ruhe gönnen. Vielleicht kommen deshalb so viele Menschen.

Durch intuitive Klänge und Töne, ohne bestimmte Worte und Melodienfolge kann ich in tiefste Tiefen meiner Seele gelangen und einfach nur das heraus bringen, was da ist. Dieses Tönen hat eine große Kraft und kann etwas in uns heilen, sowohl in mir als Singende als auch in dem, der sich in dieses Klangfeld mit hinein begibt. Wenn wir uns selbst im Singen spüren können, dann fühlen wir uns lebendig, dann spüren wir, dass wir leben. Und das bringt viel Freude, Glück und Erfüllung."

Wie wir über Gesang
zu unseren inneren
Schätzen kommen

Mark Fox

Zurück zum Urklang

„In meiner Arbeit geht es um die individuelle Stimme, die sich einmal durch das gesprochene Wort wie auch durch den Gesang ausdrückt. Durch das gesprochene Wort kommen wir in die Nähe unserer individuellen Wahrheit: ich lerne für mich zu sprechen, zu kommunizieren - auszudrücken, was für mich wahr und wichtig ist.

Mit meiner Gesangsstimme drücke ich meine seelische Wahrheit aus.

Beide Bereiche sind total wichtig und schließen einander nicht aus. Wenn ich mich in beiden Richtungen gut auskenne und ausdrücke, erfahre ich mich ganzheitlicher und bewusster.

Der Gesang ermöglicht uns, in den seelischen Bereich einzutreten und dabei ganz Wesentliches zu erfahren. Er führt uns ganz in Richtung Seele. Er zieht uns sogar dahin. Im Singen zieht es mich immer weiter in die Berührung mit der Weite, der Freiheit, dem Nichts.

Auf zauberhafte Weise geschieht das alles nur durch ein Mantra.

Ich weiß selbst nicht genau, wie das passiert, aber im Singen mache ich den ersten Schritt, und der Gesang führt mich von alleine weiter. Er hat seine eigene Anziehungskraft.

Das Singen ist wie eine Brücke.

Durch den Gesang schaffe ich eine Brücke zwischen den beiden Welten, zwischen mir als Mensch hier auf der Erde und meinem seelischen Bewusstsein.

Das ist das Geniale am Gesang. Ich muss nicht mit großer Disziplin Meditationstechniken lernen, um diese Erfahrung zu machen. Der Weg in meine seelischen Landschaften ist durch Gesang leicht zu finden, er führt mich direkt dahin.

Angelika und ich kommen ursprünglich aus dem klassischen Gesang. Wir lernten in unserer Gesangsausbildung, unsere Stimme auszubilden, sie als Instrument zu gebrauchen und unsere Begabung zu entwickeln.

Es ist nicht verkehrt, eine Gesangstechnik zu lernen, doch es ist dabei nicht einfach, den Bezug zum Urklang zu bewahren. Der Urklang ist der Weg zur Selbsterkenntnis, zu meinem Urwesen, er bringt mich in Kontakt zu mir, er erinnert mich an mich selber. Die Gesangstechnik passt nicht unbedingt zu meiner Seele.

Wir möchten wieder Schritte zurück machen zu unserem ursprünglichen Singen ohne Gesangstechnik und ohne musikalische Stilvorstellungen. Beim Mantrasingen geht es um einen Gesang, der aus meinen tiefsten Erfahrungen, aus meiner tiefsten Seele heraus kommt. Es ist ein Weg, um in unseren emotionalen Körper, tief zu uns selbst zu kommen. Deswegen ist das Singen von Mantras eine so kraftvolle Erfahrung.

Wir müssen nichts beweisen, nichts aufputschen, keine bestimmte Stimulation oder Erregung erzeugen wie bei dem Gesang auf der Bühne. Der Performer ist bei einer Vorstellung den ganzen Projek- tionen und Erwartungen des Publikums ausgesetzt. Er kann das oft nur aushalten, wenn er ein starkes Egofeld aufbaut. Das hat dann nichts mehr mit dem Ursprung des Gesangs zu tun.

Die gute Nachricht: Ursprüngliches Singen, das mit der Seele verbindet, das kann jeder! Wir müssen es nur schaffen, unsere „ Peinlichkeitsgrenze" zu überschreiten - dann landen wir unwillkürlich im Garten Eden.

Das ist Gesang!

Ein wichtiger Schritt dahin ist, dass wir all unsere musikalischen Ansprüche und unser „Ich kann nicht singen–Denken" über Bord schmeißen, damit wir einfach nur zum Singen kommen, egal wie. Es funktioniert - und bringt den Gesang dahin zurück, wo er hingehört.

Bei den Singtreffen, wie z.B. bei den „Nächten der spirituellen Lieder", dürfen wir uns alle wieder daran erinnern, dass der seelische Ausdruck eigentlich der wahre Schatz des Menschen ist.

Es ist das, was wir alle in uns tragen. Durch den Gesang, den Tanz, das Malen können wir in Kontakt mit unserem eigenen Reichtum kommen.

Hier ist der wahrhaftige Schatz!

Hier ist die wahre Nahrung des Lebens!

Es ist ein Privileg, Menschen auf diese Ebene zu führen. Wir dürfen uns dabei begegnen und wesentliche Erfahrungen machen. Mein Gott, wie reich ich bin!!!"

Dieter Wienand

Wie finde ich Zugang zu meiner Stimme und zu meiner Person?

Ein erster Schritt ist das Hören: es gilt, wieder horchen zu lernen: zuhören, hinhören, anhören.

Aufhören, mich der Flut der Sinnesreize auszuliefern.

Den Sinn des Schweigens und Lauschens lerne ich zu schärfen.

Denn das ist Bedingung, um Zugang zu meinem inneren Tempel zu finden. So kann ich ihn erahnen und pflegen - in der Stille. Nur so kann ich ihm Raum und Verankerung in meinem Leben geben.

Der zweite Schritt ist: körperliche Spannungen und Panzerungen zu lösen, um mir den Fluss des Atems, meinen Eigen-Ton und den Klang meiner Stimme in langsamen Übungen bewusst werden zu lassen. Jede Zelle in meinem Körper hat ihr eigenes Gedächtnis, speichert Erinnerung an erlebte Freude wie auch an Angst und Schmerz.

Die Muskeln sind oft angespannt zum Schutz vor neuer Verletzung. Im Tanzen und Singen aber kann ich eintauchen und loslassen.

Hier kann ich gelöst, frei und offen werden.

Und darin wieder ganz und heil.

Im dritten Schritt erspüren wir die Chakren, unsere Energiezentren, atmen und tönen in den ihnen zugehörigen Vokalen. Es folgt Einstimmen, Körper- und Energiearbeit und das Öffnen der Resonanzräume des Körpers.

Ganz wichtig ist der vierte Bereich der Bewegung und des Rhythmus. Das freie Tanzen allein belebt und befreit. Die meditativen Tänze dann bilden Gemeinschaft, einfache, ruhige oder auch beschwingte Kreistänze führen uns zur Mitte: der eigenen, wie der der Gruppe. Das Teilhaben an der harmonischen, rhythmisch pulsierenden Gesamtbewegung aller im Raum ist oftmals ergreifend, berührend. Das meditative Tanzen vermittelt uns das Geborgensein in einer größeren Ordnung.

Und als fünftes dann das Singen.
Leichte, einstimmige Indianerlieder und die dazu gehörigen Tänze erden und sammeln. Der Klang nimmt mich mit auf die Reise. Langsam kommt der Klang mir näher und ich werde getragen, werde erhört, an– und aufgenommen ohne Leistung, ohne etwas tun zu müssen: Ich darf so sein, wie ich bin.

Im sechsten Schritt singen wir leicht und mit Freude und vor allem ohne Noten Lieder des Herzens unterschiedlicher Überlieferung: Ob einfache Choräle aus Taizé, südafrikanische Weisen, den irischen Reisesegen, Mantren westlicher und östlicher Weisheit, Lieder der Kirchengesangbücher wie auch der orthodoxen Tradition, Melodien schamanischen Ursprungs, die betörenden Gesänge der Sufis oder deutsche Volkslieder.

Wir singen mit Anleitung und Inspiration einstimmig oder im Kanon, versetzt oder gleichzeitig, zwei- und mehrstimmig in offener Struktur. Wir improvisieren, singen so, wie Stimme und Herz sich im Jetzt anfühlen. Wir chanten, wir suchen frei unsere eigene Melodie zum gemeinsamen Klang.

Dieter Wienand,
Ingrid, Abhiti Kunz
und Alwine Deege

Wenn ich sing`

Wenn ich sing.
vergisst sich,
manchmal
und ohne Absicht,
mein Ich.

Wie leicht fällt es
dem Herzen dann,
JA zu sagen
zu Mir,
zu Dir,
zum Wir.

Jetzt dürfen Augen ruh´n,
der Mund, er muss nicht sprechen.
Im Ohrenschmaus getragen sein
macht Türen auf und Tore.

Hier kann ich begegnen,
auf sanfte Art und Weise-
jenes Lächeln zaubernd,
das zur Stille führt.
Zum Glück.

Wo gehen die Stimmen hin,
sind sie gesungen?
Wo kommen sie her,
noch nicht erklungen?

Aufs Hören eingelassen
im Innen wie im Außen,
nähren sie,
ob nah oder fern,
meine Seele.

Dieter Wienand

RaKuna & Anomatey

HeileLieder mütterlicher Kraft

Es gibt ein Lied, einen heiligen Klang in allen Wesen,
das darauf wartet, gehört und beantwortet zu werden.
Unsere Welt sehnt das heilige - heilende Lied.
Wenn wir wieder mit unseren wahren Namen leben,
unseren eigenen GeSang wieder singen,
dann vermögen wir gemeinsam Heilung zu bewirken.
Wir kommen immer wieder zusammen,
um gemeinsam HeileLieder mütterlicher Kraft zu singen
- für die Heilung der Wunden in dieser Zeit.
Wir nehmen die HeileLieder mütterlicher Kraft auf als CDs,
um sie immer weiter zu schenken, immer weiter zu geben...

RaKuna & Anomatey

Die Kräfte der Klänge

Alles ist Klang.
Jede BeWegung ist Schwingung und bewirkt Klang.
Klang ist hörbarer AusDruck der schwingenden Kraft der AllMutter.
Alles im All ist schwingende Kraft, ist der allmütterliche GeSang.
Klänge und Töne werden in der Stille geboren.
In der tiefsten Stille ruht der klanglose Klang.
Klänge bedürfen der Stille, um wahrhaft gehört zu werden.
Die Schwingung eines Klanges zu kennen und sie zu verstehen gestattet, die innewohnende Kraft
zum Wohle aller Wesen zu nutzen.
Wir müssen unseren wesenhaften, entscheidenden Klang finden.
Darinnen sind alle Klänge enthalten und in der Tiefe der KlangFülle die vollkommene Stille.
Dies ist der heilige Klang der fruchtbaren Leere, der UrKlang der Schöpfung.
Klänge halten die Welt zusammen.
Alles schwingt und alles klingt:
die Sterne, alle Wesen, unsere Seele,
unser Herz, unser Blut, unser Hirn ...
- jede LebensKammer und jedes kleinste Teilchen.
Wir schwingen mit vielen Klängen.
GeSänge tragen LebensKraft.
Lebendiger GeSang schützt Leib und Seele.
In der Stille können wir den eigenen GeSang zu hören.

RaKuna & Anomatey

Aus den WahrWorten mütterlicher Kraft

Während die HerrenMenschen,
die sich zur Krone der Schöpfung er-hoben
hemmungslos die Wurzeln allen Seins zerstören –
suchen die WahlMütter den wandelnden GeSang
Und wenn sie alle Töne gefunden und gebunden haben
zum WiederGeburtsLied der Erde, dann wird sie sich öffnen
und sich selbstverschlingend wiedergebären
Eingehüllt von ihrem GeSang des Lebens und des Sterbens...

Am Ende der Vernunft, nach der SprachLosigkeit wächst
- im Schutze der Stille und des Schweigens -
GeSang in deiner Seele, dessen weiche Weisheit AnDacht statt Denken begehrt
Und du berührst fühlend das GeHeimnis allen Seins
Suche den GeSang in dir und schwinge dich ein
werde vertraut mit dem eigenen GeSang
Stille für den GeSang, der in deinem Inneren lebt
Öffne dein Herz und höre:
dein Blut singt die AntWort deiner Seele
auf den Ruf von Mutter Erde
höre genau: der GeSang lebt tief verborgen in dir
Singe aus der Tiefe deiner Seele
aus den Wurzeln deines Seins wider den Sturm
voller VerLangen, voller Lust nach Leben
Singe einen Weg aus der SinnLosigkeit
in alle Sinne und Tanz

Singe - und finde den Klang der Weisheit!

Brigitte Snoeck

Arandu – der Klang der Weisheit

Wenn wir singen, werden wir wie ein Baum.

Wir verankern uns in der Erde und bekommen Stabilität und Sicherheit, und wir strecken unseren Körper soweit zum Himmel, bis wir vereint sind mit Himmel und Erde - wie ein Baum. Der Körper ist der Anker für unsere Stimme. Wir sind ein lebender Resonanzkörper.

Und wenn die Strahlen der Sonne auf die Krone des Baumes scheinen und unser Körper geerdet und verwurzelt ist, dann wird unsere Stimme größer, weiter und kräftiger. Je mehr wir in der Erde verankert sind, desto höher kann die Stimme wegfliegen in die Glückseligkeit. Wenn wir diese Verbindung zur Erde und zum Himmel spüren, dann können wir die seelische Freude erfahren. In diesen besonderen lichtvollen Momenten können wir unseren Helfern und auch uns selbst begegnen.

Und wenn wir unser Lied in die Rinde des Baumes, unter die Haut hinein singen, werden unsere Bewegungen und Gesten weit und fließend. Wenn wir den Klangraum in Besitz nehmen, in dem wir sind, nimmt er Besitz von uns, und dann erleben wir die Gabe des Baumes: die Kraft der Heilung!

Wir werden Klang und der Raum wird Klang, und dann sind wir eins, und die Heilung kann geschehen. Wenn wir uns wie ein Baum verwurzeln, können wir weit hinauf fliegen, ohne uns zu verlieren.

Das Lied wird spirituell, wenn der Sänger sich vereint mit seinem Körper, mit seiner Seele und seinem Geist. Das spirituelle Lied verändert den Menschen.

Das Lied ist mit Sicherheit die effizienteste Möglichkeit, in einen exstatischen Zustand zu kommen, in dem wir uns mit den verschiedenen Welten verbinden können. Die Schwingung ist die natürliche Kommunikation, um Kontakt mit diesen Welten aufzunehmen. Man braucht nur die Stimme ertönen zu lassen, um sie wie eine Botschaft zum Himmel zu schicken. Wir können einfach nur die Melodie aus unserem ‚vokalen Tempel' erklingen lassen, um mit der spirituellen Welt zu kommunizieren.

Jede neue Resonanz ist ein Energiegeschenk.

Die Stimme ist ein Zeuge und ein Spiegel. Sie reflektiert alle Farben unseres Wesens. Sie ist die Schnittstelle, der Treffpunkt der verschiedenen Dimensionen; des Körpers, der Energie, der Psyche, der Emotionen und die Spiritualität. Sie verbindet diese Dimensionen miteinander.

Wenn wir lernen sie zu hören, sie zu ‚zähmen' und ihr Ausdruck zu geben, erlaubt sie uns nach und nach, mehr Selbstvertrauen in uns und in unser Leben zu finden.

Das Lied ist ein Begleiter und ein ‚Wegkundschafter'. Es lädt uns ein zu Bewegung und zu rituellem Tanz. Die Resonanz des Tones verlängert den Effekt des bewussten Zustands. Das Lied äußert unseren seelischen Zustand und unsere Emotionen.

Das Singen befreit uns von dem Gewicht der Worte. Es transformiert diese Schwere der Worte in Töne. Und diese Töne sagen viel mehr über uns aus, weil sie direkter sind und mehr ‚erlaubt'. Durch die Gnade des magischen Zaubers des Singens verfügen wir Menschen über ein Liedergedächtnis, das wir durch unsere Wurzeln, von unseren Vorfahren bekommen haben.

Dadurch hinterlässt das Lied Spuren an den Orten in uns Menschen: in der Seele, im Körper, überall da, wo es vibrieren kann. Wenn wir zurück zur Erde gehen gibt uns das Lied die Möglichkeit, in das Mysterium der Menschheit hineinzutauchen. Es genügt, dass ich mich bewusst spüre oder die Kraft des Tönens bewusst in mich hineinlasse und mich mit der Musik verbinde.

Das geschieht sowohl mit dem alten Liederrepertoire als auch im spontanen Singen z.B. in der Natur, im Kontakt mit Tieren, mit mir selbst oder in der Meditation. Wenn ich z.B. in die Natur gehe, den Klang hole und singe, bin ich schon verbunden mit der Schöpferkraft!

„Singen ist ein uralter Weg
zu Erfahrungen von Gemeinschaft,
Heilung und Spiritualität."

Wolfgang Bossinger

Wie Gesang unsere Herzen öffnen kann...

Über Singen, Heilung und Spiritualität

Die starke Wirkung des Gesangs nutzten Schamanen, Heiler und alle spirituellen Traditionen schon seit den Anfängen der Menschheit.

In Heilungs- und spirituellen Ritualen diente der gemeinsame Gesang dazu, das Bewusstsein zu erweitern, kollektive Zustände der Versenkung oder Ekstase herbeizuführen und eine Rückbindung an den Kosmos herzustellen. Dieser bewusstseinserweiternden Wirkung des Singens möchte ich in diesem Beitrag nachgehen. Zunächst werden wir die unmittelbar heilsame Wirkung unserer Stimme auf Körper und Seele betrachten. Interessanterweise sind die modernen Wissenschaften allmählich in der Lage, diese von traditionellen Heilern bereits seit Langem eingesetzten und genutzten Wirkungen des Gesanges und der Musik besser zu verstehen.

Unser Körper – durch und durch musikalisch

Unser Körper besteht aus einem regelrechten Netzwerk fein aufeinander abgestimmter Schwingungsvorgänge, wie neuere Forschungen der Chronomedizin und Chronobiologie zeigen konnten. In uns schwingen Nervenimpulse (Milli-Sekunden), Atmung, Herzschlag und Blutdruck (Sekundenbereich) bis hin zu den langsameren Ultradian- und Zirkadian-Rhythmen (Stundenbereich). Körperliche und seelische Gesundheit hat viel zu tun mit dem harmonischen Zusammenspiel dieser Körper-Rhythmen. Unser Körper schwingt „musikalisch", wie ein gut aufeinander abgestimmtes Orchester, wenn wir gesund sind. Krankheit zeigt sich in einer Desorganisation dieser Schwingungsvorgänge – anstelle von Harmonie tritt Dissonanz und Arrhythmie. Tatsächlich ist es möglich, mit musikalischen Mitteln von außen auf diese Körper-Rhythmen einzuwirken und deren Gleichgewicht anzuregen. Ebenfalls passen sich einige unserer Körperschwingungen sogar wechselseitig aneinander an, wenn Menschen zusammen Musik machen.

Beim intensiven gemeinsamen Singen kommt es unter den beteiligten Sängern zu einer Synchronisierung solcher physiologischer Schwingungsmuster, sowohl innerhalb des eigenen Körpers wie auch untereinander. Wir atmen gemeinsam, unsere Herzen schlagen im Gleichtakt und sogar die neuronalen Netzwerke in unseren Gehirnen beginnen synchron zusammenzuschwingen. (vgl. hierzu W. Bossinger, „Die heilende Kraft des Singens", 2006, Traumzeit - Verlag).

Heilsame Wirkungen von Gesang

Eine Schlüsselrolle beim heilsamen Singen kommt der Atmung zu. Durch das Singen vertiefen und verlangsamen wir unsere Atmung.

Wir nehmen hierdurch mehr Sauerstoff auf, bis in jede Körperzelle hinein. Die in westlichen Kulturen weit verbreitete, oft stressbedingte flache Atmung weicht dabei einer natürlichen Vollatmung. Dabei wird das Zwerchfell sehr aktiv und kann eine Durchblutung fördernde Massagewirkung auf die Bauchorgane und das Herz ausüben. Wie meine eigenen aktuellen Forschungen zeigen, können besondere meditative Formen des Singens das Atemmuster so modulieren, dass es zu günstigen Auswirkungen auf das vegetative Nervensystem kommt. Dabei wird der Parasympathikus, der für Entspannung sorgt, aktiviert und das Herz-Kreislauf-System wechselt in einen Erholungszustand.

Meditative Formen des Singens (z.B. Mantra-Singen) unterbrechen außerdem bereits nach kurzer Zeit den ´Strom unserer Alltagsgedanken´. Die Gehirnwellen schalten auf den langsameren AlphaRhythmus um, und Seele und Körper beginnen mit einer Entspannungs-Reaktion (relaxation response).

Ekstatische Formen des Singens hingegen (z.B. Gospel, afrikanische, indianische Chants), überfluten unser Gehirn regelrecht mit einem Glückscocktail aus Botenstoffen wie Serotonin, Noradrenalin und Glückshormonen (Oxytocin und Endorphine) und stärken messbar unser Immunsystem. Es kommt zu einer vermehrten Produktion von Immunglobulin A. Dieser Antikörper bekämpft wirksam Krankheitserreger und Allergene bereits beim Eindringen in den Körper und macht sie unschädlich. (vgl. Bossinger W., Friederich W., „Chanten -Eintauchen in die Welt des heilsamen Singens", 2008, Südwest)

Bemerkenswerterweise wird unser Immunsystem umso mehr gestärkt, je größer unsere innere Beteiligung (Freude, Hingabe) beim Singen ist. In der Reaktion des Immunsystems zeigt sich also unmittelbar der gesundheitsfördernde Einfluss „ekstatischen Singens".

Auch Singen unter der Dusche wirkt

Gesangsformen wie Mantrasingen, Gospel etc. sind jedoch nicht unbedingt notwendig, um durch Singen zu profitieren. Bereits das Trällern unter der Dusche oder eine dahin gesummte Melodie im Auto zeigen schon harmonisierende Wirkungen auf Körper und Seele. Der Musikpsychologe Dr. Karl Adamek konnte in umfangreichen Forschungen belegen, dass Menschen, die viel und regelmäßig singen, durchschnittlich gesünder sind als Nichtsinger. Er fand heraus, dass Singen helfen kann, Emotionen besser zu regulieren und nachhaltig die Stimmung zu verbessern – Singen ist ein „Anti-Depressivum ohne Nebenwirkungen" (Adamek, K., Singen als Lebenshilfe, 2003, Waxmann).

Gesangliche Selbsthilfe im „Chor der Obdachlosen"

Besonders beeindruckende Wirkungen regelmäßigen Singens fand die kanadische Gesangsforscherin Betty Bailey bei Obdachlosen. Sie interviewte Mitglieder eines Chores Wohnsitzloser über ihre Erfahrungen mit ihrem 1996 in Montreal in Eigeninitiative gegründeten „Chor der Obdachlosen" (Homeless choir).

Dabei handelte es sich um Menschen, die auf der Straße lebten, Alkohol- oder Drogen abhängig waren, eine Vielzahl psychischer Störungen aufwiesen und soziale Außenseiter waren. Die Ergebnisse von Baileys Studie waren überwältigend. Nahezu alle wohnsitzlosen Chorsänger berichteten von dramatischen, positiven Auswirkungen des Chorsingens auf ihr Leben. Sie nahmen weniger Suchtmittel, gingen stabilere soziale Beziehungen ein, entwickelten mehr Selbstbewusstsein und waren weniger depressiv. In der Zusammenfassung von Bailey waren die Ergebnisse vergleichbar mit einer erfolgreichen Psychotherapie.

Das „singende Krankenhaus"

Ausgehend von den dargestellten Erkenntnissen begann ich, zusammen mit meinen musiktherapeutischen Kolleginnen an dem Klinikum Christophsbad Göppingen in Baden Württemberg, Schritt für Schritt mit dem modellhaften Ausbau eines heilsamen Singangebotes im Krankenhaus. Neben vielfältigen Singangeboten innerhalb der musiktherapeutischen Gruppen gibt es an dieser Fachklinik für Neurologie, Psychiatrie, Psychotherapie und Psychosomatik seit 2006 eine wöchentlich stattfindende Gruppe: „Heilsames Singen", die offen ist für Patienten, ehemalige Patienten, Mitarbeiter und Gesundheitsinteressierte von außerhalb.

Diese Singgruppe stieß von Anfang an auf großen Anklang – besonders auch bei bereits entlassenen Patienten mit schwerwiegenden Erkrankungen wie Depressionen und Psychosen. Viele Mitglieder kommen bereits seit mehr als zwei Jahren. Es entwickeln sich persönliche Beziehungen, sich gegenseitig unterstützende soziale Netzwerke und die meisten Teilnehmer erleben diese Singgruppe als Hilfe bei der psychischen Stabilisierung und Alltagsbewältigung. Die starke Resonanz und Begeisterung der „singenden" Patienten ermutigten mich zu der bundesweiten Initiative „Singende Krankenhäuser". In Zusammenarbeit mit der *Deutschen Stiftung Singen* verfasse ich derzeit ein eigenes Liederbuch mit Heilung fördernden Liedern. Eine wissenschaftliche Begleitforschung ist geplant und ein Netzwerk von singenden Leitern und Therapeuten ist im Aufbau.

In einer späteren Phase ist die Umsetzung der Vision „Singende Krankenhäuser" in möglichst vielen Kliniken geplant. Das gemeinsame Singen soll den kranken Menschen dabei helfen, Stress durch Diagnosen, bevorstehende Behandlungsmaßnahmen und lebensverändernde Auswirkungen von Krankheiten besser bewältigen zu können. Weiterhin dienen diese Angebote dazu, wieder Verbundenheit und Sinnhaftigkeit erleben zu können, gesehen und gehört zu werden und die mit den verschiedenen Erkrankungen verbundenen Krisen und Gefühle besser bewältigen zu können.

Singen als Tor zu Erfahrungen von Transzendenz

Wie bereits erwähnt, kann Singen sowohl in Räume meditativer Versunkenheit, wie auch in Erfahrungen lebenssprühender Ekstase führen. Solche Erfahrungen erfordern keine besonderen gesanglichen Fähigkeiten oder Vorkenntnisse. Sie sind für alle Menschen zugänglich, die sich öffnen für das Wagnis, der eigenen Stimme Ausdruck zu verleihen. Besonders das gemeinsame Singen von „Kraftliedern", Chants oder Mantras aus verschiedenen Weltkulturen und spirituellen Traditionen ermöglicht einen einfachen und wirksamen Zugang zu heilsamen und bewusstseinserweiternden Wirkungen des Singens. Neben der sakralen Bedeutung solcher Gesänge liegt ein Teil ihrer starken Wirkung darin, dass sie in der Regel einfache Melodieverläufe und kurze Texte verwenden und rezeptiv gesungen werden.

Die Sänger können sich also nach kurzer Zeit in ihre Sing-Erfahrung fallen lassen. Ulrike, eine Teilnehmerin eines meiner Seminare, schildert ein solches Sing-Erlebnis:

> „Die unterschiedlichen Lieder haben verschiedene Erfahrungen ausgelöst. Bei manchen Liedern war eher Begeisterung und Ekstase spürbar, bei manchen Liedern war eher ein zartes Berührt-Sein und Weichheit und Öffnung im Herzbereich spürbar, verbunden damit, mit einer allumfassenden, transpersonalen Liebe in Kontakt zu sein und sich ihr immer wieder für kurze Momente zu öffnen. Zeitweise hatte ich das Gefühl, Kanal zu sein. Nicht ich singe, sondern es tönt aus mir und ich weiß gar nicht, wo der Ton herkommt..."

Solche intensiven Sing-Erfahrungen treten auf, wenn in einer gemeinsamen Singgruppe das „absichtslose Singen" (und Tanzen) meditativer oder spiritueller Lieder in den Mittelpunkt gestellt wird - ganz ohne Leistungsdruck und Perfektion. Es geht hierbei um Singen als „Seins-Erfahrung", ein „Aufeinander-Einschwingen" durch Stimme, Atem, Klang und Bewegung. Durch diese Art des Singens wird es möglich, in „Flow-Zustände" einzutreten – also in Zustände, in denen alles ins „Fließen" kommt, in denen wir „Eins-werden" mit der Erfahrung und dem Singen.

Transzendente Erfahrungen wirken besonders heilsam

Der große Wegbereiter der transpersonale Psychologie, Abraham Maslow, entdeckte als einer der ersten Wissenschaftler die große Bedeutung spiritueller Erlebnisse für Heilungsprozesse. Er bezeichnete solche Momente ´höchsten Glücks oder gar der Verzückung, Ekstase oder Seligkeit` als „Gipfel-Erlebnisse" (Peak-Experiences). Maslow fand in seinen Untersuchungen heraus, dass besonders Musik einen wirkungsvollen Zugang zu Gipfel-Erlebnissen ermöglicht.

Der schwedische Musikwissenschaftler Prof. Alf Gabrielson untersuchte in Fortsetzung der Forschungen von Maslow weiter solche Gipfel-Erfahrungen, die durch Musik ausgelöst wurden.

„Starke Musik Erfahrungen"

Er bezeichnete sie als „Starke Musik Erfahrungen" (Strong Experiences with Music) und entdeckte, dass sie eine Vielzahl heilsamer Wirkungen auf Körper und Seele hatten. Diese Wirkungen können von der Linderung von Schmerzen und Trauer bis zum Überwinden von Depressionen reichen und stärken das Selbstwertgefühl.

In meinen eigenen Forschungen führte ich mehr als 100 Interviews mit TeilnehmerInnen meiner Singgruppen durch zu ihren Erfahrungen beim Singen. Dabei zeigten sich ebenfalls viele beeindruckende „starke Musik Erfahrungen" durch Gesang. Zur Veranschaulichung dieser Erlebnisse möchte ich exemplarisch einige dieser Erfahrungen vorstellen.

Heilsame Erfahrungen:

„Meine aktuellen Probleme sind von mir abgefallen. Ich konnte frei durchatmen und fühlte mich befreit."

„Ich kam mit Zurückhaltung und Verschlossenheit/ Schutzmechanismus an – aber das Chanten und Tanzen öffnete mich. Alles in mir kommt in Wohl-Schwingung und in Fluss,... Ich fühle mich verbunden mit mir, kraftvoll und in meiner Stärke – ich bin sehr dankbar dafür! Ich bekomme Mut zur Hingabe an das Leben.

Erfahrungen von Transzendenz und Herz-Öffnung

„Ich fühlte mich so vernetzt. Es war ein Gefühl, eins mit Allem zu sein. Mit mir, der Gruppe, dem Göttlichen und den Elementen."

„Voller Wehmut brach der Klang aus mir heraus, erst war es ein Bächlein, dann ein Fluss und dann ein Strom... der Strom Gottes und der Heiligkeit ergoss sich in mir... Für diese ganzen Empfindungen gibt es nur ein einziges Wort... und das heißt ... L I E B E."

„Die Lieder lösen Blockaden. Wenn die Töne fließen, öffnen sich das Herz und alle Sinne..."

Singen ermöglicht einen natürlichen Zugang zur Öffnung des eigenen Herzens und zur spirituellen Quelle. Wir können teilhaben an den segensreichen und heilsamen Wirkungen des dabei entstehenden Gruppen-Energiefeldes. Manchmal scheint bei solchen Formen des Singens eine ganze Gruppe in ein gemeinsames Gipfel-Erlebnis einzutauchen. Wenn so etwas geschieht, breitet sich unter den Teilnehmern und im Raum eine Atmosphäre der Wärme, Andacht und Ergriffenheit aus, die schwer zu beschreiben ist. Singen wird hier zur Meditation. Die Stille, die auf das gemeinsame Singen folgt ist dann erfüllt von einer ungeheuren Intensität. Diese Erfahrungen können für einzelne Menschen unmittelbar die Sinnhaftigkeit des eigenen Daseins erlebbar machen. Doch ihre Bedeutung weist über den einzelnen Menschen hinaus.

Der transpersonale Psychologe Maslow vertrat die Ansicht, dass solche Erfahrungen nicht nur für die individuelle Gesundheit wichtig, sondern generell für eine gesunde Gesellschaft und Kultur von großer Bedeutung sind:

> *„Ohne das Transzendente und Transpersonale werden wir krank, gewalttätig und nihilistisch oder sonst hoffnungslos und apathisch.*
> *Wir brauchen etwas `Größeres, als wir selbst es sind`, um Ehrfurcht davor zu empfinden..."*

(Aus: Maslow, Abraham, 1983, „Humanistische und Transpersonale Psychologie" in: Zeitschr. f. Transpersonale Psychologie, Nr.1, Freiburg)

Exkurs - Nächte spiritueller Lieder

Als ich das erste Mal von den ‚Nächten spiritueller Lieder' hörte war ich sofort elektrisiert und fand dies eine wunderbare Idee, viele Menschen - besonders Amateursänger - zu einem gemeinsamen Singen zusammen zubringen. Nach einer Kontaktaufnahme mit Alwine Deege, der Initiatorin dieser Nächte, und Brigitte Schmitz, die ebenfalls bei der Entstehungsphase aktiv war, begann ich ähnliche Nächte im süddeutschen Raum aufzubauen.

Es begann 2006 in Stuttgart und ein Jahr später in München. Mittlerweile sind Ulm, Augsburg und Rosenheim dazugekommen, und weitere Nächte in anderen süddeutschen Städten sind in Vorbereitung. Diese Singangebote stoßen auf ein immenses Interesse in der Bevölkerung. Hunderte von singbegeisterten Menschen nehmen mit großer Freude an diesen Sing-Events teil. Auch unter uns Singleitern entsteht ein wunderbarer Geist der Kooperation, der Vernetzung, des voneinander Lernens.

Immer deutlicher zeigt sich, dass hier eine ganz tiefe Sehnsucht in Menschen nach dem Erleben von Gemeinschaft, Zugehörigkeit, Verbundenheit und Herzensöffnung angesprochen wird. Die intensiven Gemeinschafts- und Transzendenz-Erfahrungen, die bei solchen Nächten auftreten können, wenn es gelingt, durch das Singen ein starkes Resonanzfeld aufzubauen, sind etwas sehr Kostbares und Berührendes und geben Kraft für den Alltag.

Wie die neuere Gehirnforschung zeigt, brauchen Menschen Erfahrungen der sozialen Resonanz, der Wertschätzung, der Liebe und des Gesehen-Werdens um gesund zu bleiben oder wieder gesund werden zu können.

Gemeinsames Singen stellt hierbei geradezu einen Königsweg dar und es ist keineswegs übertrieben davon auszugehen, dass hierdurch auch Mitmenschlichkeit und sozialer Friede gefördert werden können.

Singen als Beitrag zum Frieden

Singen, kann uns helfen, zu innerem und äußerem Frieden zu finden.

> *„Man kommt fremd in die Gruppe und geht heim mit Freunden. Wo immer man sich trifft, entsteht große Wiedersehensfreude...“*

so schilderte eine Teilnehmerin ihre Sing-Erfahrungen während eines Healing Song Seminars. Sie trifft damit den Nagel auf den Kopf. Gesang ist ein ideales Medium, um Menschen in der Entwicklung ihrer Friedfertigkeit zu unterstützen.

Leider wird bisher dieses friedensstiftende Potential, welches im gemeinsamen Singen und Musizieren liegt, kaum wahrgenommen. Während sich die Klagen über Gewalt und Verrohung in der Gesellschaft häufen, übersehen Politiker und Entscheidungsträger meist das gewaltpräventive Potential von Gesang und Musik.

Seit Jahrtausenden spielten jedoch friedensstiftende Rituale durch Gesang bereits bei Naturvölkern eine wichtige Rolle und haben sich unter den Bedingungen des oft harten Stammeslebens bewährt.

Bei den Mbutis, einem Pygmäenstamm im Kongo, wird noch heute ein spezielles Gesangsritual abgehalten, wenn Streit zwischen den Stammesmitgliedern ausbricht. Alle Mbutis müssen dann eine ganze Nacht lang miteinander singen, um ‚Mutter

Wald' wieder zu beruhigen. Bei schweren Verstößen können solche Gesänge sogar mehrere Nächte andauern.

Evolutionsbiologische Forschungen sprechen dafür, dass das friedensstiftende Potential des Singens sogar in unseren Genen verankert sein könnte. Bei duettierenden Vogelarten und den uns sehr nahe stehenden Siamang-Gibbons wurde gezeigt, dass deren Duettgesänge die soziale Bindung stärken. Weitere Forscher wiesen die Ausschüttung des „Liebeshormons" Oxytocin durch Musik und Gesang nach. Oxytocin ist in hohem Maße für die Entstehung von Gefühlen der Verbundenheit, Wertschätzung und Fürsorge zwischen Menschen verantwortlich.

Musik und Gesang führen außerdem zu einem Abbau des „Agressionshormons" Testosteron und der Stresshormone Kortisol und Adrenalin. All diese Belege sprechen also dafür, dass Singen bereits bei den Vorfahren der Menschen dazu diente, soziale Spannungen auszugleichen und die Verbundenheit untereinander zu stärken.

Aktuelle Forschungen aus der Musikpädagogik konnten zusätzlich den Nachweis erbringen, dass Schüler an musikbetonten Schulen andere Schüler weniger ausgrenzen und mehr soziale Kompetenz entwickeln. Singen und Musizieren wirken gewaltpräventiv und daher sollte Musik m. E. das wichtigste Fach an unseren Schulen sein. Derzeit fällt jedoch bis zu 60% des Musikunterrichts aus.

Diese Ergebnisse werden durch Forschungen Karl Adameks zur Wirkung des Singens bestätigt, die zeigten, dass singende Menschen sozialer, hilfsbereiter und gelassener sind als Nichtsinger.

In Anbetracht der angespannten weltpolitischen Lage könnten multikulturelle und globale Formen gemeinsamen Singens neue Chancen für die Schaffung friedfertiger Kulturen eröffnen. Da, wo sich Menschen unterschiedlichster Nationalitäten, Religionen und Wertesysteme durch Gesang verbinden, entsteht Freude, Herzlichkeit und Mitgefühl. Und je mehr diese Verbundenheit miteinander geteilt wird, umso geringer ist die Gefahr von Feindseligkeit und Aggression.

Jeder kann singen

Singen ist ein nachhaltiger „Gesundheitserreger", der uns helfen kann, unser seelisches und körperliches Gleichgewicht zu festigen und in Krisenzeiten wieder in unsere Mitte zurückzufinden. Notwendig ist hierbei allerdings, den Mut zu fassen, vorhandene Hemmungen und Blockaden zu überwinden. Leider machen viele Menschen in westlichen Kulturen bereits als Kinder negative Erfahrungen beim Singen. Dies reicht von deplazierten Kommentaren bis zum traumatischen „Vorsingen" in der Schule. Im Folgenden will ich daher einige Anregungen und Tipps geben, wie ein Zugang zur eigenen Stimme wieder gefunden werden kann:

Tipps zum gesundheitsförderndem Singen:

- **Es gibt beim Singen keine Fehler, sondern nur Variationen** – Erlauben Sie sich, aus vollem Herzen zu singen, und bewerten Sie sich nicht kritisch, sondern genießen Sie Ihren stimmlichen Selbstausdruck.

- **Singen ist immer ein Geschenk**
  Betrachten Sie ihren Gesang als Geschenk für sich selbst und für andere Menschen. Sollte jemand das nicht zu schätzen wissen, lassen Sie sich nicht entmutigen – es gibt schon zu viel verschlossene Menschen auf der Welt.

- **Singen oder summen Sie** –
  unter der Dusche, im Auto oder beim Spazierengehen Ihre Lieblingsmelodien mit Hingabe und Freude, wie Kinder dies tun.

Suchen Sie sich Singgruppen –
die nicht leistungsorientiert sind (Mantra-Singen, Chanting-Gruppen, Gesangsvereine, Chöre) und in denen der Spaß im Mittelpunkt steht.

- **Nehmen Sie Gesangsunterricht –**
bei einem Lehrer, der Ihnen hilft, Ihre eigene Stimme zu entfalten und nicht wie jemand anderes zu singen (ansonsten wechseln Sie bitte schnell den Lehrer!)

- **Improvisieren Sie spielerisch –**
mit Ihrer Stimme und erfinden Sie eigene Melodien.

- **Besuchen Sie Singworkshops –**
in denen es um heilsame Formen des Singens geht.

Jedes Lebewesen
Jedes Element
Alles Sein
Singt doch nur sein ureigenes Lied
Das tief aus dem Herzen
Und aus der Seele kommt
Wenn jeder sein Lied singt
Und wirklich der eigenen Melodie lauscht
Und die Lieder der Anderen achtet
Dann ist das der schönste Gesang auf Erden
Dann ist Frieden

Barbara Quadflieg

Die Berührung
zwischen
Gott und der Seele
ist Musik

Bettina von Arnim

Ein Freund ist jemand,
der die Melodie deines Herzens hört
und sie dir vorsingt,
wenn du sie vergessen hast.

Singen macht Spaß
Singen tut gut
Ja, Singen macht munter
und Singen macht Mut
Singen macht froh
Und Singen macht Charme
Die Töne nehmen mich in den Arm
All unsre Stimmen
Sie klingen mit dem großen Chor
Im Klang der Welt

Ein Kanon (Quelle mir nicht bekannt)

Einladung
Sei Klang
Sei Gesang
Sei Hier
Sei Wir
Sei Frei
Sei Rein
Lass Vollkommen
Dich Sein

Miroslav Großer

Singen macht die Seele satt

Wenn alles still ist nach dem Singen und ich die mit noch geschlossenen Augen lächelnden Gesichter in der Runde sehe, dann bin ich glücklich. Glücklich und dankbar, dass ich dies meine Arbeit nennen darf – Menschen über den Klang ihrer eigenen Stimme in die Erfahrung ihrer Essenz und der Wahrheit des Lebens zu begleiten.

Dieser stille Raum des vollkommenen Friedens, der nach dem Singen noch lange bleibt und so real greifbar ist für alle Beteiligten, ist unendlich weit und fühlt sich so wohlig an, dass wir alle gemeinsam in einem Gefühl von Geborgenheit und Getragensein schwelgen. Darüber hinaus erleben manche eine starke familiäre Verbundenheit und Vertrautheit. Einige bekommen Kontakt zur Energie der Glückseligkeit und andere strahlen eine wunderschöne Herzens-Wärme aus, die sich im ganzen Raum und auf alle Anwesenden ausbreitet. Das zu erleben lässt meine Seele lächeln und sie fühlt sich satt und zufrieden, wirklich und wahrhaftig im Einklang mit dem Leben.

Den Impuls, mit anderen stimmlich zu improvisieren, bekam ich 1999 durch ein Circle-Song-Konzert mit Joachim Goerke und seinen Freunden. Das ganze Publikum sang und tanzte zum Schluss gemeinsam mit dem Circle-Song-Chor und es war wahrlich ein Fest der Freude. Ich war völlig begeistert, wie viel Lebenslust dieses Improvisations-Konzert bei allen Anwesenden, inklusive mir selbst, freisetzte. Da ich von Kindheit an frei improvisierend musiziere, inspirierte mich der Gedanke, regelmäßig einen Raum anzubieten, in dem Menschen sich treffen können, um völlig frei mit ihren Stimmen und Körpern miteinander zu klingen und zu schwingen. Gesagt, getan! Ich nannte diese für jede Stimme offene Gruppe „StimmLust FreiKlang" und fühlte schon in der Planungsphase, wie erfüllend das Ganze für meine Seele war.

Mein Angebot wurde von Anfang an gut angenommen und so trafen sich regelmäßig mehr oder weniger fremde Menschen zur gemeinsamen Stimm-Improvisation. Dabei erlebten wir, wie sich über die von der Kette gelassenen Stimmen unsere Lebens-Energien intensivierten und wir im Laufe eines Abends immer harmonischere Erfahrungen machten, die bis in das faszinierende Erlebnis der gemeinsamen inneren Stille und Freude führten.
Ich erkannte damals folgendes: Vom Klang können wir viel über das Leben lernen. Vom Zusammen-Klingen können wir viel über das Zusammen-Leben lernen. Im Laufe der Jahre wurde mir immer klarer, dass die Art, wie ein Mensch mit Klang und mit seiner Stimme umgeht, ganz viel darüber aussagt, wie er bzw. sie mit dem Leben umgeht.

Je nachdem, ob sich jemand z.B. eher scheu und anpassend oder offensiv und lautstark in der sprachlichen Kommunikation zeigt, so offenbaren sich diese Muster auch im gemeinsamen Improvisieren mit unseren Stimmen und Körpern. Das Schöne an der Entwicklung, die durch das freie Singen in einer Gruppe möglich ist, ist der geschützte Rahmen, in dem ein Mensch durch das Singen auf sanfte Weise ausprobieren kann, in völlig neue Aspekte des Umgangs mit dem Leben hineinzuwachsen. Ein Beispiel: Eher willensorientierte Menschen mit Führungsanspruch lassen endlich mal die Kontrolle los und gehen in die Hingabe an den Klang; und Personen mit einer bisher stets bescheidenen Zurückhaltungs-Energie erlauben sich plötzlich ein expressives Solo.

Wie ich von Fans dieser Stimm-Gruppe weiß, können diese Erlebnisse beim stimmlichen Improvisieren im Laufe der Zeit auch mehr und mehr erfolgreich in das berufliche und private Leben integriert werden. Ein Teilnehmer meinte sogar: Das ist ja besser als jede Therapie!

Um einen Eindruck von dem Potential dieser Art des Umgangs mit unseren Stimmen zu vermitteln, möchte ich gern den Ablauf und die Philosophie eines solchen Klang-Abends schildern, so wie ich ihn heute anbiete und begleite. Ich spreche hierbei von der von mir moderierten offenen Gruppe für ‚Stimme in Bewegung' mit dem Titel *DANCING VOICES*, die ich in Berlin anbiete. Wobei ich betonen möchte, dass jedes Mal eine andere Dynamik entsteht, sowohl durch die anwesenden Männer und Frauen (auch in Abhängigkeit von dem prozentualen Verhältnis ihrer Anzahl) als auch durch die spezielle Energie des Tages, die nie dieselbe ist. Doch gibt es meist folgende Gemeinsamkeiten:

Wenn wir abends zusammenkommen, dann haben die meisten einen arbeitsreichen Tag hinter sich. So sitzen wir erst einmal nur still im Kreis und kommen an. In der Mitte steht eine Klangschale mit einer Kerze darin, als Symbol für die Ganzheit, den Klang und das Leben. Ich spreche für die Neuen in der Gruppe noch einige empfehlende Sätze zur Vorbereitung auf das Kommende und wir lassen für einige Minuten einfach nur die Stille wirken. Dann beginne ich mit meiner Moderation, wobei ich die Impulse und Inspirationen, die ich während des Abends empfange, einfach direkt an die Anwesenden weitergebe.

Oft beginnt es mit einer Einladung zum intensiveren und bewussteren Atmen, denn der Atem ist das Trägermedium für den Klang und sollte also möglichst frei fließen können. Dann dehnen wir diese Weichheit und Leichtigkeit des Fließens auf den gesamten Körper aus, bis der Atem frei und genüsslich durch alle Gliedmaßen, durch das Becken, die Wirbelsäule und auch durch den Kiefer tanzen kann. Gleichzeitig mit dem Atem dehnt sich auch die Lebensenergie aus und nun kommt der entscheidende Punkt für das Gelingen des Abends: Diese praktizierte Hingabe an das, was JETZT ist, wird übertragen auf den Klang unserer Stimmen. Oder anders gesagt, wir übersetzen diese Qualität, mit dem Leben umzugehen, auf die Klänge und lassen sie frei und ungehindert aus unseren Körpern heraus fließen, so wie den Atem zuvor auch. Der Trick dabei ist, der Weisheit der Stimme zu vertrauen und sie einfach zu erlauben, ohne sie zu manipulieren, zu forcieren oder zurückzuhalten. Dies gelingt umso besser, je klarer der Fokus der Aufmerksamkeit auf den Körper, den Klang und das direkte Erleben selbst gerichtet bleibt. So baut sich ein Klanggebilde auf, das von Anfang an ganz gefühlvoll mit jedem/jeder einzelnen Singenden verbunden ist und dadurch – über diese Qualität der Innigkeit – auch alle im Raum miteinander verbunden sein lässt. Einfache Töne vermischen sich mit kleinen Melodien und animiert durch die Moderation schwingen sich allmählich erst sanfte, dann kräftigere Rhythmen in das Singen hinein, diese werden entweder mit dem Mund erzeugt oder mit den Händen und den Füßen, denn es gilt die Regel: Alle Klänge sind erlaubt, die Du mit deinem eigenen Körper erschaffen kannst, inklusive dem Boden.

Immer intensiver wird unsere Stimm-Musik und die Kraft des Lebens selbst singt durch uns. Wir lassen die Körper dazu tanzen, bewegen uns durch den ganzen Raum oder begegnen uns in der Mitte, bis irgendwann ein Gefühl der Sattheit die Klänge befriedet. Langsamer und sanfter werden nun die Töne, allmählich verlieren sich die Rhythmen in einer Musik der Ewigkeit, die nun den Raum erfüllt. Je sphärischer, feiner und subtiler unsere Stimmen nun erklingen, umso spürbarer werden unsere Seelen und das Göttliche selbst. Wir erleben das ganz real in unseren Körpern und manche bezeichnen diese Klang-Abende deshalb auch als eine Art Gottesdienst. Wir fühlen uns dann sowohl mit der Erde, als auch mit den feinstofflichen Sphären aufs Tiefste verbunden. Die sogenannte Prana-Röhre, der Kanal des Lichts, der senkrecht durch die Mitte des menschlichen Körpers läuft, wird dabei immer stärker aktiviert.

Irgendwann gehen die Klänge in die Stille über und die Sensibilisierung durch anderthalb Stunden Singen, Lauschen, Fühlen und Bewegen bewirkt, dass wir noch lange Töne in uns wahrnehmen, auch wenn wir physisch keine mehr erzeugen. Auf den subtilen Ebenen fühlt es sich an, als ob die Musik weiter fließt oder anders gesagt, dass wir wieder im Kontakt sind mit der Musik des Lebens, in Kontakt mit dem ewigen Lied unserer Seele. Zum Abschluss des Abends teilen wir unsere Erfahrungen miteinander und die Wahrhaftigkeit der persönlichen Verwandlung wird durch diese Klang-Reise-Berichte für alle fühlbar und nachvollziehbar.

Für mich, der sich als ein Musiker des Herzens empfindet, bedeutet das gemeinsame freie Singen ein Ankommen in der Essenz von Musik und in der Wahrheit des Lebens. Diese meine innere Musik gemeinsam mit anderen zu teilen und zu genießen, ist für mich das Leben selbst.

Doch ich weiß, dass auch für andere Menschen, deren Profession nicht unbedingt die Musik ist, diese Harmonien des gemeinsamen Singens wie eine Medizin sind, die uns erinnert an den Zustand der Vollkommenheit und der Einheit.

Gleichzeitig unterstützen uns die Klänge, diesen Zustand des Glücks wieder zu erlangen über die energetische Selbstregulation und Ausbalancierung, die beim freien Singen permanent erfolgt. Denn Singen fordert und fördert uns in die 100-prozentige Präsenz auf allen Ebenen unseres Seins, von der körperlichen Ebene über die Emotionen und den Intellekt bis hin zur Seele. So bedeutet Singen für mich Heil-Sein und Heil-Bleiben, sowohl als Individuum, als auch für die Gemeinschaft und Gesellschaft.

Klangspiel der Stimmen

Gila Antara

Ich atme ein, ich atme aus.
Ich bin. Ich höre. Die Welt schwingt und klingt, immer neu, immer anders. Ich atme ihren Gesang ein. Mein Atem verbindet mich mit allem Sein. Aus meinem Atem lasse ich Töne aufsteigen wie kleine bunte Luftblasen. Sie kommen aus mir. Ich lasse mich von ihnen anfüllen bis in die kleinste Zelle meines Körpers. Dann laufe ich über. Meine Töne fließen, strömen, streben nach außen in die Welt hinein. Sie füllen den Raum, in dem ich stehe, mit Klang. Sie mischen sich mit den Tönen anderer Menschen, die auch da sind. Sie mischen sich mit dem Rauschen der Wellen und dem Gesang der Lüfte, mit dem Schweigen der Sterne und dem Rascheln der Gräser. Die Luft trägt das Gewebe unserer Klänge zum Himmel empor.
Ich atme ein, ich atme aus. Ich bin. Ich höre. Die Welt schwingt und klingt. Ich atme ihren Gesang ein.

„Die verschiedenen spirituellen Traditionen der Erde ehren und durch Gesang und Tanz gemeinschaftlich erleben"

Raaja Fischer

Der Geist der Unicorn Camps

Die „Unicorn Camps" wurden Ende der achtziger Jahre von dem Engländer James Burgess (auch bekannt als Nasrudin) in Südengland begonnen. Der Leitgedanke, wie wir gemeinschaftlich und eigenverantwortlich miteinander leben und heil werden können, wurde 1998 von Nickomo Clarke aufgegriffen, und die „Unicorn Natural Voice Camps" entstanden. Die Einladung, eine Woche lang gemeinsam in der Natur zu leben und von morgens bis abends mit kompetenten Lehrern zu singen, ging an Menschen aller Altersgruppen. Beim ersten Voice Camp dieser Art in Dorset war ich dabei und entschied bald, diese erstaunliche ganzheitliche Singerfahrung auch in Deutschland zu veranstalten. So begann ich mit einem Team im Jahre 1999 diese Sommercamps im norddeutschen Wendland zu organisieren, mit großem Erfolg.

Da wir die Teilnahme auf 220 Erwachsene und 100 Kinder begrenzt hatten, boten wir bald zwei Sommercamps an, eines mit dem Schwerpunkt Singen und ein anderes mit dem Schwerpunkt Tanzen. Unter dem Motto „Stimmen für den Frieden" fanden in großen Zirkuszelten Singworkshops mit den unterschiedlichsten Lehrerinnen und Lehrern aus England, Deutschland, Israel und anderen Ländern statt. Das mehrstimmige Singen war für manche zuerst eine Herausforderung, doch da es keine Noten gab, waren alle auf ihr Gehör angewiesen und durch die Hilfe erfahrener Singanleiter gelangen oft komplexe Arrangements von Liedern. Die eingeladenen SinganleiterInnen waren in der Regel für ihr Spezialgebiet zuständig, das sie so authentisch wie möglich vermittelten. Hier einige Beispiele: Gälische Mundmusik (Kirsty Martin), Gospel (Nick Prater, Raaja Fischer), Blues, Pop und Gospel (Emma Harris), georgische, russische und Roma-Lieder (Rowena Whitehead, Natascha Bondar, Christoph Kapfhammer, Martin Stengel), Gesänge aus Taizé und Afrika (Nick Petts), aus Neuseeland (Carola Vogtsberger, Roland Wesling), Mantren aus Indien (Bea Simon, Sat Hari Singh) oder aus dem Harmonic Temple von Nickomo Clarke (Nickomo und Rasullah, Franz van Eyk), die Lieder von Michael Stillwater (Raaja Fischer) sowie Lieder aus Israel und Palästina (Diane Kaplan). Es gab Improvisationsworkshops, Obertongesang und auch die Möglichkeit, die eigene Stimme erst Mal zu erforschen (Imke McMurtrie, Kate O´Connell, Beate Hildebrandt, Mirco Großer), sowie Singgruppen mit Kindern, die indianische oder andere für sie geeignete Lieder sangen (Lore Schätzlein).

Ein zentraler Aspekt der deutschen Unicorn Camps waren die von dem Sufi Samuel Lewis 1971 ins Leben gerufenen „Tänze des Universellen Friedens", die inzwischen weltweit verbreitet sind und das Ziel verfolgen, die verschiedenen spirituellen Traditionen der Erde zu ehren und durch Gesang und Tanz gemeinschaftlich erleben zu können. Durch einen liebevollen Umgang miteinander konnten wir während der Camps eine Gemeinschaft gestalten, die – angefangen vom Bau eines kleinen Zeltdorfes auf einer Wiese – spirituelle Werte in die Tat umsetzte. Das regelmäßige Singen, das von frühmorgens bis spät in die Nacht in den Tagesablauf integriert war, führte zu einer immer größeren Öffnung der Herzen, Öffnung für- einander und für die Natur von Mutter Erde.

Dieser Geist hat in den letzten 10 Jahren sehr viele Menschen inspiriert und Kreise gezogen. Und ich freue mich ganz besonders, dass durch ähnlich orientierte Aktivitäten vieler Musikerkolleginnen und –kollegen (Hagara Feinbier, Wolfgang Bossinger, Karl Adamek, Alwine Deege uva.) in Deutschland eine neue Singkultur entsteht, die religionsübergreifend spirituelle Inhalte lebendig macht und die Freude am miteinander Singen in den Vordergrund stellt. Und da diese Art des Singens meist ohne Noten und a capella praktiziert wird, ist sie für viele zugänglich und zu einer Quelle der Freude und der Erfüllung geworden.

Ich habe ein Lied
und Du ein Anderes.
Jeder hat ein Lied
um die Leere der Herzen zu füllen.
In der Schatzkammer Seele
liegt ein Schatz verborgen,
den singt man nicht laut.
Du und ich, wir müssen ihn inwendig zum Klingen bringen,
eine Saite spannen vom Herzen zum Verstand.
So singen wir die Welt
leise zum Himmel empor. *Salishan*

Lieder sind Gedanken,
gesungen mit dem Atem, der einsetzt,
wenn Menschen von großen Kräften bewegt werden
und die gewöhnliche Rede nicht mehr ausreicht.
Aina Netsilik

Der Eremit und sein Mantra

Eine Geschichte über beherztes und begeistertes Singen

Ein ehrgeiziger Mann auf der Suche nach Erleuchtung war nach dem Besuch mehrerer Meister zum Schluss gekommen, dass er am erfolgreichsten ist, wenn er jeden Tag mehrere Stunden dasselbe Mantra rezitierend meditiert. Er kam gut voran, sodass er bald schon zum Lehrer jüngerer Suchender wurde und sich über Jahre keine weiteren Gedanken machte, bei wem er selbst weiterlernen könnte. Eines Tages aber hörte er von einem berühmten Eremiten, der gar nicht allzu weit allein auf einer Insel in einem See praktizierte. Der Meditationsmeister entschloss sich, ihn zu besuchen und mietete einen Mann mit einem Boot für die Überfahrt. Dem Eremiten auf der Insel begegnete er mit großem Respekt, und beim gemeinsamen Teetrinken fragte er diesen nach seinen spirituellen Praktiken. Der alte Mann sagte, er habe keine spirituelle Praxis, ausser dass er ein Mantra immer und immer wieder für sich rezitiere. Der Meditationsmeister war sehr erfreut, als er gar vernahm, dass der Eremit dasselbe Mantra gebrauchte wie er!

Als jedoch der Eremit das Mantra laut aussprach, war er entsetzt. „Was ist denn mit dir?" fragte der Eremit. Der Meditationsmeister rang nach Worten und sagte: „Ich weiss nicht, wie ich es sagen soll. Es tut mir leid, aber ich denke, du hast deine ganze Lebenszeit vergeudet, weil du das heilige Mantra falsch aussprichst!" Der Eremit erschrak und meinte: „Oh, Himmel! Das ist schrecklich! Wie sollte ich es aussprechen?" Der Besucher lehrte ihn die richtige Aussprache; der Eremit war sehr dankbar und bat, wieder alleingelassen zu werden, damit er gleich mit dem neu gelernten Mantra beginnen könne.

Auf der Rückfahrt über den See dachte der Meditationsmeister – nun bestärkt als vollkommener Meister – über das traurige Schicksal dieses ehrenwerten Eremiten nach: „Es ist ein Glück, dass ich die Insel besuchte, so hat der alte Mann noch ein wenig Zeit, das Mantra richtig zu verwenden." Da bemerkte er, wie der Bootsmann erstarrte. Als er den Kopf drehte, sah er neben sich den Eremiten auf dem Wasser laufend, gerade neben dem Boot. „Entschuldigt, dass ich euch nochmals störe, aber ich habe die richtige Aussprache wieder vergessen. Kannst du sie mir nochmals sagen?"

„Offensichtlich brauchst du sie nicht", stammelte der überraschte Meditationsmeister. Aber der alte Mann blieb bei seinem Wunsch, bis der Meditationsmeister sie ihm nochmals vorsagte. Respektvoll nahm der Alte Abschied, und die beiden hörten ihn noch das Mantra sorgfältig rezitieren, als er langsam über das Wasser zurück zur Insel schritt.

(Übersetzt und zusammengestellt nach verschiedenen Quellen von Matthias Gerber und Karin Jana Beck)

Die Botschaft dieser Geschichte benennt auch der indische Lehrer Swami Sivananda:

„Eure Aufrichtigkeit, Beherztheit und Begeisterung beim Singen sind wichtiger als die genaue Aussprache."

In den heilliedern
schwingt das verbundensein der herzen -
darin liegt die kraft.
Dies verbundensein gemeinsam
bewusst und absichtsvoll zu vertiefen,
wird die alles wandelnde kraft
der toene und gesaenge
zu uns menschen zurueck bringen,
damit wir all das zu wandeln vermoegen,
was das leben nicht (mehr) naehrt.

RaKuna

Quarrtsiluni

Eine Geschichte der Eskimos über die Entstehung der heiligen Gesänge

Majuaq war eine greise Eskimofrau. Knud Rasmussen, der Forscher, hatte sie gebeten, ihm aus der Geschichte ihres Stammes zu erzählen. Die alte Majuaq schüttelte den Kopf und sagte:

„Da muss ich erst nachdenken, denn wir Alten haben einen Brauch, der Quarrtsiluni heißt."

„Was ist Quarrtsiluni?"

„Das werde ich dir jetzt erzählen, aber mehr bekommst du heute auch nicht zu hören."

Und Majuaq erzählte mit großen Handbewegungen:

„In alten Tagen feierten wir jeden Herbst große Feste zu Ehren der Seele des Wales, und diese Feste mussten stets mit neuen Liedern eröffnet werden; alte Lieder durften nie gesungen werden, wenn Männer und Frauen tanzten, um den großen Fangtieren zu huldigen.

Und da hatten wir den Brauch, dass in jener Zeit, in der die Männer ihre Worte zu diesen Hymnen suchten, alle Lampen ausgelöscht werden mussten. Es sollte dunkel und still im Festhaus sein. Nichts durfte stören, nichts zerstreuen. In tiefem Schweigen saßen die Männer, sowohl die alten wie die jungen, ja sogar die kleinsten Knäblein, wenn sie nur eben so groß waren, dass sie sprechen konnten.

Diese Stille wurde Quarrtsiluni genannt.

Sie bedeutet, dass man auf etwas wartet, das aufbrechen soll. Denn unsere Vorväter hatten den Glauben, dass die Gesänge in der Stille geboren werden. Dann entstehen sie im Gemüt der Menschen und steigen herauf wie Blasen aus der Tiefe des Meeres, die Luft suchen, um aufzubrechen.
So entstehen die heiligen Gesänge"

Traditionell

Chris Zutt

Die Geschichte vom großen Geist

Irgendwo in einem Garten lässt eine warme, weiche Hand ein Häufchen Samen durch die Finger rieseln. Durch einen Windhauch verteilt, von der Erde aufgefangen.

Der große Geist lässt regnen, lässt die Sonne die Erde wärmen.

Irgendwo auf der Welt singen Menschen Lieder, lassen die Töne tanzen, feiern zusammen.

Manchmal sind es Lieder, die Großmutter schon sang, als sie klein war. In allen Winden fliegen die Klänge, verbinden Afrika mit Südamerika, Serbien mit Italien, Winterthur mit Bern.

Im Garten wird es grün.

In den Stuben wird es laut.

Die Kinder singen mit. 'If I had wings of a dove'.

Der große Geist trägt die Klänge durch die Luft wie Samen, in die Straßen, in die Gärten und Höfe.

Auf einmal sind wir in Indien, in Polen, in Amerika. Es entstehen Klanggebilde, Verwebungen, Verwandtschaften, Beziehungen.

Im Garten fängt es an zu blühen. Jeder Same ein Blumenstrauss. Der Mohn, tausendfach rot, kraftvoll versprüht er seinen Reichtum.

Die Lieder sind jetzt überall zu hören.

Morgen sind es schon viel mehr.

Saravà!

Aus dem Booklet der Doppel-CD ,Saravà' von Karin Jana Beck, Barbara Mordasini Voser und Ariane Rufino dos Santos

Alwine Deege

Singen in der Trauer

Seit vielen Jahren engagiere ich mich in der Hospizarbeit, begleite sterbende und trauernde Menschen und beschäftige mich mit Abschiedsritualen.

Dabei habe ich bei all diesen Aufgaben immer wieder auch das Singen mit einbezogen, sei es am Sterbebett, in der Gestaltung einer Abschiedsfeier, in meinen Hospizseminaren oder in Trauergruppen.

Beim Singen dieser Lieder mit Menschen, die trauern oder eine schwere Zeit durchleben, erlebte ich, wie durch der Gesang bestimmter Lieder bei ihnen Gefühle angerührt wurden, die verborgen oder dem Sänger nicht so bewusst waren: Berührtheit, Tränen, Traurigkeit und Schmerz traten zutage, ohne dass es beabsichtigt war, an diese Gefühle zu rühren.

Meistens konnten sie dann nicht weiter, weil gerade in akuter Trauer die Stimme beim Singen versagt oder weinerlich wird, sodass ihnen kraftvolles Singen nicht möglich ist.

Ähnlich erlebe ich es auch bei mir selbst, dass bestimmte Töne und Lieder meine Tränen hervorbringen und die Stimme versagt. Für mich war dies immer die Bestätigung dafür, welch direkten Zugang zu den tiefsten, auch verborgenen Gefühlen in uns, das Singen ermöglicht.

Singen in anderen Kulturen

In anderen Kulturen gibt es Gesänge, die das Klagen und Schreien erlauben und herausfordern; Lieder, die eine Erlaubnis geben, allen Schmerz, alles Leid hinaus zurufen, laut zu klagen und zu dem tiefsten Ort des Schmerzes vorzudringen.

Nach dem gewaltsamen Tod zweier kurdischer Kinder, die ich durch meine Arbeit in einem sozialen Brennpunkt kannte, erlebte ich, wie befreiend und erlösend die Klagegesänge der Frauen waren. In den Tagen nach dem Tod versammelten sich viele Verwandte und Bekannte in dem Trauerhaus und sangen viele Stunden immer wieder Lieder.

Obwohl ich die Worte nicht verstand, verspürte ich doch die sehr befreiende Wirkung dieser Ausdrucksform. Alle konnten mitweinen, laut und hemmungslos, es war kein unterdrückter, leiser Schmerz, sondern das Unfassbare wurde hinaus geschrien.
Folgende Geschichte aus dem Buch "Da war es auf einmal so still" von Linde von Keyserlingk beschreibt diese Kraft der heilenden Töne in schwersten Zeiten und tiefer Trauer in einem anderen Land:

Der Gesang

Es gibt ein Leid, das keine Worte hat. Ein Leid, das so groß ist, weil es auch vorher schon keine Worte gab. Worte, meine ich, die den Menschen geholfen hätten, zueinander zu finden.
Manchmal muss man das Ende einer Geschichte als den Anfang betrachten.

So war es jedenfalls auf unserer Felseninsel, die das Mittelmeer umspült. Auch landeinwärts hört man Tag und Nacht das Rauschen des Meeres, wie eine immerwährende Melodie, einen Rhythmus der Ewigkeit.

Dort lebten wir, zwei Familien in einem engen Tal, dicht gedrängt um die Weideplätze und die Wasserstellen. Wenn die Winterstürme kamen oder die Seeräuber, waren wir aufeinander angewiesen. Dennoch waren unsere Männer seit Generationen verfeindet. Hass lag in ihren Blicken.

Angefangen hatte es mit einem Spottlied, so heißt es, das der Großvater meines Mannes auf den Großvater der anderen Familie gesungen haben soll. Es war kein schönes Lied. Wer kann schon etwas dafür, dass er ein Hinkebein hat?

Dann war es um ein Lamm gegangen, welches angeblich die Herde gewechselt hatte, und nun von den anderen in Besitz genommen wurde, obwohl es doch eigentlich uns gehörte, das heißt, dem Vater meines Mannes.

Die nächste Generation stritt sich um ein Stück Weideland, das vorher niemandem gehört hatte, jetzt aber von uns beansprucht wurde, wogegen sich die anderen mit Verbitterung verwahrten.

Als das nichts half, gipfelte das ganze in einem Streit um Brunnenrechte. Auf einer felsigen Insel ist Süßwasser kostbar. Dem Vieh den Zugang zur Tränke zu verwehren, ist mehr, als ein Spottlied zu singen. Jetzt hatten die andern also einen Brunnen für die Menschen und einen für die Schafe. Wir hatten nur einen.

Ich konnte verstehen, dass dies meinen Mann sehr verärgerte.

Dennoch fand ich es nicht richtig, dass er Philippe, unseren Ältesten zum Meer schickte, um die Netze der andern zu leeren und sie dann zu kappen.

Philippe tat, wie ihm geheißen. Er war ein guter Sohn, wenn auch ein wenig zu weich, zu romantisch für das harte Leben auf der Felseninsel. Jedenfalls traf er auf dem Rückweg Emilia, die jüngste Tochter unserer Nachbarn, die er noch nie so recht gesehen hatte. Er verliebte sich augenblicklich in sie. Vergessen waren Fische und Familienzwist. Die beiden nahmen sich bei der Hand und wanderten in den Abend hinein. Schließlich setzten sie sich unter einen Feigenbaum.

Die Zeit verging, und sie merkten es nicht. Die Sonne ging unter, sie merkten es nicht. Die Nacht verging, und sie merkten es nicht. Saßen da, unter dem Feigenbaum, und waren verliebt.

Als Emilia die ganze Nacht nicht nach Hause gekommen war, schickte ihr Vater am Morgen ihren Bruder Antonio, um sie zu suchen. Antonio fand zuerst die zerstörten Netze, dann den Haufen sterbender Fische und schließlich seine Schwester mit Philippe unterm Feigenbaum. Da fühlte er sich und seine Familie so sehr verletzt, dass er sein Gewehr nahm und Philippe erschoss.

Der Schuss hallte durch die Morgenstille. Jeder konnte ihn hören. Mein Herz begann wie wild zu klopfen. Meine sechs anderen Söhne rannten zum Strand. Als sie Philippe so unter dem Feigenbaum liegen sahen, packte sie alle eine furchtbare Wut.

„Deine Ehre werden wir rächen", rief einer, zog den Revolver und erschoss Antonio. Ich will gar nicht wissen, wer es gewesen ist.

Da lagen nun beide, Philippe und Antonio unter dem Feigenbaum nebeneinander wie Brüder, beweint von der gleichen Schwester.

Als mein Mann von dem furchtbaren Unglück hörte, erstarrte er. Dann ging er mit seinen sechs übrig gebliebenen Söhnen hinaus ins Tal. Er konnte vor Kummer nicht sprechen. Aber mit seinem tiefen Bass sang er seine tiefe Trauer hinaus in die Berge. Nach einer Weile begleiteten ihn die Tenöre seiner Söhne. Aber unser jüngster Sohn schrie seinen Kummer hinaus, so laut und hell, dass uns allen, die es hörten, das Herz zu zerspringen drohte. Und dieses Klagen nahm kein Ende, denn der Berg sandte mit seinem Echo die Töne zurück. So standen sie da draußen und trauerten.

Unsere Nachbarn, die nie auf uns gehört hatten, hörten uns jetzt. Und dann war da auf einmal noch ein zweiter Gesang. Auch Antonios Vater kam mit seinen fünf übrig gebliebenen Söhnen, um mit seinem tiefen Bass das tiefe Leid zu beklagen. Auch sein jüngster Sohn schrie seinen Kummer stoßweise hinaus, hell und laut. So standen sie sich gegenüber.

Dann formten die mittleren Söhne einen Strom von Tönen und eigenartigen Halbtönen, so dass die Berge ringsum erzitterten. Es war, als wollten sie zwischen den Alten und Jungen vermitteln. Noch nie hatte ich so etwas gehört.

Auf dem Strom von Tönen lag jetzt die Stimme dessen, der Phillippes Leben erzählte, das so stolz und voller Tatkraft gewesen war, so romantisch und so voller Liebe zu den schönen Dingen seiner Heimatinsel.

Auch Antonios Leben wurde erzählt, das dem von Philippe sehr ähnlich war. So entstand ein Wechselgesang, getragen und gehalten von ein und demselben Strom der Töne und Halbtöne der mittleren Brüder. Die Jüngsten schrien weiterhin ab und zu ihre Klagen dazwischen, hell und schmerzlich. Aber darunter lagen die Bässe der Väter, die auch dann noch zu hören waren, wenn die Brüder Atem holen mussten.

Nach einer Weile legten sich die Brüder die Arme um die Schultern. Die einen wie die anderen. In diesem Augenblick hätte ich nicht zu sagen vermocht, welches meine Kinder waren und welche nicht. Es waren alles Brüder von Brüdern.

Die Berge hallten wider von dem wunderbaren Gesang. Es schien, als ob auch sie sich gegenseitig die Arme um die Schultern legten, um sich tröstend zu wiegen, hin und her.

Als die Männer endlich zurückkamen, hatten wir Frauen gemeinsam die Toten gewaschen und sonntäglich bekleidet. Wir hatten sie zusammen in einen Sarg gelegt. Nun wurden sie gemeinsam in einem Grab begraben. Das war eine unglaubliche Tat. So etwas hatte es in unserem Tal noch nie gegeben.

Lange Zeit gab es keinen Streit mehr. Jeder versuchte der Dinge anders Herr zu werden. Niemand wurde mehr erschossen, nicht um der Ehre und nicht um der Schande willen. Das habe ich gemeint, als ich sagte, das Ende sei eigentlich der Anfang gewesen, denn unsere anderen Söhne, wenn sie nicht miteinander reden können, gehen hinaus ins Tal und singen ihre eigenartigen Wechselgesänge, getragen von dem einen Strom der Töne und Halbtöne, der die Berge anrührt und das Weh im Herzen."

Linde von Keyserlingk, „Der Gesang" aus:
Da war es auf einmal so still, S. 102-105

Klagegesänge in anderen Kulturen

Leider gibt es in unserer Kultur solche Gesänge nicht. Und auch wenn wir versuchen würden, diese Umgangsformen aus fremden Kulturen auf unsere Gesellschaft zu übertragen, so ist es doch nicht unsere eigene Tradition, unsere eigene Kultur.

Der griechische Trauerforscher und Trauerbegleiter Jorgos Canacakis erzählt in seinem Buch "Ich sehe deine Tränen" von einem alten Ritual mit dem Namen "Myroloya" in Südgriechenland. Das sind Klagegesänge in Gedichtform, die heute noch nach dem Tod eines Dorfbewohners von ‚Klageweibern' gesungen werden.

Meiner Meinung nach ist es nicht oder kaum möglich, diese Trauergesänge aus anderen Kulturen auf unsere Trauerkultur zu übertragen, da sie bei uns nicht allgemein bekannt sind und daher nicht von der Gemeinschaft getragen und gesungen werden können.

Solche Trauergesänge, die das Klagen und Schreien erlauben, haben wir in unserer Kultur nicht.

Seminare

Trotzdem habe ich in meiner jahrelangen Hospizarbeit immer wieder erfahren dürfen, dass gerade in der Trauer Gesang sehr wichtig sein kann, um die Gefühle zu lösen und um nicht zu erstarren oder zu verhärten.

In meinen Seminaren „Singen in der Trauer“ vermittle ich Lieder, die bei Abschieden, Beerdigungen, in Trauergruppen oder in der Sterbebebleitung gesungen werden können. Diese Lieder sind alle sehr einfach zu lernen, so dass jeder direkt mitsingen kann, auch wenn er keine Singerfahrung hat. Die Lieder werden ohne Text- und Notenblätter gesungen und können jederzeit und überall in einer traurigen Situation Kraft, Ruhe oder Hoffnung spenden.

Was das Singen in der Trauer vermag

Gemeinschaft und Verbindung

Ich habe oft erfahren, dass akut trauernde Menschen in der Gemeinschaft von singenden Menschen getragen und aufgefangen werden können und dass sie sich durch den Gesang bestimmter Lieder mit den Menschen, die singen, verbunden fühlen.

Auch wenn Menschen manchmal in ihrer akuten Trauer selbst nicht singen können, weil die Töne sie direkt zum Weinen bringen, vermögen Lieder eine gemeinsame Atmosphäre zu schaffen und das Singen hat die Kraft, eine Gemeinschaft zu erzeugen. Ich erlebte oft bei Beerdigungen, Abschieden und in meinen Gruppen, das Singen den trauernden Menschen gut tut und das schnell eine Verbindung entsteht, auch mit noch nicht vertrauten Menschen, die tragen und öffnen kann.

Meditation und Entspannung

Meditative Lieder wie Chants und Mantras können entspannen.

Menschen finden in den sich immer wiederholenden einfachen Melodien zur Ruhe, zu ihrer inneren Mitte, zu sich selbst und zu den innewohnenden Gefühlen.

Oft ist das eigene Singen in der akuten Trauer erst zu einem späteren Zeitpunkt auf dem Trauerweg möglich, doch auch schon das Dabeisein und Zuhören tut gut und hilft, zu den Gefühlen zu kommen.

Zugang zu den Gefühlen

Töne und Lieder können unser Innerstes direkt berühren und in Schichten unserer Seele eindringen, die Worte kaum erreichen können. Sie können die Gefühle zum Fliessen bringen. Wie erlösend und gut, wenn die erstarrten Gefühle Trauernder endlich fließen können!

Ich erfahre häufig, dass Menschen das Singen als eine Möglichkeit entdecken, zu ihren verborgenen oder verdrängten Gefühlen zu kommen.

Töne gehen direkt nach innen, zum Zentrum und vermögen hervorzuholen, was in uns "wohnt", sie führen unmittelbar zu dem, was in uns lebt und schwingt.

Meine Hospizseminare beginne ich immer mit einem Lied. Eine Frau war so überrascht und dankbar als sie erlebte, dass sie durch das Singen zum ersten Mal nach dem Tod ihres Kindes vor fünf Jahren weinen konnte.

Zugang zur inneren Kraft

Durch das Singen der Lieder fühlen Menschen ihr eigenes Kraftpotential wieder.

Singen ist eine wunderbare Möglichkeit, sich seinem eigenen inneren Wissen, seiner "Urkraft", seiner inneren "Weisheit" wieder bewusst zu werden.

Singen kann eine Kraftquelle sein, durch die wir wieder belebt werden und "auftanken" können.

Erfahrung von Spiritualität

Diese innere Kraft wird bei vielen als spirituelle Kraft erlebt. Ein großer Teil der Lieder, die ich singe und die ich weitervermittle, "sind Ausdruck einer Erdreligion, eines Bewusstseins darüber, dass alles Leben auf und mit der Erde heilig ist, dass das Göttliche dem Erdenleben innewohnt, und dass es diese Kraft nicht nur im Außen, sondern vor allem im eigenen Sein zu entdecken und durch sich selbst auszudrücken, hindurchzutönen, gilt." (Gila Antara)

Mehr als Worte vermögen für mich beseelte Lieder an die geistige Kraft und spirituelle Welt zu erinnern, ohne in festen Glaubensformen und Religionen einzuengen.

"Das Ego tritt in den Hintergrund, der Sänger wird zum Medium, durch das eine höhere Kraft hindurchfließt und er betrachtet sich als Bote erhabener Energien. Ob man sie nun "Gott", "Wahres Wesen" oder "Schöpferkraft" nennt, ist einerlei und durch seine Kultursprache bedingt" (M. Reimann in: Himmlische Klänge.)

Die religiösen Bedürfnisse Trauernder

Gerade beim Erleben des Todes werden Menschen sehr an die existentiellen Fragen des Lebens geführt: Wo komme ich her? Wo gehe ich hin? Was kommt nach dem Tod? Gibt es etwas außer unserer materiellen Welt?

Gerade in der Trauerzeit können spirituelle und religiöse Antworten sehr viel Halt geben. Ich erlebe, dass nichts so sehr unsere religiösen Bedürfnisse weckt, unseren Glauben oder das „Glauben wollen" hervorholt, wie die Erfahrung von Sterben und Tod.

Oft sind aber gerade dann vorgefertigte und einengende "Sprüche", und "Gebete", vorgefertigte Antworten und herkömmliche Rituale nicht das, was Menschen in dieser Situation brauchen.

Viele Menschen haben überhaupt keinen Bezug mehr zu kirchlichen Traditionen und können mit herkömmlichen Antworten und Ritualen angesichts des Todes nicht mehr viel, oder gar nichts anfangen.

Trotzdem gibt es ein religiöses Bedürfnis, ein "Glauben wollen" dass da noch etwas ist, das trägt, dass es noch etwas gibt, das uns über dieses Leben, über diese irdische Welt hinausträgt.

Dann können solche Lieder, die an die geistige Welt erinnern, tragen und trösten, in manchen Momenten sogar helfen, über das Schwere hinwegzukommen und den Verlust annehmen zu lernen. Ich erlebe in der Begleitung der Trauernden, dass solche Lieder manchmal helfen, alles in einem größeren Zusammenhang sehen zu können, das Leben in einen großen Plan eingebettet zu wissen, sich einem Schicksalsglauben ergeben und mit einem Vertrauen in eine höhere Macht leben zu können. Sie finden darin Trost und ihre innere Kraft.

Auch wenn dieser Glaube nicht das Trauern-Müssen und den Schmerz erspart, so ist es doch unendlich wertvoll, eingebettet zu sein in ein größeres Ganzes, in ein Glaubenkönnen und Getragen- werden. Ich durfte in meinem Leben immer wieder diese Geborgenheit erfahren und ich bin dankbar für dieses Urvertrauen, das mich auch und gerade in schweren Zeiten trägt und hilft.

Ich bin froh, wenn ein Lied mich so tief anrührt, dass meine Tränen endlich fließen können. Dann singe oder höre ich es immer wieder, weil ich weiß und ich spüre, dass es gut ist, wenn die Gefühle fließen können. Manchmal ist auch Trauer in uns angesammelt, ohne dass es einen akuten Grund gibt. Ich schrieb diese Erfahrung in mein Tagebuch:

Wie gut, wenn die Tränen fließen

„Ferien !

Ich habe einen Tag ganz für mich am Niederrhein, dort, wo meine Wurzeln sind.

Ich fahre mit dem Fahrrad nach Keeken zum Rhein, dort, wo wir früher als Kinder manchmal waren. Im Rucksack einen Walkman, eine Musikkassette, Wasser, Brot und etwas zum Schreiben.

Ich wandere los durch die Rheinebene, über Wiesen, wo alles so vielfältig wächst. Hier ist meine Mutter geboren...

Seit Tagen bin ich nicht richtig glücklich, meine Augen sind manchmal rot geschwollen unter den Augenbrauen und die Tränensäcke sind dick. Eine Allergie, meint die Ärztin. Ungeweinte Tränen, denke ich. Aber wie soll ich die Tränen zum Fließen bringen? Worüber weinen? Da ist so vieles, was sich ansammelt, an Traurigem, Leidvollem, Schwerem. Wohin damit?

Jetzt habe ich Ferien und viel freie Zeit vor mir. Die Sonne scheint, der Himmel ist ohne Wolken, - es könnte alles so schön sein, - doch irgendwie kann mein Herz sich nicht freuen. Etwas liegt da noch wie ein Schatten, eine Unzufriedenheit über meinem Gemüt. Ich fühle mich nicht so richtig lebendig.

Nach einer Stunde Weg über den Damm komme ich ans Wasser, an den Rhein. Die Schleppkähne fahren flussauf und flussab, und die Sonne glitzert auf dem Wasser. Ich setze den Walkman auf und höre "We are sailing" von Nadja Khin, ich singe mit und schon die ersten Töne lösen so viele Gefühle in mir aus. Ich spüre wie Tränen aufsteigen und ich höre und singe dabei das Lied wieder und wieder. "Wir segeln über das stürmische Wasser..."

"I am sailing, I am sailing, home again, cross the sea
I am sailing stormy waters, to be near you, to be free
I am flying, I am flying, like a bird cross the sky
I am flying, passing high clouds, to be with you, to be free
Can you hear me, can you hear me,
through the dark night, far away
I am dying, forever trying, to be with you, who can say"

Text und Musik: Gavin Sutherland aus: "Ya" Khadja Nin

Mein Singen wird zum Weinen. Ich weine und fühle immer mehr. Wie gut, endlich weinen zu können! Keiner hört mich, nur die Schiffer können mich sehen, aber sie können zum Glück nicht kommen. Ich spüre, wie dieses Lied Gefühle auslöst, die schon länger feststecken. Und so höre und singe ich dieses Lied wieder und wieder und immer lauter wird mein Weinen, mein Schreien, - die Töne kommen tief aus meinem Bauch und die Tränen fließen und fließen. Welch eine Erlösung, so weinen zu können!

Da war so viel Trauriges in der letzten Zeit: Michas Tod, Utes Krebs und mein Mitleiden, Mitfühlen, die Nachrichten von den Menschen im Kosovo, die schrecklichen Massaker, Traurigkeit, dass eine langjährige Freundschaft sich verändert, das Leiden der Menschen im Hospiz, die so einsam sind...

Da ist doch so vieles, was sich an Traurigem ansammelt. Und ohne genau zu wissen warum, werde ich von einer Flut von Tränen überschwemmt. Das Wasser vor mir, das ich glitzern sehe in der Sonne, ist wie ein Meer von Tränen; das Meer der Tränen aller Menschen. Und ich weine die Tränen vieler Monate und es ist tief und erleichternd, groß und erlösend, so weinen zu können. Der warme Wind trocknet die Tränen und die Sonne wärmt mich

"We are sailing, we are flying, we are crying, we are dying, - home again". Ja, so fühle ich mich in meinem Leben! Wir segeln und fliegen und schreien und sterben und ich weiß, dass es nach Hause geht, und dass alles dazu gehört, was immer mir dieses Leben bringt. Dann lege ich mich in den warmen Sand und fühle mich müde. Ja, es ist mein Leben, mein ureigenes Leben, was ich da fühle und was ich jetzt lebe!

Ich laufe weiter und trinke in einem Café am Rhein ein Bier, esse Pommes und ich fühle mich gut! Auf dem Weg zurück tanze ich.

Musik bewegt mich im Wind, in der Sonne, ich fühle mich leicht, erleichtert, frei, befreit. Und ich liege im Gras, schaue in den blauen Himmel und denke ,Was ist das Leben schön!'

Ich fahre zu einem See in einem Naturschutzgebiet. Es ist Abend und die Sonne glitzert auf dem Wasser, es ist noch warm. Ich ziehe mich aus und steige in das Wasser, - es ist so ein wunderschönes Gefühl, in diesem stillen See zu schwimmen, alleine, - nur einige Wildgänse und Enten, keine Geräusche, nur die der Tiere und ein leichtes Plätschern der Wellen.

Ich bin sprachlos, staunend, dankbar und glücklich!"

Verbindung zu Verstorbenen

Lieder können auch eine Verbindung zu verstorbenen Menschen schaffen. Es gibt Lieder, die mich ganz besonders an einen verstorbenen Freund oder an eine Freundin erinnern. Und wenn ich das Lied höre oder singe, ist sie oder er wieder nah und ich fühle eine starke Verbindung. Noch mehr ist der verstorbene Mensch im Lied „anwesend", wenn es ein Lied auf einem Tonträger gibt, das er oder sie selbst singt.

So fühle ich immer eine ganz besondere Nähe zu meinem verstorbenen Freund Micha, der in einer Band sang und auf seiner CD das Lied „ Knocking on heavens door" von Bob Dylan singt.

Seine Stimme zu hören rührt mich immer wieder an.

Ein Gedicht von Thomas Moore drückt das für mich sehr schön aus:

„In mitternächtlicher Stunde, wenn Sterne weinen,
da eile ich zu dem einsamen Tal, das wir liebten,
als Leben noch warm in deinem Auge strahlte;
und ich denke oft, wenn es Geistern vergönnt ist,
aus dem luftigen Reich sich hernieder zu stehlen,
um vergangene Stätten der Freude wieder aufzusuchen, so wirst du mir dort nahen und mir sagen,
unsere Liebe lebe noch in der Erinnerung,
sogar in den Himmeln.
Dann singe ich das leidenschaftliche Lied,
das wir einst mit solcher Wonne anhörten,
als unsere sich vermischenden Stimmen
wie eine einzige den Gesang
uns in die Ohren hauchten;
und während, weit entfernt, Echo mein schwermütiges
Gebet durch das Tal hinrollen lässt,
stelle ich mir vor, o meine Liebste! es sei deine Stimme,
die aus dem Königreich der Seelen erklingt und noch
immer der Weise sanft antwortet,
die uns einst so teuer war.“

Gabriele Thönnessen

Das verlorene Lied

In den alten Zeiten, als das Wünschen noch geholfen hat, lebte einmal eine Königstochter. Sie konnte wundervoll singen, jedoch wurde sie mit einem hässlichen Buckel geboren. Dies brachte es mit sich, dass ihre Krone immer wieder von ihrem Kopf rutschte, weil ihr Rücken so gekrümmt war.

Als die Königstochter einmal mit ihren Schwestern durch den Schlosspark des Vaters schlenderte, stolperte sie über einen Kieselstein, der auf dem Weg lag. Im gleichen Moment fiel ihre Krone wieder einmal zu Boden und rollte den Weg hinab. Ihre Schwestern lachten sie aus und machten sich lustig über sie. Da verlor die Königstochter die Krone aus den Augen - und sie fand sie nicht wieder. Das betrübte sie so sehr, dass sie mit der Zeit ihr Singen verlernte.

Immer öfter ging sie alleine zum See des Schlosses. Dort saß sie stumm am Ufer und starrte auf das Wasser hinaus. Einmal beobachtete sie, wie sich ein Wesen in einer großen Schlingpflanze verfangen hatte und verzweifelt versuchte, sich zu befreien. Schnell watete sie ein, zwei Schritte in das kalte Wasser hinein und nach einigem Ziehen und Zerren gelang es ihr, die Kreatur zu befreien. Wie war sie erstaunt. Sie hatte einer Wasserfrau geholfen.

„Hab vielen Dank für deine Hilfe." sagte diese und schwamm auf den See hinaus.

Dabei sang sie ein Lied so schön, dass der Königstochter ganz weh ums Herz wurde. Sie seufzte: „Ach, wenn ich doch auch wieder singen könnte." Und als sie aufschaute war die Wasserfrau in den Tiefen des Sees verschwunden.

Auf dem Weg zurück ins Schloss bemerkte die Königstochter plötzlich, dass sie die Melodie der Wasserfrau ganz leise summte. Doch als sie es bemerkte, verstummte sie sofort wieder. Da klopfte ihr Herz schneller und ihr Wunsch, wieder singen zu können wurde größer und größer. Die ganze Nacht lag sie schlaflos in ihrer Kammer.

Im Morgengrauen macht sie sich wieder auf zum See. Sie ging ein ganzes Stück ins Wasser und schaute sich lange suchend um. Plötzlich geriet das Wasser in Bewegung und einige Meter von ihr entfernt tauchte die kleine Wasserfee auf.

„Sag mir, was suchst du?" fragte diese.

„Ich suche mein Lied, ich habe es verloren."

„Wenn du es suchst, wirst du es wiederfinden", sagte die Wasserfrau. „Mach dich auf die Suche nach dem Berg der singenden Vögel. Du findest ihn am Ende deines Weges." Und dabei wies sie in Richtung der aufgehenden Sonne. Aber dort war alles in dichtem Nebel getaucht, sodass die Königstochter den Berg nicht ausmachen konnte.

„Und wie soll ich dorthin kommen?" fragte das Mädchen entsetzt.

„Bisher habe ich meines Vaters Schloss und Park nie verlassen. Ich werde mich verlaufen. Und dann habe ich noch einen schweren Buckel auf meinem Rücken."

Doch die Wasserfrau sagte ihr: „Du bist ein Königskind. Du kannst summen, du kannst singen, alles kann dir dann gelingen. Versuch´s nur!" Dann verschwand sie wieder in den Tiefen des Sees.

Die Königstochter wollte noch mehr fragen und versuchte, der Wasserfrau zu folgen, doch nach ein paar Schritten bemerkte sie, dass der Grund des Sees an dieser Stelle sumpfig war und sie mit ihren Füßen immer tiefer einsank und schwerer und schwerer wurde. Da bekam sie es mit der Angst zu tun und schrie auf. Sie begann zu schreien und versuchte, sich zu befreien. Doch je mehr sie es versuchte, je tiefer versank sie im Wasser und ihr Buckel drückte sie schwer.

Als sie schon beinahe aufgeben wollte tauchte plötzlich die Wasserfrau am anderen Ufer des Sees auf und rief sie herüber. Da nahm die Königstochter all ihre Kraft zusammen und versuchte zu summen. Und tatsächlich, ganz leise und zart hörte sie sich summen:

„Du kannst summen, du kannst singen,
alles kann dir dann gelingen."

Ihr Herz begann laut zu klopfen. Sie versuchte es gleich noch einmal. Und schon bald fühlte sie, wie sie etwas leichter wurde und ihre Füße wieder bewegen konnte. Sie summte lauter und nach einer Weile war sie so leicht, dass sie es schaffte, ihre Füße zu befreien.

Und dann machte sie einen Schritt zum Ufer, und noch einen, und obwohl sie keinen Grund unter den Füßen spürte, ging sie weiter und wenig später hatte sie es erreicht. Erschöpft ließ sie sich ins Gras fallen. Und als sie aufschaute, war die Wasserfrau verschwunden. Aber dann dämmerte ihr: Sie hatte es geschafft. Sie hatte den ganzen See durchquert. Das erfüllte sie so voll Freude, dass sie unvermutet anfing zu summen, laut und fröhlich, schöner und lebendiger als je zuvor.

Sie sagte zu sich: Ich werde mein verlorenes Lied suchen. Und als die Sonne ihre Kleider getrocknet hatte machte sie sich auf zum Berg der singenden Vögel.

Sie wanderte viele Tage, bis an die Grenze des Königreiches und ließ es hinter sich. Dann kam sie durch einen Tannenwald, zwischen hohen und schwarzen Bäumen führte ihr Weg. Je tiefer sie in den Wald hineinging, je dunkler wurde es um sie. Plötzlich bemerkte sie, dass sie nicht alleine war. Es waren die grauen Geister, die da auf sie zukamen. Da erschrak sie und fürchtete sich sehr. Sie drehte sich um und lief zurück. Aber je schneller sie lief, je schneller verfolgten sie auch die Geister und sie hatte den Eindruck, dass sie ihr immer näher kamen.

„Sie bringen mich immer weiter weg von meinem Weg." dachte die Königstochter. Dann entsann sie sich wieder der Worte der Wasserfrau und begann sogleich, zu summen, so laut sie nur konnte. Im gleichen Moment wichen die Geister zurück. Sie machte einen Schritt auf sie zu, und die Schatten wichen weiter zurück. Da nahm die Königstocher all ihren Mut zusammen und ging noch weiter auf die Schatten zu. Dabei summte sie, so laut sie nur konnte. Die Geister wichen zurück, gerade soweit zu beiden Seiten, dass ein schmaler Weg blieb, den die Königstochter gehen konnte. Als sie den letzten Geist hinter sich gelassen hatte, wurde es plötzlich hell im Wald. Sie stand auf einer Lichtung, mitten im Sonnenlicht. Und in der Ferne sah sie den gesuchten Berg. Da lief die Königstochter immer schneller, ihrem Ziel entgegen. Als es Abend wurde, schien sie dem Berg schon sehr nahe und konnte schon leise den fröhlichen Gesang der Vögel hören.

Doch dann, was war das? Plötzlich stand sie vor einem tiefen Abgrund, der ihr den Weg zum Berg versperrte. Verzweifelt schaute die Königstochter zur Spitze des Berges hinüber, die so nahe und doch so weit entfernt war. Das Mädchen wünschte sich nichts sehnlicher, als dort hinüber zu kommen. Sie lief am Abgrund nach rechts und nach links, aber sie sah keinen Weg, den Abgrund zu überwinden.

Da setzte sie sich an den Rand der Schlucht und weinte bitterlich. Und weil es schon dunkel geworden war, weinte sie sich in den Schlaf. In der Nacht träumte sie von einem kleinen blauen Vogel, der vom Berg hinüber geflogen kam und vor ihren Füßen landete. „Du möchtest hinüber zu unserem Berg?" fragte der Vogel und das Mädchen nickte zaghaft mit dem Kopf. „Hab keine Angst. Du schaffst das. Ich warte auf der Spitze des Berges auf dich."

Die Königstochter entgegnete: „Aber wie soll ich denn dort hinüber gelangen? Ich habe ja keine Flügel, so wie du!" Da rupfte der Vogel sich eine Feder aus seinem linken Flügel und strich damit ganz sanft über den Rücken des Mädchens. Und gleich wurde der harte Buckel weich. Er öffnete sich und hervor kamen zwei zarte, durchsichtige Flügel. „Und vergiss das Summen nicht!" sagte der Vogel und flog zurück zu seinen gefiederten Freunden auf den Berg.

Da erwachte die Königstochter und glaubte, noch den Luftzug seiner Flügel zu spüren. Und als sie sich beim Morgengrauen aufrichtete, bemerkte sie, dass ihr Buckel geschrumpft war. Und sie erinnerte sich auch wieder an die Worte des blauen Vogels: Vergiss das Summen nicht!

Da nahm die Königstochter all ihren Mut zusammen und begann zu summen. Dann stellte sie sich an den Rand des Abgrundes, schloss vor Angst fest ihre Augen und stieß sich mit einem Fuß vom Boden ab. Und was geschah? Kein Stürzen, kein Fallen. Die Königstochter wurde immer leichter und ihr Summen trug sie wie von Flügeln getragen über den Abgrund. Sie öffnete die Augen. Je weiter sie flog, je mehr wurde aus dem Summen ein Singen, so schön und warm und wohlklingend, dass es eine Wonne war, es anzuhören.

Und die Vögel kamen, angelockt von ihrem Gesang, dem Mädchen entgegen und begleiteten sie das letzte Stück. Das Mädchen aber sang immer lauter und kräftiger:

Du kannst summen, du kannst singen,

alles kann dir dann gelingen.

Als die Füße der Königstochter die Spitze des Berges berührten, stellte sie verwundert fest, dass ihr Buckel ganz verschwunden war und sie jetzt aufrecht stehen konnte. Als sie sich das erste Mal wohlig reckte und streckte, da sah sie, wie wunderschön es dort war. Sie schaute sich um und sah einen blühenden Garten, einen Wasserlauf und in der Mitte des Gartens blühte ein Apfelbaum. Und auf einem Zweig saß der blaue Vogel. Sie lief ihm entgegen und fand am Fuße des Baumes eine kleine hölzerne Truhe. Sie öffnete sie und fand darin, auf blauer Seide gebettet: ihre eigene goldene Krone.
„Wir haben sie nur für dich aufbewahrt, bis du sie wieder tragen kannst." sagte der Vogel.

Dann nahm er die Krone mit dem Schnabel auf und setzte sie der Königstochter auf. Und sie passte nun so, als ob sie nie woanders gewesen sei. Im gleichen Moment verwandelte sich der Apfelbaum in ein prächtiges Schloss.

Dies alles gehört nun dir, sagte der blaue Vogel und die Königstochter fing vor Freude wieder an zu singen. Nun sang sie ihr Lied, eine Strophe nach der anderen.

Da stimmte der blaue Vogel in den Refrain mit ein und niemals ward das Lied so schön gesungen. Und wenn sie nicht gestorben sind, so singen sie noch heute.

Zeichnung : Hans Hofgräf

Peter Martin Strauch

Vielfalt ist Schönheit

Betrachtet man unseren Kosmos, unser Sternensystem oder auch ´nur´ unsere Erde mit neugierigen Augen, nimmt man das Leben in seiner bunten Vielfalt, in seinen unzähligen Formen und Farben wahr. Die Vielfalt in allem was existiert, ist das Prinzip der Schöpfung und Ausdruck des EINEN, des für uns Menschen nicht Fassbaren.

Es liegt in der Natur der Menschen, auch für das EINE Ausdrucksformen zu suchen - je nach kulturellem und geschichtlichem Hintergrund sind so auf der ganzen Erde vielfältige religiöse Formen entstanden, die immer nur das EINE auszudrücken trachten.

Wie die Strahlen der Sonne durch unterschiedliche Fenster fallen und verschiedene Räume je nach Tönung des Glases mit unterschiedlichem Licht erhellen, so sind die Religionen auch Fenster für die Menschen – sie geben Hinweise auf das EINE.
Der Ursprung aller Religionen, ihr Wesenskern, ist dabei immer der gleiche, genauso wie das Licht in den Räumen zwar durch verschiedene Fenster hineingefallen ist, aber von der gleichen Sonne stammt.

Immer wieder hat es Menschen gegeben, die unmittelbar die Sonne erfahren haben - die einen direkten Zugang zum EINEN hatten und aus dieser Erfahrung lebten.

Sie bracht das Unfassbare auf die Welt und gaben ihre Erfahrungen weiter. Menschen in ihrem Umfeld spürten die verbindende universelle Kraft der Liebe. Ganz gleich ob Buddha, Jesus oder Mohammed - in ihnen ist das EINE sichtbar geworden und für Menschen erleb-bar gewesen. Ihre Anhänger haben versucht, das Erlebte weiterzugeben und immer neu zu beleben - dabei entstanden Rituale, Texte, Bücher ..., äußere Formen für etwas, das eigentlich nur im eigenen Erleben begriffen werden kann. Ohne persönliche Erfahrung besteht die Gefahr, dass die

Riten leer werden. Die äußere Form wird zu einem menschlichen Instrument, welches für menschliche Zwecke nutzbar wird.

Immer wieder in der Geschichte haben Menschen versucht, die Erfahrung des Unfassbaren in das Zentrum zu stellen - in allen Religionen gibt es solche spirituellen Traditionen (wie die mystische Tradition im Christentum), die jedoch von den offiziellen Religionsführern oftmals mit Argwohn beobachtet wurden. Es scheint fast so, als würde die direkte persönliche Erfahrung des EINEN als Gefahr für die Religion betrachtet.

Aber gerade diese mystischen Traditionen sind die Verbindungselemente zwischen den Religionen, sie vermitteln die gleiche einheitliche Erfahrung des EINEN, ohne trennende Äußerlichkeiten in den Mittelpunkt zu stellen.

So wie diese Traditionen durch Stille und Meditation das EINE erfahrbar machen, so kann auch das Singen spiritueller Lieder unmittelbar zu der Erfahrung des EINEN führen. Das gemeinsame Singen und das gemeinsame Einschwingen auf gleiche Energiefrequenzen verbinden Menschen unterschiedlicher Herkunft und unterschiedlicher Religion. Es erzeugt einen Gleichklang und lässt ein ´heilendes Feld´ entstehen, dass sich jedem öffnet und in dem jeder in die persönliche Erfahrung des EINEN eintauchen kann.

Der gemeinsame Ton rührt an das Hintergrundschwingen der Welt – das spirituelle Singen wird damit zu einer wirkungsvollen Kraft, das EINE zu erfahren.

Der verbindende ´Geist Gottes´ drückt sich auch im Singen aus!

Tanzen und Singen sind
Königswege zur Gotteserfahrung

Aus dem Chadissmus

Über eine neue Spiritualität

Ich verstehe das Wort Religion
in einem größeren Sinne
als Selbsterkenntnis und innere Entfaltung.
Die Wahrheit liegt im Herzen jedes Menschen.
Dort muss man sie suchen,
um sich von ihr leiten zu lassen,
zumindest so, wie sie sich einem zeigt.
Aber wir haben nicht das Recht,
andere dazu zu zwingen,
so zu handeln, wie wir selbst die Wahrheit sehen.

Mahatma Gandhi

Über das Verbindende der Religionen

Es ist mittlerweile Frühling geworden und das Buch wird nun bald in Druck gehen. Manchmal habe ich gedacht, es wird nie fertig, denn es gibt immer noch mehr zu schreiben und hinzuzufügen. Alles ist viel grösser und Worte sind oft unzureichend, um das zu beschreiben, worum es mir geht.

In diesem dritten und letzten Kapitel des Buches möchte ich versuchen, etwas von dem Geist zu beschreiben, der in den Nächten der spirituellen Lieder weht. Es ist nicht einfach, für dieses große vielseitige Thema Worte zu finden. Diese Kraft, die allem Leben innewohnt, zeigt sich in so vielfältiger Weise. Menschen gehen so unterschiedliche Wege, um das EINE zu suchen, auszudrücken und zu berühren. Und meine Worte drücken nur einen Bruchteil von dem aus, was ich sagen möchte, aber nicht fassen kann.

Bei meinem Spaziergang heute Morgen in der Frühe im aufbrechenden Frühling genieße ich die vielfältigen Ausdrucksformen der Natur. Ich laufe durch taufrische grüne Wiesen mit Löwenzähnen und Wiesenschaumkraut, dann durch einen kleinen Wald, in dem das Licht auf wunderschöne Weise durch die Bäume hereinfällt.

Vögel jubilieren, die Sonne wärmt schon, der Himmel ist blau, fast wolkenfrei und ein leichter Frühlingswind streicht mir über mein Gesicht, ein Schwarm laut schnatternder Wildenten fliegt wie jeden Morgen um die gleiche Zeit vorüber, ...in der Ferne höre ich den Lärm der Straße und der Stadt – doch hier oben auf dem Hügel in der Morgensonne fühle ich mich verbunden !

Verbunden mit wem? Mit was?

Wie kann ich ES beschreiben, dieses Unbeschreibliche, das ich in der Natur erfahre oder in der Stille oder dass ich in einer liebevollen, achtsamen Begegnung spüre? Was ist das, das ich manchmal in der Musik finde oder im Tanzen, wenn das Denken aufhört und ich nur noch bin? Woher kommt diese Energie, die sich in der körperlichen Liebe zeigt, die sich in der Kunst und in der Poesie ausdrückt, in der karitativen Arbeit, im sozialen Engagement...?

Es gibt etwas, das immer wieder durchscheint und das ich manchmal in meinem Leben erfahren durfte. Und dieses EINE zeigt sich auch immer wieder, wenn ich alleine oder mit anderen Menschen aus tiefstem Herzen singe.

Ich habe nicht den Anspruch, eine ‚neue Spiritualität' zu definieren. Aber ich möchte versuchen, einige Gedanken dazu zu fassen. Es gibt so viele Wege und so viele Menschen, die ihren Weg auf ihre Weise suchen und gehen. Und jeder muss seine eigene Wahrheit finden. Für mich gibt es dabei kein Richtig und kein Falsch. Ich möchte all die verschienen Formen achten als Ausdruck und Suche einer Spiritualität, die so vielfältig ist. Es darf alles sein und alles ist richtig: das Rosenkranzgebet für manche alte Menschen, das Lesen des Koran für den Moslem, die tägliche Meditation für den Buddhisten, ... sowie auch die Therapie, die zur Selbsterkenntnis führt, die Pilgerreise auf dem Jakobsweg, die dienende Arbeit der Ordensschwester im Hospiz, ...

Genauso, wie sich die Schöpfung in der Natur in so vielfältiger Weise zeigt, sind auch die Wege der Menschen unterschiedlich. Für mich hat diese ‚neue' Spiritualität zu tun mit Respekt und Achtung, mit Ehrfurcht und Teilen, mit Zuhören und Kennen lernen wollen...

Aber sie muss auch auf die Erde kommen und ist für mich verbunden mit Verantwortung für unser Handeln, für unsere Beziehungen, für unser Leben und für diese Erde. Sie zeigt sich in dem respektvollen Umgang miteinander, darin, wie ehrlich wir in Beziehungen leben, wie hingebungsvoll wir lieben und wie mitfühlend wir mit leidenden Menschen sind. Die Menschen haben sich mit ihren Religionen immer wieder abgegrenzt und es sind Gräben entstanden, Zäune und Mauern. Sie haben Glaubenskriege geführt, auf den Schlachtfeldern wie auch in Diskussionen und Disputen ...

Nun ist eine Zeit gekommen, in der wir lernen können oder sollten, den Anderen zu respektieren, jeden Menschen mit seinem Glauben, mit seiner Suche und seiner eigenen Wahrheit. Es ist Zeit, dass wir uns verneigen vor dem, was der Andere ist; vor seinem Schicksal, seinem Weg und dem Göttlichen, das in jedem lebt. „Wir sind Kinder Gottes, nicht nur Einige von uns, sondern ALLE" sagt Nelson Mandela.

Und bei seiner ersten Europareise vorige Woche sagte Barack Obama: „Ich bin nicht hier, um zu lehren, sondern um zu lernen, um zuzuhören."

Darum geht es auch bei den Nächten der spirituellen Lieder. Und zu diesem großen Thema habe ich einige Texte, Gedichte und Erfahrungen ausgewählt, die diesen Geist widerspiegeln. Die Sehnsucht des Menschen nach Einswerdung mit dem Schöpfergeist hat ihre Spuren in allen Religionen, Kulturen und Sprachen hinterlassen.

In unzähligen Büchern haben religiöse und spirituelle Lehrer, Denker und Dichter aller Zeiten dazu etwas geschrieben. Ich lasse einige Geistesverwandte zu Wort kommen, die etwas von der Geisteshaltung, die die Singnächte beseelt, zeigen. Dieses Thema gäbe Stoff für ein eigenes Buch und mir ist bewusst, dass es nicht umfassend behandelt werden kann, doch vielleicht gibt es ein Wort, ein Gedanke, der bei Ihnen auf Resonanz stößt.

Mögen wir immer mehr lernen, die Liebe zu leben und in Liebe alles willkommen zu heißen, was in uns und in jedem Einzelnen lebt, damit dieses EINE immer mehr in dieser Welt spürbar wird. Das Wichtigste ist die Liebe!!! Nutzen wir diese Lebenszeit, um uns so viel wie möglich mit dieser Liebe zu verbinden! Tun wir Dinge, die uns dahin führen. Singen ist nicht der einzige Weg, mit dem wir das können, aber eine sehr wirkungsvolle und einfache Weise. Immer, zu jeder Zeit, an jedem Ort haben wir unsere Stimme dabei, dieses wunderbare Instrument, das uns dahin führen kann, zu fühlen, zu lieben, zu sein und das EINE zu erfahren.

Der Physiker Albert Einstein schrieb einmal:

„Alle Religionen, Künste und Wissenschaften
sind Äste des gleichen Baumes.
Alle diese Bestrebungen sind darauf gerichtet,
das menschliche Leben zu veredeln,
es aus der Sphäre eines bloß vitalen Daseins herauszuheben
und das Individuum zur inneren Befreiung zu führen."

Eugen Drewermann möchte ich hier aufführen, der mir aus dem Herzen spricht wenn er sagt:

Das ist das Wichtigste,
was wir im Leben lernen können:
Das eigene Wesen zu finden und ihm treu zu bleiben.
Allein darauf kommt es an, dass wir begreifen,
wer wir selber sind
und den Mut gewinnen, uns selbst zu leben.
Denn es gibt Melodien,
es gibt Worte,
es gibt Bilder,
es gibt Gesänge,
die nur in uns,
in unserer Seele schlummern
und es ist die Aufgabe unseres Lebens
sie auszusagen und auszusingen.
Einzig zu diesem Zweck sind wir gemacht
Und keine Aufgabe ist wichtiger
als herauszufinden
welch ein Reichtum in uns liegt

Wir sind auf diese Erde gekommen, um unser Potenzial zu entwickeln. Das, was wir im Tiefsten sind, ist göttlich und will gesehen, respektiert und gelebt werden. Von dem Respekt vor dem Göttlichen in jedem Menschen handelt folgende Geschichte, die von dem Leben in einem Kloster erzählt (ein Lehrstück, das in vielen Variationen kursiert).

Der Messias ist Einer von Euch

Die Geschichte vom Göttlichen in jedem von uns

Die Geschichte handelt von einem Kloster, das schwere Zeiten durchmachte. Ein einstmals großer Orden hatte infolge der Wellen klösterlicher Verfolgung im 17. und 18. Jahrhundert und dem Sieg der Säkularisierung im neunzehnten Jahrhundert all seine Niederlassungen verloren und war soweit dezimiert worden, dass nur noch fünf Mönche in dem verfallenden Haus übrig waren, nämlich der Abt und vier Mönche, alle über siebzig Jahre alt. Ganz klar handelte es sich um einen sterbenden Orden.

In dem tiefen Wald, der das Kloster umgab, war eine kleine Hütte, in der ein jüdischer Rabbi aus der nahegelegenen Stadt hin und wieder eine Klausur verbrachte. Wegen ihrer vielen in Gebet und Kontemplation verbrachten Jahre waren die alten Mönche sehr sensibel geworden und so konnten sie immer spüren, wenn der Rabbi in seiner Klausur weilte.

„Der Rabbi ist im Wald, der Rabbi ist wieder im Wald", flüsterten sie einander zu.

Dem Abt, der sich wegen des bevorstehenden Todes seines Ordens quälte, kam es eines Tages in den Sinn, die Einsiedelei zu besuchen und den Rabbi zu bitten, ob er vielleicht einen Rat wüsste, wie das Kloster zu retten sei.

Der Rabbi hieß den Abt bei seiner Hütte willkommen. Doch als der Abt den Zweck seines Besuches erklärte, konnte der Rabbi nur seine Anteilnahme, bekunden. „Ich weiß, wie es ist", rief er aus. „ Der Geist hat die Menschen verlassen. Es ist dasselbe in meiner Stadt. Fast niemand kommt noch zur Synagoge." So weinten der alte Abt und der alte Rabbi miteinander. Dann lasen sie Passagen aus der Thora und sprachen leise von tiefen Dingen. Die Zeit kam für den Abt, Abschied zu nehmen. Sie umarmten einander. „Es war wunderbar, dass wir uns nach all diesen Jahren wieder einmal begegnet sind", sagte der Abt, „aber trotzdem habe ich den Zweck meines Besuches nicht erfüllt. Gibt es nichts, was du mir sagen könntest, keinen Rat, den du mir geben kannst, der mir helfen könnte, meinen sterbenden Orden zu retten?"

"Nein, es tut mir leid" antwortete der Rabbi, „ich habe keinen Rat zu geben. Das einzige, was ich dir sagen kann, ist, dass der Messias einer von euch ist.“ Als der Abt zum Kloster zurückkehrte, umringten ihn seine Klosterbrüder und wollten wissen: 'Nun, was hat der Rabbi gesagt?'

„Er konnte nicht helfen", antwortete der Abt. „Wir haben nur geweint und zusammen die Thora gelesen. Das einzige, was er sagte, als ich gerade im Begriff war zu gehen - es war ziemlich geheimnisvoll - war, dass der Messias einer von uns ist. Ich weiß nicht, was er meinte."

In den darauffolgenden Tagen, Wochen und Monaten sannen die alten Mönche darüber nach und fragten sich, ob die Worte des Rabbi wohl irgendeine Bedeutung haben könnten. Der Messias ist einer von uns? Könnte er womöglich gemeint haben, einer von uns Mönchen hier im Kloster? Wenn ja, welchen von uns? Glaubt ihr, er meinte den Abt? Ja, wenn er irgendeinen meinte, dann vermutlich den Vater Abt. Er ist seit über einer Generation unser geistiger Führer. Andererseits, er könnte Bruder Thomas gemeint haben. Gewiss ist Bruder Thomas ein heiliger Mann. Jeder weiß, dass Thomas ein Mann des Lichts ist. Gewiss könnte er nicht Bruder Elred gemeint haben! Elred mit seinen schlechten Launen. Aber genauer besehen, auch wenn er den Leuten ein Dorn im Auge ist, Elred hat praktisch immer recht. Oft sehr recht. Vielleicht meinte der Rabbi tatsächlich Bruder Elred.

Doch sicher nicht Bruder Phillip. Phillip ist so passiv, ein richtiger Niemand. Doch andererseits, fast auf wundersame Weise, hat er eine Gabe, immer da zu sein, wenn man ihn braucht. Er taucht einfach, wie durch ein Wunder, an deiner Seite auf. Vielleicht ist Phillip der Messias?

Selbstverständlich meinte der Rabbi nicht mich. Keineswegs hätte er mich meinen können, ich bin nur ein ganz gewöhnlicher Mensch. Doch angenommen, er meinte mich? Angenommen, ich bin der Messias? 0 Gott, nicht ich. Ich könnte doch nicht so viel für Dich sein, oder?

Wie sie in dieser Weise nachdachten, begannen die alten Mönche einander mit außerordentlichem Respekt zu behandeln, für den unwahrscheinlichen Fall, dass einer von ihnen doch der Messias wäre. Und für den allerunwahrscheinlichsten Fall, dass jeder der Mönche selber der Messias sein könne, begannen sie, auch sich selbst mit außerordentlichem Respekt zu behandeln.

Der Wald, in dem das Kloster lag, war sehr schön, und so geschah es, dass gelegentlich Leute das Kloster besuchen kamen und auf seinem winzigen Rasen Picknick hielten, Spaziergänge entlang der Wege unternahmen, ab und zu auch in die verfallene Kapelle gingen und meditierten. Wenn sie das taten, spürten sie, allerdings ohne sich dessen bewusst zu sein, die Aura dieses ungewöhnlichen Respekts, die die fünf alten Mönche zu umgeben begonnen hatte, von ihnen auszustrahlen und die ganze Atmosphäre an dem Ort zu durchdringen schien. Der Ort hatte etwas seltsam Anziehendes, ja Unwiderstehliches an sich. Ohne zu wissen warum, kamen die Leute häufiger zum Kloster für Picknick, Spiel - und Gebet. Sie brachten ihre Freunde mit, um ihnen diesen besonderen Ort zu zeigen. Und die Freunde brachten wiederum ihre Freunde mit.

Dann geschah es, dass einige der jüngeren Männer, die das Kloster besuchten, mehr und mehr mit den alten Mönchen ins Gespräch kamen. Nach einer Weile fragte einer, ob er bei ihnen eintreten könne. Dann noch einer. Und noch einer. So wurde innerhalb weniger Jahre das Kloster wieder zu einem blühenden Orden, und dank des Rabbinergeschenks zu einem pulsierenden Zentrum des Lichtes und der Spiritualität in dieser Gegend.

Besonders treffend formuliert auch dieser Spruch das Thema Wertschätzung gegenüber jedem Mitmenschen:

„Wir sind nicht Menschen,
die auf diese Erde kommen
um göttliche Erfahrungen zu machen,
sondern wir sind göttliche Wesen, die auf diese Erde gekommen sind, um menschliche Erfahrungen zu machen."

Oriah Mountain Dreamer

Ich will wissen...

„Es interessiert mich nicht, was für ein Leben Du führst. Ich möchte wissen, wonach Du Dich sehnst und ob Du es wagst, der Sehnsucht Deines Herzens zu begegnen.

Es interessiert mich nicht, wie alt Du bist. Ich will wissen, ob Du es riskierst, für die Liebe wie ein Narr auszusehen, für Deine Träume, für das Abenteuer lebendig zu sein.

Es interessiert mich nicht, welche Planeten deinen Mond quadrieren. Ich möchte wissen, ob Du das Zentrum Deines eigenen Leides berührt hast, ob Du geöffnet wurdest durch seinen Verrat oder ob Du eng und verschlossen geworden bist aus Angst vor weiterem Schmerz!

Ich möchte wissen, ob Du mit Schmerz, meinem oder Deinem eigenen, umgehen kannst, ohne Dich zu rühren, um ihn zu verstecken, verblassen zu lassen oder festzuhalten.

Ich möchte wissen, ob Du mit Freude sein kannst, mit meiner oder Deiner eigenen, ob Du mit Wildheit tanzen kannst und es zulässt, dass die Begeisterung Dich bis zu den Spitzen Deiner Finger und Zehen erfüllt, ohne uns zu warnen, vorsichtig, realistisch zu sein, oder an die Grenzen zu erinnern, Mensch zu sein.

Es interessiert mich nicht, ob die Geschichte, die Du erzählst, wahr ist. Ich möchte wissen, ob Du einen anderen enttäuschen kannst, um Dir selber treu zu sein, ob Du die Anklage auf Verrat ertragen kannst und nicht Deine *Seele* betrügst.

Ich will wissen, ob Du treu sein kannst und damit vertrauenswürdig bist. Ich möchte wissen, ob Du Schönheit sehen kannst, selbst wenn nicht jeder Tag schön ist und ob Du Dein Leben entspringen lassen kannst aus Gottes Gegenwart.

Ich möchte wissen, ob Du mit Versagen, meinem oder Deinem, leben kannst und weiterhin am Rande eines Sees stehst und zum Silber des Vollmondes schreist: "Ja!".

Es interessiert mich nicht, zu wissen, wo Du lebst und wie viel Geld Du hast.

Ich möchte wissen, ob Du nach der Nacht mit Kummer und Verzweiflung aufstehen kannst, erschöpft und wund bis auf die Knochen und tun kannst, was für die Kinder getan werden muss.

Es interessiert mich nicht, wer Du bist, wie Du hierher kamst.

Ich möchte wissen, ob Du im Zentrum des Feuers mit mir stehen willst und nicht zurückschreckst.

Es interessiert mich nicht, wo oder was oder mit wem Du studiert hast. Ich möchte wissen, was Dich von innen stärkt, wenn alles andere abfällt.

Ich möchte wissen, ob Du mit Dir selbst allein sein kannst und ob Du die Gesellschaft mit Dir aufrichtig liebst, die Du in leeren Augenblicken hast.

Aus Oriah Mountain Dreamer, "Die Einladung"

Peter Martin Strauch

Spiritualität – die Suche nach dem Sinn des Lebens

Schon immer stellten die Menschen die Frage nach dem Sinn ihrer Existenz. Durch unseren Verstand und die Fähigkeit des Denkens erleben wir uns als Einzelindividuen, die ihr Leben selbst bestimmt in die Hand nehmen können und damit eigenverantwortlich über die Richtung ihres Lebens entscheiden.

Gleichzeitig spüren wir alle in uns eine Leere, die danach sucht, gefüllt zu werden – eine Sehnsucht nach Ganzheit und Geborgenheit, ein Angezogenwerden vom letzten Ziel des Lebens. Wie geben wir unserem Leben einen wirklich erfüllenden Sinn?

Alle Religionen versuchen Antworten zu geben auf diese existentielle Frage der Menschheit. In den jüdisch-christlich-islamischen Kulturkreisen wird der Mensch als Krone der Schöpfung gesehen – er bildet gleichsam das Ziel und den Mittelpunkt alles ´Geschaffenen´. Dieses Weltbild setzt einen personalen Gott voraus, der sowohl den Kosmos als auch den Menschen erschaffen hat. Die Lebenszeit der Menschen wird als eine Art Prüfungs- oder Bewährungszeit verstanden, während der jeder Mensch die Chance hat, nach den ´göttlichen´ Moralvorgaben zu leben. Nach dem Tod erfolgt dann eine göttliche Bilanzierung eines jeden Menschenlebens, mit der über Belohnung oder Bestrafung, Himmel oder Hölle entschieden wird. Diese Belohnungs-/Bestrafungsethik ist auch heute noch oft die Grundlage des religiösen Denkens.

Für viele Menschen sind solche Vorstellungen jedoch nicht mehr zeitgemäß – neue, insbesondere naturwissenschaftliche Erkenntnisse, verlangen nach einer neuen Sichtweise. Ein Kosmos unvorstellbar gewaltigen Ausmaßes, in dem unser Planet Erde einem Staubkorn vergleichbar ist, soll geschaffen worden sein, um diese Erde ins Zentrum zu rücken, weil sich nur hier Gott mit den Taten der Menschen beschäftigt?

Vor 14 000 000 000 Jahren ist dieses gewaltige kosmische Geschehen in Gang gesetzt worden. Unsere menschliche Lebensform, die mit einem Bewusstsein ausgestattet ist und damit unter moralischen Gesichtspunkten für ihre Taten zur Verantwortung gezogen werden kann, existiert vielleicht seit etwas mehr als 20 000 Jahren – und keiner weiß, wie lange unsere Lebensform noch existieren wird (ein plötzliches Ende ist nicht auszuschließen!). Da drängt sich doch, salopp formuliert, die Frage auf, ob dieser ganze Aufwand in Zeit und Raum tatsächlich uns, den Menschen gilt?

Liegen da nicht andere Erklärungsversuche näher – dass nämlich der ganze Kosmos, oder vielleicht sogar noch andere Parallelkosmen, in ihrer Ganzheit Ausdruck einer gewaltigen Schöpferkraft sind und dass damit auch alle Bestandteile dieses kosmischen Geschehens (irgendwo in Zeit und Raum) Ausdruck dieser Urkraft sind? Müssen wir nicht uns als Menschen in diesem gewaltigen Kontext ganz neu definieren und einordnen?

Jeder von uns lebt vielleicht 70 Jahre auf diesem Staubkorn Erde am Rand des Universums – welchen Sinn soll diese Zeitphase haben? Müssen wir dem angesichts von 14 Mrd. Jahren überhaupt einen Sinn geben?

Wenn jedoch alles Geschehen Ausdruck der „göttlichen Schöpferkraft“ ist, sind auch wir Menschen in unserer kurzen Lebensspanne auf diesem winzigen Planeten irgendwo im Universum ebenfalls Ausdrucksform dieser göttlichen Wirklichkeit.

Auch jeder von uns ist Teil des gesamten schöpferischen Geschehens! Wir sind einmaliger und individueller Ausdruck der Urkraft – durch uns nimmt diese Urwirklichkeit Gestalt und Form an – zu einer ganz bestimmten Zeit, an einem konkreten Ort des Universums.

Unser Sinn ist es, ganz Ausdruck dieser Wirklichkeit zu sein und im Bewusstsein dieser Göttlichkeit in uns, die durch uns ausgedrückt wird, zu leben. Wenn uns das gelingt – im Bewusstsein unseres göttlichen Kerns zu leben – sind wir verbunden mit allem, was lebt und existiert. Dann spüren wir die verbindende Kraft dieser Urwirklichkeit und fühlen sie als Liebesenergie, die in uns fließt.

Dann bedarf es keiner äußeren Moral mehr, die uns sagt, wie wir zu leben haben – wir leben dann verbunden mit allem und zum Wohle von allem, was ist!

Ausdrucksform der Spiritualität - das Leben feiern

Seit der Bewusstwerdung der Menschheit sucht der Mensch nach seiner spirituellen Ganzheit. Je nach Kultur und gesellschaftlicher Entwicklung hat er auf ganz verschiedene Weise versucht, Verbindung zu seinem Ursprung oder seiner Quelle aufzunehmen. Verschiedenste religiöse Formen und Rituale sind entstanden und prägen auch heute noch die Spiritualität der Menschheit.

Die Verschiedenheit der Religionen wurde in der Menschheitsgeschichte immer überbetont und führte in allen Zeitepochen zu Konflikten. Es ist an der Zeit, dies zu ändern und das Verbindende in allen Religionen – ihren transzendenten Kern – in den Mittelpunkt zu rücken, um damit Antworten auf die entscheidenden Fragen der Menschheit zu geben.

Diese Forderung drückte auch der indische Jesuit Sebastian Painadath, anlässlich eines Vortrags vor der ‚Würzburger Schule der Kontemplation' wie folgt aus:

„Wir leben in einer begnadeten Zeit! Der Geist Gottes reißt die Mauern nieder, die wir Menschen mit unseren Religionen geschaffen haben. Immer mehr Menschen suchen nicht das Trennende, sondern das Verbindende in den Religionen."

Wir müssen die Chance ergreifen, neue Formen der Begegnung zu entwickeln, um das Gemeinsame und Verbindende unter den Menschen zu erfahren! Es geht darum, das Menschsein zu feiern und den göttlichen Kern im Menschen zu entdecken und zu erfahren!

Um dies zu feiern und gemeinsam mit anderen Menschen, unabhängig von deren Religionszugehörigkeit, einzutauchen in die verbindende Gemeinschaft mit dem EINEN, sind vielfältigste Ausdrucksformen entstanden.

Alwine Deege & Peter Martin Strauch

Die Feiern des Lebens

Die „Nächte der spirituellen Lieder" sind Teil der vielfältigen Ausdrucksformen der neuen Spiritualität. Sie führen Menschen aus allen Religionen zusammen, schaffen Verbundenheit im Singen und öffnen den Raum für das Erleben des Göttlichen in jedem von uns.

Weitere Beispiele für neue spirituelle Ausdrucksformen sind die Agapefeiern mit Willigis Jäger (Benediktinermönch und Zen-Meister) im Raum Würzburg. Durch diese inspiriert haben wir auch in Aachen begonnen, ‚Feiern des Lebens' zu gestalten. Beiden gemeinsam ist die Suche nach einer neuen Form des Miteinanders auf der Grundlage der christlichen Festtage im Jahreskreis. Aufbauend auf den christlichen Wurzeln werden Wege gegangen, um zentrale Themen der Menschen auf neue Weise erlebbar und erfahrbar zu machen. Hierbei sind neben meditativen Vorträgen und Ritualen die persönliche Begegnung, aber auch das gemeinsame Tanzen und Singen Ausdruck der Verbundenheit miteinander und dem Göttlichen in uns.

Die Feiern des Lebens orientieren sich an den kirchlichen Feiertagen. So feiern wir am Heiligabend die Geburt des Lichtes, des Göttlichen in uns; in der Karwoche und in der Osternacht das Mysterium der Verwandlung; an Pfingsten den Geist Gottes, der in allem zu uns spricht und uns verbindet.

Und Allerheiligen gestalten wir eine Erinnerungsfeier an unsere Verstorbenen und denken nach über Tod und Trauer in unserem Leben und welche Spuren die Verstorbenen in uns zurück gelassen haben.

Wir sind froh, diese Feiern in einer schönen Kirche eines Gymnasiums durchführen zu dürfen, die uns an solchen Feiertagen zur Verfügung gestellt wird.

Auf der folgenden Seite finden Sie ein Beispiel für die Ankündigung einer Feier des Lebens und eine Geschichte, die wie am Heiligabend lasen und die vom Göttlichen in jedem von uns handelt:

Mysterium der Verwandlung

Feiern des Lebens

mit Alwine Deege & Peter Martin Strauch

Vom Tod zum Leben
Die Karwoche einmal anders erleben
von Gründonnerstag bis zur Osternacht

Impulse, spirituelle Lieder, Rituale, Stille & Feiern
zum Ostergeschehen

Bleibet hier und wachet mit mir

Stille, Singen, Beten, Impulse & Rituale zu den Gründonnerstagthemen: Brot und Wein teilen, Gemeinschaft erleben, Dienen, durch die Angst gehen, alleine Sein im Dunkeln der Nacht, Dein Wille Geschehe, Annehmen, Loslassen...
Gründonnerstag 20 – 24 Uhr

Stirb und werde

Eine Zeit zur inneren Einkehr
Impulse, geleitete Meditation, Lieder, Rituale, kreatives Gestalten & Austausch zu dem Geschehen am Karfreitag
...Mein Kreuz annehmen, den Weg durch das Dunkel gehen, Transformation und Wandel auf meinem Weg, Sterben und Vergänglichkeit in meinem Leben, die Kraft der Liebe, Hoffnung auf Sinn und Vertrauen auf Wandel ...

Singen für das Leben - Die Osternacht feiern -

...das Osterlicht entzünden - auch in uns, Wein und Brot teilen, Verwandlung, neues Leben, Aufbruch und Wachstum in unserem eigenen Leben nachspüren, den Stein vor unserem Grab wegwälzen, lebendig sein und SINGEN!

Mit Gott zu Mittag essen

Es war einmal ein kleiner Junge, der unbedingt Gott treffen wollte. Er war sich darüber bewusst, dass der Weg zu dem Ort, an dem Gott lebte, ein sehr langer war. Also packte er sich einen Rucksack voll mit Coladosen und mehreren Schokoladeriegeln und machte sich auf die Reise.

Er lief eine ganze Weile und kam in einen kleinen Park. Dort sah er eine alte Frau, die auf einer Bank saß und den Tauben zuschaute, die vor ihr nach Futter auf dem Boden suchten. Der kleine Junge setzte sich zu der Frau auf die Bank und öffnete seinen Rucksack. Er wollte sich gerade eine Cola herausnehmen, als er den hungrigen Blick der alten Frau sah. Also griff er zu einem Schokoriegel und reichte ihn der Frau. Dankbar nahm sie die Süßigkeit und lächelte ihn an. Und es war ein wundervolles Lächeln!

Der kleine Junge wollte dieses Lächeln noch einmal sehen und bot ihr auch eine Cola an. Und die Frau nahm die Cola und lächelte wieder - noch strahlender als zuvor. Der kleine Junge war selig. Die beiden saßen den ganzen Nachmittag lang auf der Bank im Park, aßen Schokoriegel und tranken Cola - aber sprachen kein Wort.

Als es dunkel wurde, spürte der Junge erst, wie müde er war, und er beschloss, zurück nach Hause zu gehen. Nach einigen Schritten hielt er inne und drehte sich um. Er ging zurück zu der alten Frau und umarmte sie. Die alte Frau schenkte ihm dafür ihr allerschönstes Lächeln.

Zuhause sah seine Mutter die Freude auf dem Gesicht des Jungen und fragte: "Was hast du denn heute Schönes gemacht, dass du so fröhlich aussiehst?" Und der kleine Junge antwortete: "Ich habe mit Gott zu Mittag gegessen - und Sie hat ein wundervolles Lächeln!"

Auch die alte Frau war nach Hause gegangen, wo ihr Sohn auf sie wartete. Auch er fragte sie, warum sie so fröhlich aussah.

Und sie antwortete: "Ich habe mit Gott zu Mittag gegessen - und Er ist viel jünger, als ich gedacht habe!"

Verfasser unbekannt

Die Kirche der Liebe

Sie hat keine Struktur, nur Verstehen,
Sie hat keine Mitgliedschaft, außer von denen, die wissen, dass sie dazu gehören.
Sie hat keine Rivalen, weil sie nicht sich durchzusetzen trachtet.
Sie hat keinen Machtanspruch, sondern sucht nur zu dienen.
Sie erkennt alle großen Lehrer aller Zeiten an, die Zeugnis von der Wahrheit der Liebe gegeben haben.
Diejenigen, die teilnehmen, praktizieren die Wahrheit der Liebe - in allem, was sie sind.
Keine Lebensweise oder Nationalität ist ein Hemmnis. Diejenigen, die drin sind, wissen es.
Sie versucht nicht zu lehren, zu predigen, sondern nur zu sein und durch dieses Sein zu bereichern.
Sie verkündet sich nicht mit lauter Stimme, sondern in den stillen Bereichen der Liebe.
Sie begrüßt ehrerbietig all die Wegbereiter der Vergangenheit, die dafür ihren Preis bezahlt haben.
Sie lässt keine Hierarchie oder Struktur zu, denn niemand ist größer als ein anderer.
Ihre Mitglieder werden einander an ihren Taten und an ihrem Sein erkennen und an ihren Augen und an keinem weiteren äußeren Merkmal als an dem der geschwisterlichen Umarmung.
Jede und jeder von ihnen werden ihr Leben in einer stillen Liebe den jeweils Nächsten, der Umwelt und der Erde widmen, während sie ihrer Aufgabe nachgehen, wie bedeutend und gering sie auch sein möge.
Für sie ist der große Plan vorrangig, der nur verwirklicht werden kann, wenn die Menschheit in allem, was sie tut, der Liebe Vorrang gibt.

Sie verspricht keine Belohnung; weder hier noch in der nächsten Welt, außer der unverlöschenden Freude des Seins und des Liebens.
Jede und jeder sollen danach trachten, das Verstehen untereinander voranzutreiben, im Verborgenen Gutes zu tun und nur durch das Beispiel zu lehren. Sie werden ihre Nächsten, ihre Gemeinde und unsere Erde heilen.
Sie werden keine Furcht und keine Scham kennen und ihr Zeugnis wird sich gegen alle Widerstände verbreiten.
Sie hat kein Geheimnis, keine Einweihung, außer dem wahren Verständnis der Kraft der Liebe und dass - wenn wir es wollen - die Welt sich verändern kann, aber nur, wenn wir erst uns selbst ändern.
Alle, die sich zugehörig fühlen, gehören dazu, sie gehören zur Kirche der Liebe!

Mit dieser Liebesbotschaft der Katharer aus dem 12. Jahrhundert beginnen wir jede Feier des Lebens. Sie stellt unsere Grundhaltung dar, aus der heraus wir die Feiern des Lebens begehen.

Und mit folgendem Segensspruch beenden wir die Feiern des Lebens:

„Möge die göttliche, heilende Kraft
durch uns fließen.
Uns reinigen, stärken und heilen.
Uns erfüllen mit Liebe,
heilender Wärme und Licht.
Uns schützen und führen auf unserem Weg.
Danke, dass dies geschieht."

In seiner Rede bei der Einführung als Präsident von Südafrika sprach Nelson Mandela davon, dass wir alle als Kinder Gottes unser Licht leuchten lassen sollen, Worte, die seitdem immer wieder zitiert werden, weil sie eine tiefe Wahrheit und Sehnsucht in uns Menschen ansprechen:

Du bist ein Kind Gottes

Unsere tiefgreifendste Angst ist es nicht,
Ungenügend zu sein.
Unsere tiefste Angst ist es,
dass wir über alle Maßen kraftvoll sind.
Es ist das Licht, nicht unsere Dunkelheit,
das wir am meisten fürchten.
Wir fragen uns, wer bin ich denn,
um von mir zu glauben, dass ich brillant,
großartig, begabt und phantastisch bin.
Aber genau darum geht es,
warum solltest Du es nicht sein?
Du bist ein Kind Gottes.
Dich klein zu machen nutzt der Welt nicht.
Es zeugt nicht von Erleuchtung, sich zurückzunehmen.
nur damit andere Menschen um dich herum
sich nicht verunsichert fühlen.
Wir sind alle aufgefordert, wie die Kinder zu strahlen.
Wir wurden geboren, um die Herrlichkeit Gottes,
die in uns liegt, auf die Welt zu bringen.
Sie ist nicht in einigen von uns, sie ist in jedem.
Und indem wir unser eigenes Licht scheinen lassen
geben wir anderen bewusst die Erlaubnis, das Gleiche zu tun.
Wenn wir von unserer eigenen Angst befreit sind,
befreit unser Dasein automatisch die Anderen.

Nelson Mandela

Der persische Sufi-Weise HAFIS hat uns wunderbare Weisheiten hinterlassen, so z.B. folgenden Text, der in verschiedenen Versionen zirkuliert, zu unserer Aufgabe als Menschen auf dieser Erde:

Mut, Freiheit und Licht

Wir sind nicht hierher gekommen
Um einander gefangen zu nehmen
Sondern um uns sogar noch tiefer
Der Freiheit und Freude auszuliefern.
Wir sind nicht in diese wunderbare Welt gekommen
Um uns fern der Liebe als Geiseln zu halten.
Lauf, mein Liebes, lauf
Lauf allem davon
Was deine kostbaren knospenden Flügel
Beschneiden könnte.
Lauf um dein Leben, mein Liebes,
Lauf jedem davon,
Der ein scharfes Messer
In deinen heiligen zarten Traum,
Dein edles Herz stoßen könnte.
Wir haben die Pflicht,
Uns mit jenen Seiten des Gehorsams anzufreunden
Die draußen vor unserem Haus stehen
Und unserem Verstand zurufen
„Oh bitte komm heraus und spiel mit uns".
Denn wir sind nicht hierher gekommen
Um einander gefangen zu nehmen
Oder unseren wunderbaren Geist einzukerkern
Sondern um immer tiefer zu erleben
Was göttlich in uns ist:
Mut, Freiheit und Licht

Den auf der nächsten Seite folgenden Gedanken über die DEMUT hat Bill Wilson, der Gründer der Anonymen Alkoholiker, angeblich auf seinem Schreibtisch stehen. Ich bekam ihn von einem Mitsänger und finde ihn wunderbar.

Ich möchte es glauben können, dass wir tatsächlich so einen Ort der Stille in uns haben und dorthin gehen können:

Stete Ruhe des Herzens

Das heißt, frei von Sorgen zu sein, niemals aufgeregt oder böse, gereizt oder verärgert; über nichts erstaunt zu sein, was einem zugefügt wird; das Gefühl zu haben, dass nichts gegen mich gerichtet wird. Das bedeutet, ruhig zu sein, wenn mich keiner lobt und wenn ich getadelt oder verachtet werde, das bedeutet, in mir selbst ein gesegnetes Zuhause zu haben, wo ich hingehen und die Tür zumachen kann und wo ich vor meinem Vater im Verborgenen niederknien und in Frieden sein kann, wie in einem tiefen Meer der Stille, wenn es ringsherum und überall brodelt.

Die Entfaltung unseres Wesens
und damit unsere Erfüllung in
uns selbst zu wissen,
darum geht es.
Wie das Potential,
ein Baum zu werden,
nicht in der Hand
des Gärtners ruht,-
sondern im Samen
verborgen liegt, ist alles,
was wir sind und werden können,
bereits in uns vorhanden

Willigis Jäger

Singe Dein Lied – Lebe dein Leben

Gedanken und Gefühle am Morgen nach der 17. Nacht der spirituellen Lieder

Es ist etwas Großes, dieses Leben!
Zu leben ist das Größte überhaupt.
Wenn wir begreifen würden,
wie unsagbar wunderbar und groß das Leben ist,
würden wir jeden Morgen aufstehen mit dem Gefühl:
Ich lebe!!!
Wir würden hinaustreten in den neuen Tag und wahrnehmen,
wie einzigartig und wertvoll er ist.
Würden wir diese einzigartige Chance begreifen,
die in jedem Augenblick dieses Tages liegt,
die Chance Mensch zu sein, zu fühlen, zu schaffen, zu wirken,
uns selber auszudrücken und zu verwirklichen,
unsere Kraft und unsere Liebe in diese Welt zu geben,
und den Menschen, denen wir begegnen,-
wir würden präsent sein, aufmerksam und achtsam,
jeden Augenblick,
würden keine Stunde mehr etwas tun, was wir nicht wollen,
würden nur noch sein, wie wir sein wollen...
Wenn wir begreifen würden, dass wir von Gott kommen
und der göttliche Plan sich so einzigartig und wunderbar in uns
zeigt, und dass nichts wichtiger ist, als diesen Plan zu erfüllen,
nach diesem göttlichen, inneren Gesetz zu leben,-
wir würden jeden Abend zu Bett gehen und DANKE sagen, von
ganzen Herzen dafür, dass wir etwas erfahren durften und ein
Stück mehr erkennen konnten, wer wir sind.
Wenn wir ganz so leben, wie Gott uns gemeint hat,
wenn wir ganz stimmig sind,
übereinstimmen mit unserer inneren Stimme,
wenn wir der Melodie unseres Herzens folgen, wie immer sie ist,
und unser Lied singen,
unseren Tanz tanzen,

unseren Ton tönen,
und unseren Fußabdruck in diese Erde setzen,
wenn wir unsere Arbeit tun,
unsere Gedanken denken,
und unsere Gefühle fühlen,
wenn wir auf unsere Weise zu lieben versuchen,
mit aller Angst und aller Tiefe,
mit aller Freude und allen Tränen leben,
dann sind wir dieses göttliche Wesen, das auf die Erde gekommen ist, um menschliche Erfahrungen zu machen,
dann sind wir, wie wir sein sollen,
dann sind wir richtig.
„Einfach sein, wie wir sind, einfach tun, was wir tun
auf der Erde gehen, mit unsern eignen Schuhen
und wenn wir da sind, wo wir hingehören
dann kann unsre Freude nichts mehr stören"
heißt es in einem Lied.
Ich fühle mich jetzt gerade richtig.
Fühle, dass ich mich lebe!
Ich fühle mich im Einklang mit mir, mit meinen inneren Plan,
meinem göttlichen Kern, jetzt in diesem Augenblick,-
Ich trete hinaus in den Septembermorgen,
der Wind rauscht in den Bäumen,
die Natur ist herbstlicher geworden, aber es ist noch warm,
in mir ist eine unglaubliche Freude -
Ich lebe!

Alwine Deege

„Der spirituelle Weg
führt zum weiten Herzen"

Benedikt von Nursia

Der Mensch
grenzt sich innerhalb der Ganzheit ein Stück ab
und sagt: Das gehört mir!
Er zäunt gleichsam ein Stück Land ein,
zu dem sagt er „mein."
Das Land war seit Urzeiten da
und wird auch nach dem Besitzer da sein.
Das Land wird vom Zaun nicht berührt.
Und Sonne, Regen, Wind, Insekten und Vögel
nehmen davon keine Notiz.
Der Zaun existiert in Wirklichkeit nicht.
Es sei denn, man glaubt an ihn.

Willigis Jäger

Wo der Geist ohne Furcht ist,
und Menschen das Haupt aufrecht tragen,
wo das Wissen frei ist,
wo noch nicht enge Mauern die Welt
in Teile zerbrechen,
wo Worte aus der Tiefe der Wahrheit kommen,
wo rastloses Streben sich streckt nach Vollendung,
wo der klare Strom der Vernunft noch nicht
im öden Wüstensand toter Gewohnheit versickert,
wo der Geist vorwärts geführt wird durch Dich
in immer weitere Horizonte von Gedanke und Tat -
zu diesem Himmel der Freiheit, mein Vater,
lass mein Land erwachen!

Rabindranath Tagore

Wir sind wie eine Welle im unendlichen Meer.
Unser Ego formt die Welle.
Wenn wir es loslassen, fühlen wir:
Wir sind das unendliche Meer

Peter Martin Strauch

Die kleine Welle

Es war einmal eine kleine Welle.

Tief in ihrem Innern war sie sehr unglücklich und klagte: „Ich fühle mich so schlecht. Die anderen Wellen sind so groß und so stark, während ich nur so klein und schwach bin. Das Leben ist ungerecht!"

Zufällig kam eine große Welle vorbei.

„Ich habe deine Worte gehört." sagte sie." Dir geht es so, weil du noch nicht deine wahre Natur erkennst. Dir geht es schlecht, weil du denkst, dass du nur eine kleine Welle bist, aber das ist nicht wahr."

„Was sagst du da?" fragte die kleine Welle. „Natürlich bin ich eine Welle. Schau, hier ist meine Krone und das hier ist mein Wellenschlag. Ich bin klein, aber ich bin eine Welle!"

"Was du als ‚Welle' bezeichnest, ist nur deine Form. Du bist in Wahrheit Wasser. Wenn dir gelingt, zu verstehen, dass du nur eine Zeitlang eine Welle bist, aber immer Wasser sein wirst, wirst du nicht mehr unglücklich sein."

"Aber wenn ich Wasser bin, was bist dann du?"

"Auch ich bin Wasser. Ich habe für eine kurze Zeit die Form einer Welle, die größer ist als du. Aber meinem Wesen nach bin ich Wasser. Ich bin du und du bist ich.

Wir sind beide Teile eines großen Ganzen.

Nach Xin Zhou Li, gefunden in „Wenn das Leben schmerzt",
nacherzählt und leicht verändert

Richard Stiegler

„Liebe ist nichts für Feiglinge"

Dieser Ausspruch stammt von Jack Kornfield und beschreibt etwas, das früher oder später jede Person empfindet, die sich wagt, auf die Liebe einzulassen.

Wenn uns etwas wirklich am Herzen liegt, dann ist es immer etwas, das uns zuinnerst angeht. Etwas, das uns im Innersten berührt und genau daher macht uns Liebe so verletzlich. Wenn sich unsere Liebe öffnet und wir ihr folgen, tragen wir unser Innerstes nach außen.

Das ist ein sehr intimer Akt! Wir zeigen dabei etwas sehr intimes von uns und verlassen dabei unsere Sicherheitszone. Es ist, als ob wir unser sicheres Heim verlassen und nackt auf die Straße hinaustreten und sagen: „Schaut her, das bin ich!" Das kostet Mut, denn wir machen uns dabei angreifbar. Wir setzen uns der Gefahr einer negativen Resonanz aus und nicht selten fühlen wir uns dann verletzt.

Aus diesem Grund ist es so ungeheuer wichtig, uns mit unserer Verletzlichkeit, ja mit unserer Zerbrechlichkeit als Mensch anzufreunden. Dass wir lernen, dass unsere Verletzlichkeit natürlich ist und eine Würde hat und dass wir lernen, zu ihr zu stehen - nach innen und nach außen. Sonst werden wir uns bei der ersten Situation, in der wir angegriffen werden, sofort wieder in unserer Hütte verkriechen oder uns schützen, indem wir uns hart machen und zurückschlagen. In beiden Fällen leben wir aber nicht mehr unser Herz und das beinhaltet einen großen Preis für uns. Denn das, was uns zuinnerst angeht, was unser Herz berührt ist gleichsam der Kristallisationspunkt unserer Seele. Dort tritt unser Wesen in Erscheinung und will sich entfalten. Dort berühren wir das Leben und den Sinn sehr unmittelbar. Wir berühren Leben gleichsam an seiner Quelle.

Auch für das Leben im Ganzen, für unsere Nächsten und die Gesellschaft wäre es ein großer Verlust, wenn wir es nicht mehr wagen würden, unserem Innersten zu folgen. Wir dienen dem Leben mit nichts mehr als durch die Entfaltung unseres natürlichen Wesens. Das ist oft alles andere als bequem oder egoistisch, auch wenn es manchmal nach außen so erscheint. Es ist auch häufig nicht einfach, damit in der Welt zu sein und dabei weich und empfänglich zu bleiben. Weich zu bleiben ist aber wichtig. Es bedeutet, unsere Wahrheit zu vertreten ohne sie zur alleinigen Wahrheit zu erklären, also nicht fundamentalistisch zu werden.

Um mit unserer Wahrheit in der Welt zu sein, braucht es daher zweierlei: Ein Zustimmen der eigenen Verletzlichkeit und eine große Unbeirrbarkeit.

Es ist das, was man in der spirituellen Kriegerschaft die Makellosigkeit des Kriegers nennt: unbeirrbar, aller Rückschläge zum Trotz, sich immer wieder am Herzen, an der Liebe, auszurichten, und nicht am Erfolg, am Ehrgeiz, an der Angst, oder an der Suche nach Anerkennung.

Wenn uns das gelingt und wir die Herzenswahrheit zum Kompass unseres Lebens machen, werden sich natürlicherweise ein innerer und oft auch ein äußerer Reichtum einstellen. (Mit äußerem Reichtum meine ich nicht in erster Linie den materiellen Reichtum, sondern äußere Fülle auf den verschiedensten Ebenen, wie z.B. die Erfüllung von Sehnsüchten oder gute Freundschaften oder berufliche Erfüllung!) Das habe ich bei vielen Menschen und auch in meinem eigenen Leben beobachten können. Glaubt mir, es lohnt sich!

Richard Stiegler

Das was sucht,

ist schon das, wonach wir suchen. C.Eurich

Einfach da sein und lieben!

Mutter Theresa

Wie im Himmel

„Wie im Himmel", ein schwedischer Film vom Regisseur Kay Pollack, ist der schönste Film, den ich seit langem gesehen habe! Diese wunderbare Geschichte transportiert Weisheiten, Wahrheiten und Botschaften, die mich immer wieder neu berühren und bewegen, auch wenn ich ihn nun schon zum siebten Mal angeschaut habe.

In einem kleinen Dorf in Schweden finden sich einfache, unterschiedlichste Menschen zu einem Chor zusammen und lernen, mit dem Herzen zu singen und sich selbst in ihrer Stimme auszudrücken. Die Sänger werden nicht nur in Ihrem Singen authentischer, sensibler und kraftvoller, sonder beginnen auch in ihrem persönlichen Beziehungen ihre Stimme zu erheben, „stimmiger" zu werden und sich ehrlicher und mutiger selbst zu zeigen.

Es ist eine tief bewegende Geschichte von Menschen, die über das Singen lernen, für sich selbst einzustehen und respektvoller Anderen zu begegnen.

Eine Szene ergreift mich besonders: Gabriela lebt mit einem gewalttätigen Mann, der sie ständig demütigt und klein macht. Gestärkt durch die Erfahrungen in der Gemeinschaft des Chores und durch das Singen traut sie sich, ihr „eigenes Lied", das für sie geschrieben wurde, in einem Konzert zu singen. Als sie mit einer großen Kraft und Ausstrahlung ihr Lied singt, spürt Jeder, dass sie nie mehr zulassen wird, dass ein Mensch so verletzend und achtungslos mit ihr umgeht.

Ein wunderbares Plädoyer für die Ehrlichkeit in unseren Beziehungen, für achtungsvollen Umgang miteinander; eine Ermutigung, sich wirklich auf die Liebe, auf authentischen Selbstausdruck einzulassen und dadurch zu wachsen und zu lernen.

Ein Film, den JEDER sehen sollte, der diesen Weg sucht und gehen möchte!

Weitere wunderbare Filme zum Thema SINGEN und Musik sind

„ Die Kinder des Monsieur Mathieu", „Young @ heart",
„ Rhythm is it " und „ Der Klang des Herzens"

Mit unendlichem Gespür vernimmt die Seele Töne,
Die das Ohr nicht hört und sieht.
Was den Augen verborgen bleibt
durch alle Zeiten, Räume hin
Und über sie hinaus.
Grenzenlos ursprünglich ist ihr Wissen,
Ihre Erinnerung

Quelle unbekannt

Ich suche Dich in meinen Gesang
Außen und innen
Solang ich leben werde
Die Lieder tragen mich fort
Von Haus zu Haus
Von Ort zu Ort
Ich singe und rühre Sie an
Die Menschen dieser Erde
Lieder haben mich gelehrt so viele Lehren
Mir aufgetan so viele unbekannte Wege
Durch Landschaften der Freude
Der Trauer
Zu geheimnisvollen Orten sogar
Schließlich haben sie mich geführt
Wohin?
Ich weiß nicht.
Unvorstellbar

Colette

Als ich mich wirklich selbst zu lieben begann

Als ich mich wirklich selbst zu lieben begann
konnte ich erkennen, dass emotionaler Schmerz und Leid
nur Warnungen für mich sind,
gegen meine eigene Wahrheit zu leben.
Heute weiss ich,
das nennt man
AUTHENTISCH SEIN.

Als ich mich wirklich selbst zu lieben begann,
habe ich verstanden,
wie sehr es jemanden beschämt,
ihm meine Wünsche aufzuzwingen,
obwohl ich wusste, dass weder die Zeit reif,
noch der Mensch dazu bereit war,
auch wenn ich selbst dieser Mensch war.
Heute weiss ich, das nennt man
SELBSTACHTUNG.

Als ich mich wirklich selbst zu lieben begann,
habe ich aufgehört,
mich nach einem anderen Leben zu sehnen,
und konnte sehen,
dass alles um mich herum eine Aufforderung zum Wachsen war
Heute weiß ich, das nennt man
REIFE.

Als ich mich wirklich selbst zu lieben begann,
habe ich verstanden,
dass ich immer und bei jeder Gelegenheit
zur richtigen Zeit am richtigen Ort bin.
Und das alles, was geschieht, richtig ist
- von da an konnte ich ruhig sein.
Heute weiß ich das nennt man
VERTRAUEN.

Als ich mich wirklich selbst zu lieben begann,
habe ich aufgehört,
mich meiner freien Zeit zu berauben.
Und ich habe aufgehört,
weiterhin grandiose Projekte für die Zukunft zu entwerfen.
Heute mache ich nur das, was mir Spass und Freude bereitet,
was ich liebe und was mein Herz zum Lachen bringt
auf meine eigene Art und Weise
und in meinem Tempo.
Heute weiß ich, das nennt man
EHRLICHKEIT.

Als ich mich wirklich selbst zu lieben begann,
habe ich mich von allem befreit, was nicht gesund für mich war
von Speisen, Menschen, Dingen, Situationen,
und von Allem, was mich immer wieder hinunterzog,
weg von mir selbst.
Anfangs nannte ich das
gesunden Egoismus
Aber heute weiss ich, das ist
SELBSTLIEBE.

Als ich mich wirklich selbst zu lieben begann,
habe ich aufgehört, immer recht haben zu wollen.
So habe ich mich weniger geirrt.
Heute habe ich erkannt, das nennt man
EINFACH SEIN.

Als ich mich wirklich selbst zu lieben begann,
habe ich mich geweigert,
weiter in der Vergangenheit zu leben
und mich um meine Zukunft zu sorgen.
Nun lebe ich nur mehr in diesem Augenblick,
wo alles stattfindet.
So lebe ich jeden Tag und nenne es
VOLLKOMMENHEIT.

Als ich mich wirklich selbst zu lieben begann,
da erkannte ich, dass mich mein Denken
armselig und krank machen kann.
Als ich jedoch meine Herzenskräfte anforderte,
bekam der Verstand einen wichtigen Partner.
Diese Verbindung nenne ich heute
HERZENSWEISHEIT.

Wir brauchen uns nicht weiter vor Auseinandersetzungen,
Konflikten und Problemen
mit uns selbst und Anderen zu fürchten,
denn sogar Sterne knallen manchmal aufeinander
und es entstehen neue Welten.
Heute weiß ich, das ist das
LEBEN.

Worte, die Charlie Chaplin am 19. April 1959
an seinem 70. Geburtstag schrieb

Jeder von uns besitzt alles, was er braucht,
um sein tiefstes Wesen zu erforschen.
In der ganzen Menschheit gibt es niemanden,
der das für uns tun könnte.
Die Verantwortung und die Möglichkeit,
uns unser wahres Wesen bewusst zu machen und es
mit anderen zu teilen, liegt letztlich bei uns.

Roger Walsh und Dean Sharpio

Sternstunden des Lebens

Zu Beginn einer Beratung erzählte mir einst eine Frau - sie war Mitte Vierzig - durch mehrere Sitzungen hindurch ihr Leben.

Am Ende der dritten Stunde griff ich aus dieser Lebensgeschichte einen bestimmten Augenblick heraus, ein anscheinend kleines Erlebnis aus ihrer Kindheit. „ Sagen Sie, liebe Frau ..., Sie erzählten in der ersten Stunde, wie Sie einmal zusammen mit ihrer Mutter in einer Kirche waren . . . da sei, so sagten Sie, das Licht in so eigen-artiger Weise durch die bunten Kirchenfenster gekommen'.

Als Sie das sagten, hatte, so schien es mir, Ihre Stimme eine besondere Schwingung. Überlegen Sie mal, war da irgendetwas Besonderes?"

„Nein", sagte die Frau, „wieso - das war eben schön, doch ... (und langsam schien das Erlebte noch einmal in ihr aufzusteigen) es *war* in einer besonderen Weise schön . . . hm, ja, das hat mich damals eigenartig berührt. .. ganz seltsam war das... Nur einen Augenblick hat es gedauert, da war ich, wie soll ich es ausdrücken, wie hineingenommen in etwas ganz anderes. Ja, jetzt weiß ich es wieder: es war mir damals mit einem Male so ruhig, so ganz licht und warm zumute." Sie hielt inne, und mit einem veränderten, etwas betroffenen Ausdruck fragte sie zögernd:

„Meinen Sie, ich soll das ernst nehmen?"

„Ja „, sagte ich, „ich meine schon, sehr ernst sogar, und denken Sie doch einmal bis morgen darüber nach, ob es in ihrem Leben nicht noch mehr solche Augenblicke gegeben hat." Am nächsten Tage kam die Frau wieder. Und als die Zeit kam fragte ich sie: „Nun, ist Ihnen noch etwas eingefallen?"

„Ja, Herr Professor. .. ich habe nachgedacht... und zweimal war das noch in meinem Leben." Wieder ging ihr Blick nach innen, und dann fuhr sie fort: „Einmal war das im Wald. Ich war damals sechzehn Jahre alt. Wieso es dann kam, weiß ich nicht. Ich war einen Augenblick stehen geblieben. Es hatte geregnet, ein Sonnenstrahl fiel auf ein Stück Moos - und ... da war es wieder da ... ganz das gleiche! Es war, wie ich so ganz verloren auf das Moos hinschaute, als würde ich durch und durch durchflutet. Ein Schauer ging durch mich hindurch, und dann wurde es ganz still in mir, so ganz licht und warm. Ich war wie geborgen in mir - und doch nicht in mir. Dann knackte es plötzlich im Unterholz, ich merkte auf, und plötzlich war' alles weg." Die Frau schwieg. „Und das andere Mal?" fragte ich.

„Ja, das weiß ich noch ganz genau. Das war einmal in der Straßenbahn; Mir gegenüber saß eine alte Frau. Und die sah mich an, d.h. sie sah eigentlich durch mich hindurch und sah doch mich an, d. h. ihr Auge traf mich ganz in der Tiefe und ... da fuhr es in mich hinein, wie ein warmer Strahl, der alles in mir löste und neu verband ... So gut war das. Und danach hatte ich eine so große Kraft in mir, so, als könne mir nie mehr etwas geschehen und als sei alles, alles in Ordnung."

„Und wie meinen Sie, gehen diese drei Erlebnisse zusammen?" fragte ich die Frau.

„Ganz einfach", sagte sie, „es war eben jedes Mal ganz dasselbe." Und mit einem Mal leuchtete sie auf und sagte verhalten und irgendwie tief bewegt: „Jetzt weiß ich, was Sie meinen."

Von dem Tage an wurde das Leben der Frau anders. Sie hatte nicht nur dreimal dieses Etwas ‚erlebt', sondern das Erlebte nun auch in seinem Gewicht und seiner eigentlichen Bedeutung erkannt. Sie hatte *die* Wirklichkeit in sich angenommen, die als eine größere Wirklichkeit unsere kleine Wirklichkeit allüberall durchdringt, der wir aber für gewöhnlich verschlossen sind, die aber, wenn wir uns ihr nur wirklich öffnen, sie zulassen und uns von ihr tragen und durchwachsen lassen, unser Leben von Grund auf verändert.

Unser aller Leben ist durchzogen von solchen Augenblicken, in denen wir ganz in der Tiefe etwas wohltätig Stillemachendes und zugleich beglückend Erregendes erleben, etwas ganz anderes als sonst, und das doch in uns und allen Dingen ist. Aber unsere gewöhnliche Einstellung und Auffassung von den Dingen widerspricht dem und so lassen wir es in seiner eigentlichen Bedeutung nicht zu, werten es ab oder ordnen es ein, so etwa, indem wir sagen:

„Das war eine schöne Stimmung", oder „da war ich halt mal etwas außer mir." Ja, das ist schon richtig, dieses ‚Außer mir'. Aber was heißt das? Es heißt: Außerhalb meines kleinen Ichs und der ihm gewohnten Ordnung der Dinge. Erst aber, wenn wir einmal wagen, diese gewohnte Ordnung zu überschreiten, kann das ganz andere, das in uns ist, aufgehen, das eigentliche Wachstum der Seele beginnt, und es öffnet sich der Weg in die innere, die wahre menschliche *Reife*. Es ist schmerzlich genug, dass dieses Wissen um eine größere Wirklichkeit, die unser Dasein durchwittert, bei uns im Lichte des alles beherrschenden Verstandes sich so schwer durchsetzen kann. So wie wir am Tage die Unendlichkeit der Sterne nicht sehen, nur die Sonne und das Endliche, das sie erleuchtet, so sehen wir auch im Lichte unserer kleinen Verstandessonne das von ihr Erfasste allein, was aber dahinter ist, nehmen wir nicht *wahr*.

Der eine oder andere wird angesichts der drei Erlebnisse dieser Frau sofort gewusst haben, was gemeint ist.

Diesen Text fand ich vor vielen Jahren ohne Quellenangabe. Solche ‚Sternmomente' durfte ich in meinem Leben auch erfahren, manchmal auch im Singen- und ich wünsche sie jedem Menschen.

Clemens Konermann

Wohlan, du Pilgerseele

Schreite mutig voran und sei gewiss, deine Schritte sind gesegnet.
Gerade jetzt auf diesem deinem Weg, den zu gehen du dich entschieden hast,
in dem Vertrauen, dass er zu dir führt, zur Sehnsucht deines Herzens,
zum Kern deines Seins, zu deiner Bestimmung ...
Es gibt ein Versprechen der Schöpferkraft an uns Erdenbürger:
Uns zu unterstützen auf unserem Weg!
Sie unterstützt uns umso mehr, wenn wir durch unser Tun

unser Vertrauen in dieses Versprechen zeigen.
Und du Pilgerin, du Pilger, hast dich auf den Weg gemacht letztlich in dem Vertrauen darauf, für dich eine Antwort zu finden, heil zu werden an Körper, Seele und Geist.
Sei gewiss, das Universum schickt dir die Menschen, die genau richtig sind, die Situationen, die für dich die Schlüssel für deine Fragen sind.
Die Menschen, die du unterwegs triffst,
sprechen zu dir die Worte, die für dich bestimmt sind,
Du musst nur den Mut haben, der Botschaft zu lauschen,
die aus dem spricht, was Dir begegnet, was dir passiert.
Sei gewiss, meine Seele, du bist geführt in jedem Augenblick und nichts geschieht zufällig. Aber habe Acht - lass dich nicht täuschen durch deine gewohnten Gedanken und Bewertungsmuster.
Heiße alles willkommen, was dir begegnet,
ob es nun Widerstand und Ärger oder Freude und Liebe
in Dir hervorruft, es gehört alles zu dir.
Alles ist genau richtig, so, wie es gerade geschieht.
Stärke diese deine Bereitschaft, alles liebevoll anzunehmen, denn die gewohnten Abwertungsstrategien in uns sind mächtig.
Heil werden wir über das Annehmen und Verstehen.
Kämpfe nicht gegen dich an, lerne dich zu lieben, gerade auch mit dem, was du in dir überwinden willst.
Sei gewiss, jeder deiner Schritte in jedem Augenblick ist gesegnet.
Die Ernte wird reich sein, wenn du bereit bist, erst zu sterben
wie das Samenkorn in der dunklen Erde.
Bereit bist, den Regen, die Schmerzen an den Füßen, die Unlust,
den Arger über Wind und Wetter oder die Mitpilger anzunehmen;
bereit bist, fern der Heimat, ohne deinen gewohnten Komfort
und ohne die gewohnte Unterstützung deiner Freunde
dich dem Fremden allein auszusetzen;
bereit bist, zu ertragen, wie du haderst mit den Umständen, mit dir oder mit den Menschen, die du triffst, die dich umgeben,
Stunden, ja Tage lang in Gefühlen gefangen bist,
ohne einen Sinn für dich zu entdecken.
Bis du, du ganz allein mit dem, was dir der Weg schenkt,
irgendwann zur Antwort durchstößt.
Entscheidungen für deinen ureigenen Weg, den Weg deiner Seele, entstehen letztlich in dir selbst,

im einsamen Kontakt mit deiner Mitte, in Zwiesprache mit Gott.
Sei gewiss, du bist ein geliebtes Kind dieser Erde, auf der du deinen Weg gehst und der du dein Haupt zum Schlafe anvertraust.
Und sei gewiss, die Antworten liegen nicht da, wo du sie suchst, denn dann hättest du sie ja längst gefunden.
Die Antworten kommen, wenn du nicht mit ihnen rechnest, unverhofft.
Überlasse deine Fragen dem Universum, immer wieder neu
und schaffe in dir einen Raum der Bereitschaft
für die unverhoffte Antwort.
Lass dich führen, absichtslos offen und bereit.
Schreite mutig voran und sei gewiss,
deine Schritte sind gesegnet.

Buen Camino!

Findet Euch zusammen

Worte eines Älteren Bruders der Hopi Nation:

„Ihr habt den Leuten gesagt, dies sei die Elfte Stunde.
Nun geht zurück und sagt den Menschen: die Zeit ist gekommen, die Stunde hat geschlagen.
Und diese Dinge gibt es zu überlegen:
Wo lebt ihr? Was tut ihr?
In welchen Beziehungen befindet ihr euch?
Wie lebt ihr diese Beziehungen?
Woher kommt euer Wasser?
Wie gut kennt ihr euren Garten?
Die Zeit ist hier, die Wahrheit zu sprechen.
Baut eure Gemeinschaften auf.
Seid gut zueinander.
Und sucht nicht nach einem Anführer außerhalb von euch selbst!"

Dann verschränkte er die Hände, lächelte und sprach weiter:
„Diese Zeit könnte eine gute Zeit sein!
Der Fluss fließt jetzt sehr schnell.
Er ist so weit und geschwind, dass manche Menschen Angst haben.
Sie werden versuchen, sich an das Ufer zu klammern
und das Gefühl haben, auseinander gerissen zu werden.
Diese Menschen werden sehr leiden.
Seid euch bewusst, dass dieser Fluss ein Ziel hat.
Der Rat der Älteren Brüder sagt euch:
Lasst das Ufer los und steuert auf die Mitte des Flusses zu.
Haltet eure Augen offen und bleibt mit dem Kopf über Wasser.
Und ich sage euch:
Schaut euch um, wer da mit euch anwesend ist
und feiert miteinander, feiert jeden Moment!
Zu diesem Zeitpunkt unserer Geschichte sollten wir nichts zu persönlich oder zu ernst nehmen. Am wenigstens uns selbst!
Denn in dem Moment wo das passiert,
kommt sowohl unser Spirituelles Wachstum
wie auch unser Weg zum Stillstand.
Die Zeit des Einzelkämpfers ist vorbei!
Findet euch zusammen!
Verbannt Ausdrücke wie ‚sich mühen' und ‚kämpfen'
aus eurem Sprachgebrauch und aus eurer Einstellung.
Alles, was wir von nun an tun, sollte aus einer heiligen,
heiteren Einstellung geschehen und gefeiert werden!
Wir sind diejenigen, auf die wir gewartet haben!

Oraibi, Arizona, Hopi Nation, Textquelle mir nicht bekannt

Letzten Endes ist es dies,
worum es uns gehen sollte:
Das Leben Anderer zu berühren
und damit auch unser Eigenes zu bereichern.

Elisabeth Kübler Ross

Dieses Lied der Benediktiner in Weston/USA beschreibt, was ich Euch allen gerne sagen möchte:

Euch allen, die ihr ein Teil geworden seid
vom Gewebe meines Lebens:

Die Farbe und die Struktur, die ihr in mein Leben gebracht habt, sind zu einem Lied geworden, das ich immerzu singen möchte.
Es gibt eine Kraft in uns, die lässt etwas geschehen,
wenn der Weg eines Anderen den Unseren kreuzt.
Und wir müssen da sein und es geschehen lassen.

Wenn die Zeit unseres eigenen Sonnenuntergangs
gekommen ist, wird das,
was wir erreicht haben, nicht so sehr wichtig sein.
Aber die Lauterkeit und Hingabe, mit der wir geliebt haben wird kraftvoll vom großen Geschenk des Lebens
sprechen,
das wir füreinander waren.

Gedanken zum Schluss:

Seit einem halben Jahr arbeite ich an diesem Buch und in dieser Zeit ist in der Welt so vieles geschehen: Nie zuvor erlebte ich eine so große Zukunftsverunsicherung; die herannahende große Wirtschaftskrise, Klimawandel und viele andere globale Probleme bewegen uns Menschen. Das Leben auf der Erde wird immer mehr bedroht und ist in Gefahr.

Nie zuvor fühlte ich eine solche Notwendigkeit, uns zu verbinden und zu vernetzen. Mit dem Singen ist uns eine wunderbare Möglichkeit geschenkt, Liebe und Wertschätzung auszudrücken und damit eine gute Energie in die Welt zu geben.

Beim Singen geht es mir sowohl um das eigene Heilwerden, als auch um die Heilung dieser Erde, um das Einswerden mit mir selbst, wie auch um die Verbundenheit mit vielen, mit allen...

Möge dieses Buch ein Beitrag sein für die Heilung der Erde, eine Hilfe bei der Suche der Menschen nach einer lebendigen, weiten und freien Spiritualität und möge es Mut machen, die Lieder dieser Erde gemeinsam zu singen!

Möge uns das Singen Freude, Kraft, Ruhe, Gemeinschaft, Liebe, Völkerverbundenheit, Respekt und Frieden schenken.

Ich wünsche mir, dass die Nächte der Spirituellen Lieder immer mehr Menschen erreicht und berührt und diese Idee immer weitere Kreise zieht.

Mögen wir immer wieder solche wunderbaren Nächte voller Gesang erleben und Feste von Verbundenheit, Toleranz und Frieden feiern!

Singe, bis Deine Seele tanzt!

Möge der, welcher
„Unser Vater“ für die Christen ist
Jahwe für die Juden
Allah für die Moslems
Ahura für die Jainas
Buddah für die Buddhisten
Brahma für die Hindus
Möge dieses allmächtige und wissende Wesen,
das wir alle als Gott anerkennen
den Menschen den Frieden geben
und unsere Herzen in einer geistigen Bruderschaft
und Schwesterschaft vereinen.

Nach Vivekanada

Organisatoren & Ansprechpartner

für die „Nächte der spirituellen Lieder“
in Deutschland und Ostbelgien

in Deutschland

Aachen -	Citykirche St Nikolaus www.citykirche.de Alwine Deege alwine.deege@gmx.de www.alwine.gmxhome.de Abhiti Kunz abhiti_kunz@gmx.net>
Allgäu	Iria Schärer iria@heilendes-singen.de www.iria.de
Augsburg	Elisabeth Ortner elisabeth.ortner@t-online.de
Bad Herrenalb	Beate Frey www.heilung-und-tanz.de. info@heilung-und-tanz.de
Berlin	Ali Schmidt & Michaele Hustedt ELI (Entwicklung- und Lebensfreude- Institut Berlin) www.eli-berlin.de kontakt@eli-berlin.de
Dortmund	Pastor Ulrich Gröne, Kirchengemeinde Mengede Ulrichgroene@gmx.de
Duisburg	Niederrhein, Constanze Rolfink KonstanzeRolfink@aol.com
Düsseldorf	Brigitte Schmitz www.chanting.de info@chanting.de
Köln	Dieter Wienand www.singen-wie-im-himmel.de info@dieter-wienand.de Dagmar Hellriegel www.licht-und- klangbilder.de
Krefeld	Brigitte Schmitz www.chanting.de

Hamburg	www.spirituelle-liedernacht.de Raaja Fischer, fischermail@t-online.de www.raajafischer.de Martina vom Hoevel - www.pantheramusic.de Marianne Marbach - www.marianne-marbach.de
München	Wolfgang Friederich ww.heilenmitklang.de Phillipp Stegmüller www.mantra-singing-circle.de
Münster	in Vorbereitung - Barbara Besser babesser@muenster.de
Nürnberg	Georgina Demmer georginademmer@web.de www. georginademmer.de
Rosenheim	Eva Maria Schmiedt www.into-the-center.de info@into-the-center.de
Stuttgart	Wolfgang Bossinger www.healingsongs.de Wolfgang.bossinger@freenet.de Katharina Neubronner www.sing-again.de
Ulm	Martina Weiler martinasmail@freenet.de www.singseelesing.com
Wuppertal	Gevelsberg, Helga Grams www.hospiz-emmaus.de hospiz.emmaus@t-online.de

In Belgien

Eupen	Eine–Welt–Laden / Eupen Martha Orban m.kerst@gmx.de
St. Vith	Frauenausschuss der Stadt St. Vith Dorothea.peters@bsti.be
Hergenrath	Alwine Deege alwine.deege@gmx.de

Informationen zu den Autoren

Karl Adamek, Autor, Sänger, Seminarleiter. Promovierte nach seinem Studium der Soziologie, Psychologie, Pädagogik u. Musik zur sozialen Bedeutung des Singens. Er veröffentlichte zahlreiche Bücher u. Schallplatten sowie Forschungsarbeiten zum Thema der seelischen Bedeutung des Singens für den Menschen und entwickelte das SINTALA – Konzept des Heilsamen Singens. Von Michael Vetter erhielt er eine Ausbildung im Obertongesang und in Stimmimprovisation; er ist Initiator und - wie auch Carina Eckes - Gründungsmitglied des Internationalen Netzwerkes zur Förderung der Alltagskultur des Singens **Il Canto del Mondo e.V.**, das unter der Schirmherrschaft von Yehudi Menuhin ins Leben gerufen wurde. Er gründete die Deutsche Stiftung des Singens www.deutschestiftungsingen.de. Weitere Informationen unter **www.il-canto-del-mondo.de** und **www.stiftungsingen.de**

Gila Antara geht als Sängerin und Liedermacherin seit vielen Jahren ihren ganz eigenen Weg. In ihren Liedern und Seminaren vermittelt sie etwas von der heilenden Kraft der Töne und von ihren Erfahrungen und Begegnungen auf einem Weg, der dem Ruf der Seele, der Be-Rufung, folgt. Sie leitet Seminare in Deutschland und auf der Insel Ilse of Wight, ihre Jahresgruppen, be voice' und gibt Konzerte. Ihre CDs : 'Erde meine Mutter', 'Starchild', 'Fly like an eagle', 'Healing journey', 'Moondance', 'Old mother' und 'Rise' sind erhältlich über www. pantheramusic.de **www.gila-antara.co.uk**

Karin Jana Beck, Matthias Gerber & Duenda
Karin Jana Beck leitet drei Folk-/Weltmusik- und Ritualchöre u. ist freiberuflich tätig, als Stimm- und Klangarbeiterin in Winterthur/CH als Seminarleiterin im Bereich von Kraft- und Seelenliedern, Oberton- und Heilgesang. Langjährige Aus- und Weiterbildungen in Kunst und Performance, Kunst- und Ausdruckstherapie, in Stimmarbeit, schamanischer Arbeit sowie Ritualarbeit.

Matthias Gerber ist ein leidenschaftlicher Sammler von Folk-, Ethno- und Weltmusik. Organisation von Konzerttournéen mit Romamusikern aus Ungarn u. der Slowakei. Musiker, Musikjournalist, Ausbildung in Transaktionsanalyse, in schamanischer Arbeit, Männerarbeit sowie in Stimmarbeit und Ritualgestaltung. Zusammen bilden sie das **Folkduo Duenda** u. sind Mitinitiatoren des neuen Schweizer Sing-Projekts **„StimmVolk"**.

(www.stimmvolk.ch) Gemeinsame Doppel-CDs mit Volks- und Kraftliedern aus verschiedenen Kulturen und eine Liedersammlung. Ihre Doppel CDs SiyaBonga (Cover auf http://tschatscho.ch/Bibliothek/musik_stimme/Kraftlieder/siyabonga/siyabonga.htm (Dank an David Lindner vom Traumzeit Verlag), Saravá mit Begleitbüchern sind kleine Schatztruhen für Singbegeisterte. **www.tschatscho.ch / www.stimmvolk.ch**

Ya Beppo & Gisela Gustavus haben sich zur Aufgabe gemacht, Menschen aller Altersstufen zum Mitsingen zu bewegen. In ihren Workshops in Schulen, Kirchengemeinden, Klöstern und auf Reisen vermitteln sie afrikanische Gospels. Als Höhepunkt des gemeinsamen Gesangs wird ein Gottesdienst musikalisch gestaltet, bei dem die Besucher mitsingen. Durch ihr Gospelworkshopkonzept haben seit vielen Jahren mittlerweile Tausende die Freude des Singens und die Musikalität des afrikanischen Gesangs erfahren können. Infos, CD's und Liederhefte mit afrikanischen Gospels zum Hören, Mitsingen und Einüben unter **www.yabeppo.de**

Wolfgang Bossinger (Foto auf S. 150: Trude Diehl) Diplom-Musiktherapeut, Psychotherapie (HPG), Musiker, Komponist, Gesangsforscher, Buchautor, Vorstandsmitglied von **Il Canto del Mondo -** Internationales Netzwerk zur Förderung der Alltagskultur des Singens e.V., Vorstandsmitglied der **Deutschen Stiftung Singen,** Erforschung des heilenden Potentials von Musik und Gesang, Weiterbildung, Seminare, Vorträge, Dozent an verschiedenen Hochschulen und Fortbildungseinrichtungen, Veröffentlichungen: „Die heilende Kraft des Singens", „Traumzeit 06" „Schwingung und Gesundheit" (Buch und DVD-Film) 08, „Traumzeit" Chanten" (Buch und CD), 2008, Südwest „Healing Songbook – Liederbuch zur Förderung seelischer und körperlicher Selbstheilung" (Liederbuch und CDs) erscheinen voraussichtlich Herbst 2009
Traumzeitwolfgang.bossinger@freenet.de **www.healingsongs.de, www.singende-krankenhaeuser.de**

Hagara Feinbier, Liederbuchautorin und vielseitige Musikerin. Sie organisiert jährlich das **Come together festival,** ein wunderschönes Fest von Gesang, Verbundenheit, Toleranz, Herzöffnung und gleichzeitig auch viel Raum für Gespräche, Diskussion und intelligente Reflektion über die heilsamen und sozialen Wirkungen des Singens". Sie lebt in Berlin in der ZEGG-Gemeinschaft in Belzig (Zentrum für Experimentelle GesellschaftsGestaltung,) und arbeitet mit an einem politischen und spirituellen Netzwerk für eine Kultur des Friedens. Ihre Liederbücher und CDs **Come together songs** sind eine Fundgrube und Schatzkiste für singbegeisterte Menschen. **www.come-together-songs.de**

Raaja Fischer ist ein Chorleiter aus dem Wendland, der in Hamburg jahrelang Gospelchöre geleitet hat und die Unicorn Camps im Wendland organisiert. Er initiiert die ‚Nächte der spirituellen Lieder' in Hamburg. fischermail@t-online.de **www. unicorncamps.de**

Mark Fox, geboren in Kalifornien, ausgebildeter Operntenor. Seit 1991 leitet er weltweit Seminare, in denen er die Menschen zu ihrer wahren Stimme führt und sie unterstützt, mit der Tiefe ihres Selbst in Kontakt zu treten. Er singt und arbeitet gemeinsam mit der Sopranistin **Angelika Thomé**. In ihren Konzerten und durch ihre CDs können die Zuhörer und Mitsänger die heilsame Kraft des gesungenen Gebetes erfahren. **CDs:** ‚Living mantras', ‚Ich bin das Licht dieser Welt', ‚On the path', ‚As I am', demnächst : Songs of healing'
Zu bestellen bei: info@markfox.de **www.markfox.de**

Miroslav Großer gründete 1999 das Stimmlabor FREIKLANG Berlin und bietet Obertongesang, Klang-Yoga und Stimm-Improvisation in offenen Gruppen sowie Seminare zum Thema Stimme und Seele an. Darüber hinaus unterrichtet der Oberton-Sänger andere Musiker und als Stimm-Coach Obertonsingen und Ganzheitliche Stimmbildung.
www.stimmlabor.de

Dorothea Heckelsmueller - Musiktherapeutin, MBVM, Musikerin
www.doroheckelsmueller.de

Raimund Mauch, Ravensburg. Musiker, Tri-Energetik-Counsellor (Dr.Psych.Henry Marshall, Dr. Psych. Rickie Moore, NL) und Ergotherapeut. Mitorganisator der „Come Together Song Festivals" arbeitet seit 20 Jahren mit Mantras und Liedern verschiedener Kulturen und bringt verschiedenste Gruppen zu kraftvollem Gesang zusammen.
www.kraftderstimme.de

RaKuna (geb. 57, Ärztin für Neurologie/Psychatrie) & **Anomatey** (geb. 49) unterstützten beruflich Frauen, die Gewalt überlebt haben, bereisten Kanada, die USA, Klöster in Australien und wirkten in Neuseeland als Sufi-Priesterinnen. Sie laden Menschen ein, gemeinsam in Kreisen zusammen zu kommen und die Weisheit mütterlicher Kraft miteinander zu teilen. Sie vertrauen darauf, dass aus der Kraft der Kreise wahrhaftige Gemeinschaft entsteht – zum Wohl aller Wesen! info@kraft-der-kreise.de
www.kraft-der-kreise.de

Iria Schärer, Liedermacherin, Psychologin, freischaffende Künstlerin und Seminarleiterin. In ihren Sing-Seminaren geht es um die befreiende, heilende und lebensfördernde Kraft des Singens.
Durch ihre Workshops, Konzerte und mit ihren CDs möchte sie Menschen in ihren Herzen berühren und ermutigen, ihren eigenen Weg zu gehen. Sie initiiert und organisiert die ‚Nächte der spirituellen Lieder' im Allgäu. Die Lieder ihrer CDs sind Kraft – und Herzenslieder, die die Seele berühren. **www.Iria.de**

Ali Schmidt Dipl.Päd., Musiker, Coach (FU Berlin) und Gestalttherapeut **Michaele Hustedt** Ökologin, Coach (FU Berlin), Bodyworker, Gründung und Leitung des „Entwicklung- und Lebensfreude-Institut ELI Berlin"; seitdem Singworkshops in Berlin, Korfu und anderswo, eigene Mantra-CD ‚Sacred Songs', Herausgabe des Mantra-Songbuchs: ‚Sacred Songs' – 108 der schönsten Mantras und spirituellen Lieder der Welt mit Texten, Noten & Illustrationen; Gründung und Leitung des „MantraChors Berlin', Initiierung & Organisation der ‚Nacht der spirituellen Lieder in Berlin' **www.eli-berlin.de**

Brigitte Schmitz Chor- und Solosängerin, Liedermacherin, Gitarristin, Gitarrenlehrerin, Ganzheitliche Integrative Atemarbeit und Chanting, Leitung von Chanting-Gruppen, freischaffende Künstlerin, Atem- und Musikpädagogin, Initiatorin der „Nacht der spirituellen Lieder" in Düsseldorf und Krefeld „Meine eigene Begeisterung fürs Singen und Chanten, das über 20 Jahre gewachsene Chanting-Repertoire, die Instrumentenvielfalt, das intuitive Erspüren und Einsetzen der Chants und meine langjährige Erfahrung als Musikerin, Chantingleiterin und Integrative Atempädagogin garantieren ein gelungenes Chanting." (aus ihrer Homepage). Ihre CDs: 'Und ich geh meinen Weg', ‚Danke', „,...und der Himmel singt' demnächst neu ,"...und die Liebe bleibt'
www.chanting.de

Joachim Sevenich Ausbildungen in Klavier, Schlagzeug und klassischem Gesang. Prägende Erfahrungen in der Begeisterung von Menschen durch Musik und Klang sammelte er in über 10 Jahren erfolgreicher Tourneetätigkeit mit einer mobilen Diskothek sowie Bandauftritten. Er war einige Jahre Mitglied im Extrachor der Kölner Oper und ist Mitbegründer des BEX Tonstudios Köln. Seit 1991 gibt er sein Wissen im Bereich Gesang und Bewusstseinsentwicklung in Seminaren und Einzelarbeit weiter. Er entwickelte das Seminarkonzept ‚Lieder der Chakras' und leitet das Chakra-Vokal-Ensemble. Sein Buch: **Chakra-Vokal-Training** zeigt in eindrucksvoller Weise, wie die Töne und Vokale unserer

Stimme eingebettet sind in ein machtvolles Wirken von Klang und Schwingung.

Brigitte Snoeck Sängerin, Regisseurin, Stimm- und Gesangscoach aus Ostbelgien. Ihre Berufung, einer Ausbildung als Musiktherapeutin zu folgen, ist der Ursprung eines Herzenswunsches, zwei fundamentale Aspekte des Lebens in die Arbeit einfließen zu lassen: die menschliche Beziehung, ‚das Soziale' und der eigene Ausdruck ‚die Kunst'. Sie hat gelernt, Leben in die Kunst zu bringen und Kunst in ihr Leben. Sie unterrichtet seit 20 Jahren Gesang und die Arbeit der Stimme im körperlichen, leidenschaftlichen und bildlichen Ausdruck. Sie dirigiert mehrere Chöre und gibt Seminare. **www.arandu.be**

Barbara Swetina ist geborene Wienerin. Seit 1984 lebt sie in der Findhorn Gemeinschaft in Schottland und seit ein paar Jahren wechselweise auch in Hawaii. Als ausgebildete Musikerin spielt sie viele Instrumente und hat ein weites Repertoire von Liedern und Tänzen aus aller Welt. Durch Musik und mehrstimmiges Singen möchte sie das Gefühl der Einheit wecken. Sie liebt es, Menschen zur natürlichen Entfaltung ihrer Musikalität zu verhelfen und durch das gemeinsame Singen zu der Vision von "Eine Erde, Eine Menschheit" beizutragen. Sie gibt international Kurse und hat 4 CDs mit Liedern dieser Erde in Findhorn aufgenommen sowie Liederhefte mit Noten und Tanzbeschreibungen dazu herausgegeben: ‚Garden of Goddess', ‚Songs of Heaven and earth', ‚When two or more are gathered', ‚Cantions Sacral' **www.sacredsongs.net**

Martina Weiler, Ulm, Begleiterin an Lebensschwellen, Aufblüh-Coach für kleine und große Leute, schöpft Selbstheilungs- und Ermutigungslieder, leitet Singkreise & Seminare, organisiert Konzerte, ‚Nächte der spirituellen Lieder', Netzwerke und betreibt eine Ideenschmiede. Sie ist Partnerin im Leitungsteam des Projektes „Singende Krankenhäuser" und von ‚Il canto del Mondo' **www.singende-krankenhaeuser.de** und **www.singseelesing.com**

Dieter Wienand Musiker & Mystiker, Anstifter zum Singen, studierter evangelischer Theologe mit umfassender spiritueller Sicht im Horizont von „Religion trennt, Spiritualität verbindet." Er leitet Singkreise & Singreisen und organisiert die Kölner „Nacht der spirituellen Lieder".
www.Singen-wie-im-himmel.de

Carien Wijnen, Niederländerin, Gründerin und Leiterin des "Instituts für ganzheitliche Stimmarbeit und Gesangstherapie" Berlin, Ärztin, Heilpraktikerin, Sängerin, Gesangstherapeutin, Dozentin, Chorleiterin, arbeitet fast ausschließlich mit Stimme, Atem und Gesang, leitet Singkreise, einen Chor und viele (therapeutische) Gesangsseminare in und außerhalb von Deutschland, unterrichtet im Zentrum für Gesang & Therapie und leitet die Weiterbildung "Ganzheitliche Stimm- und Gesangstherapie" Ein weiterer Schwerpunkt ist die direkte energetische und heilende Arbeit durch Stimme und Gesang in den Seminaren ‚Heilende Stimme'. Veröffentlichte CD's:' Woman in circle', 'woman on earth', 'Oj Malina' und demnächst 'woman in spirit' **www.healingvoice.de**

Weitere SängerInnen der Singnächte in Aachen:

Ulrike Schulz, Bielefeld www.lotus-brauner.de
Johannes Janssen, Wuppertal www.meditativessingen.de
Anke Conrads www.anke-conrad.de
Carola und Roland Vogtsberger , Braunschweig
carola.vogtsberger@t-online.de

Singkreise

Infos zu Singkreisen in Deutschland, Österreich, den Niederlanden und in der Schweiz finden Sie auf der Homepage **www.come-together-songs.de** und **www.tschatscho.ch**

Infos zu Singevents in NRW : Susanne Helmer
www.singeninderregion.de susanneHelmer@web.de

CDs - Spirituelle Lieder

Pantheramusic vertreibt einige schöne CD's mit spirituellen Liedern z.B. Gila Antara, Amai Helm, Brigitte Schmitz, aber auch von neuen Sängern aus der ‚spirituellen Musikszene' sowie als Vertriebspartner dieses Buch und CD des Santiago Verlags **www.pantheramusic.de**

‚Musik die uns bewegt' - Barbara Besser, Musik für Kreistänze, CDs und Liederbücher (spirituelle Lieder, Chants, Mantras und Vokalkunst aus aller Welt), Bücher über Ritualgestaltung, spannende Musik aus aller Welt - babesser@muenster.de Tel 02533 / 2404

Quellennachweise

Linde von Keyserling,
„Der Gesang" aus: Da war es auf einmal so still, S. 102-105
© Verlag Herder, Freiburg im Breisgau, 4. Auflage 2001

Oriah Mountain Dreamer, Die Einladung
© 2000 Arkana Verlag, München, in der Verlagsgruppe Random House GmbH Übersetzung: Ulla Rahn-Huber

Omraam Mikhael Aivanhov, „Musik und Gesang im spirituellen Leben „ aus: Geistiges und künstlerisches Schaffen
Kapitel: Musik und Gesang im spirituellen Leben
Auflage: 7. A. (2005) ISBN -13 9783895150524
© Prosveta Verlag GmbH, Rottweil

Foto: Citykirche St. Nikolaus mit Labyrinth - Foto: Bernd Radtke, Aachen

S.195 /199 Zeichnungen Hans Hofgräf

Anmerkung für die Urheber
der in diesem Buch verwendeten Beiträge:

Wir haben nach bestem Wissen und Gewissen versucht, auch durch intensive Internet Recherche, alle Urheber ausfindig zu machen, von denen wir hier Beiträge abdrucken. Die Materialsammlung entstand über einen Zeitraum von mehr als fünf Jahren und in den Anfängen als Tagebuchsammlung aus Büchern, Seminaren und Erzählungen aus rein privatem Interesse, ohne an eine Veröffentlichung zu denken. Schon dabei konnten viele Quellen nicht ermittelt werden.
Von allen uns erreichbaren Quellen haben wir Abdruckgenehmigungen eingeholt und Urheberrechte vergütet. Aber nicht von allen Beiträgen haben wir die Urheber/Quellen ausfindig machen können. Wir bitten deshalb Autoren und Inhaber von Autorenrechten, sich mit uns als Verlag in Verbindung zu setzen, wenn Sie eigene Werke in diesem Buch entdecken und Forderungen geltend machen wollen, und alle LeserInnen, uns dabei zu helfen, Quellen ausfindig zu machen. Aus dem Verkaufserlös dieses Buches wird eine finanzielle Rückstellung gebildet, um später entdeckte und geltend gemachte Forderungen vergüten zu können. Allen Verlagen und Rechteinhabern danken wir herzlich für die jeweiligen Abdruckgenehmigungen.

Die Waisenkinder des Paters Pierre Simons

Ein Paten-Projekt,
das mit den
Erlösen der Aachener Singnächte
und einem Teilerlös der CDs
unterstützt wird

Seit fast 40 Jahren lebt der Kelmiser Priester Pierre Simons in den Bergen Ruandas. Er hat in dieser Zeit vielen Kindern, die ihre Eltern verloren haben, ein Zuhause gegeben.

Unermüdlich und mit viel Liebe und Mut arbeitet er dafür, dass die 140 Waisenkinder in seinen Kinderheimen gut leben und lernen können und später einmal Zukunftschancen haben. Dafür ist die Bildung der Kinder eine wichtige Grundlage.

Doch nicht immer kann Pierre Simons das Geld aufbringen, um für alle Kinder regelmäßig die Schulkosten zu bezahlen und so können sie manches Mal nicht die Schule besuchen.

Dafür schuf Alwine Deege gemeinsam mit dem Komitee ‚Kelmiser in der 3. Welt' unter der Leitung von Bürgermeister Mathieu Grosch ein Patenprojekt, dass dauerhaft die Schulbildung sichern soll.

Inzwischen haben sich schon viele Paten gefunden, die monatlich mindestens 10 € für das Schulgeld eines Kindes einzahlen.

Für weitere Kinder werden noch Paten gesucht.
Nähere Informationen gebe ich Ihnen gerne:
Alwine.Deege@gmx.de
www.alwine.gmxhome.de

Mein erstes Buch
Lasst uns END - LICH LEBEN

ISBN 978-3-937212-01-2
260 S. Paperback (D) € 15,00

... das lehrte mich meine Hospizarbeit und so heißt auch mein erstes Buch mit Gedichten, Liedern, Geschichten und Texten, die an die Endlichkeit und Kostbarkeit des Lebens erinnern.

In den hospizbewegten Jahren als Ehrenamtliche, Referentin und Trauerbegleitern fand ich immer wieder hilfreiche und inspirierende Texte und Zitate, die mich und die Menschen, denen ich in meiner Arbeit begegnete, berührten und ermutigen.
Die Texte handeln vom Abschiednehmen und loslassen, von der Kostbarkeit des Lebens, von der Vergänglichkeit, vom Sterben, vom Geheimnis des Todes und von der heilsamen Kraft des Trauerns, von der Frage nach dem Sinn und der Hoffnung auf ein Jenseits.
Ein Begleitbuch für HospizlerInnen und Angehörige sterbender Menschen, für haupt- und ehrenamtliche SterbegleiterInnen
ein Trostbuch für Trauernde, auch als Trauergeschenk
eine Fundgrube für Seminargestaltungen und Abschiedsrituale
ein Anstoß für Jedermann und jede Frau, die sich mit der Endlichkeit des Lebens beschäftigen wollen oder müssen.

Erhältlich direkt beim Santiago Verlag

Singe
bis Deine Seele tanzt

Doppel CD
Preis als Set mit diesem Buch € 37,00
Einzelpreis (UVP) € 22,00 ab Verlag

Damit sich LeserInnen des Buches, die die Nacht der spirituellen Lieder nicht kennen, eine Vorstellung von den Liedern und dem Gesang machen können, haben wir bei einer Singnacht mit Hilfe eines Tonstudios Aufnahmen für eine CD gemacht. Auf der CD kann man nicht nur die Lieder kennen lernen, sondern auch die Stimmung einer Singnacht miterleben. Es ist ergreifend, wenn 500 Menschen mit viel Kraft und Freude miteinander singen!
Danke Jose' und Danny vom Tonstudio Huppermanns!

CD 1 - LIVE

Liveaufnahmen von einer Nacht der spirituellen Lieder
im Dezember 2008 in Aachen

1. **Im Dunkeln unsrer Nacht** - Mark Fox / Alle
2. **Kyrie eleison** - Russisch orthodox / Alle
3. **Hast Du heute schon gelebt** - Alwine Deege/ Alle
4. **Fließen und Fließen** - Mark Fox/ Alle
5. **Es gibt immer einen Weg** - Iria Schärer/ Alle
6. **Heyanna hey** - Alwine Deege/ Alle
7. **Sri Ram** - Indisches Mantra / Alle
8. **All überall** - Mark Fox/ Alle
9. **Wir heilen** - Musik: Phillida/ Text Barbara Swetina /Alle
10. **Kumbayah my Lord** - Spiritual /Alle
11. **Im Dunkeln unsrer Nacht** - J. Berthier /Taize' / Alle
12. **One by one -** Text/Musik: Michael Stillwater / Alle
13. **We are angels** - Musik: Chris James/ Text: Hedwig Wormitt/ Alle
14. **Deinen Rücken** – Iria Schärer / Alle

CD 2 - SAMPLER

Originaltitel aus CDs
einiger SängerInnen der Spirituellen Singnächte

Sänger und Sängerinnen, die bisher bei spirituellen Singnächten sangen oder deren Lieder wir dort singen, waren bereit, Lieder von ihren Studioaufnahmen für einen Sampler zur Verfügung zu stellen. Ich danke allen von ganzen Herzen für diese Großzügigkeit! Ein Teil des Erlöses dieser CD geht an das Patenprojekt Pater Simons für die Kinder in Ruanda.

1. **Lass mich in Deinem Licht** Gila Antara - aus: „Old mother "
2. **Ich bin das Licht dieser Welt** Mark Fox - aus: „Ich bin das Licht"
3. **Wenn zwei zusammen sind** Brigitte Schmitz - aus: „Und ich geh..."
4. **Peace Prayer** Barbara Swetina - aus: „Songs of heaven &earth"
5. **We all come from the Goddess** B. Swetina "Garden of Goddess"
6. **Oh du alte Mutter** C. und R. Vogtsberger - aus: „ Tanzlust"
7. **Neesa** Barbara Swetina - aus: "Garden of Goddess"
8. **Abendlied** Gila Antara - aus: "Erde meine Mutter"
9. **Lakshmi** Ali & Friends - aus: "Sacred Songs "
10. **Aad gureh nameh** Ali & friends - aus ." Sacred songs "
11. **I am beautiful** Barbara Swetina - aus: "When two or more"
12. **O mamala hoe** Karin J. Beck - aus: „ SiyaBonga"
13. **Baba la gumbala** Karin Jana Beck - aus: " SiyaBonga"
14. **He puru tai tama e** Karin Jana Beck - aus: „ SiyaBonga"
15. **Ma te aroha** Karin Jana Beck - aus: „ SiyaBonga"
16. **Haylobam** Ya Beppo & Gisela - aus: „Lieder aus Afrika"
17. **Ich gehe und gehe** Iria Schärer - aus : "Aufbruch"
18. **Ich geh meinen Weg** Brigitte Schmitz - aus: "Und ich geh..."

Vertrieb der CDs zum o.a. Preis durch:
SANTIAGO VERLAG 47574 GOCH mail@santiagoverlag.de
Alwine Deege Alwine.deege@gmx.de Tel: 0032 87 652065
Canto Verlag www.cantoverlag.de info@cantoverlag.de